观虚文丛

生命的超越

——中国文化的生命智慧

戈国龙 著

○生命的四层结构模型，修道的核心原理

○佛教智慧（心理——人与实相的和谐）

○道教智慧（生理——身与心的和谐）

○儒教智慧（伦理——人与人的和谐）

华龄出版社
HUALING PRESS

图书在版编目（CIP）数据

飞翔的翅膀：中国文化的生命智慧 / 戈国龙著 . --
北京：华龄出版社，2022.5
ISBN 978-7-5169-2215-6

Ⅰ. ①飞… Ⅱ. ①戈… Ⅲ. ①哲学—研究—中国
Ⅳ. ①B2

中国版本图书馆 CIP 数据核字（2022）第 052943 号

策划编辑 董 巍　　　　责任印制 李未圻
责任编辑 董 巍 彭 博　　　　装帧设计 华彩瑞视

书　名	飞翔的翅膀：中国文化的生命智慧	作　者	戈国龙
出　版 发　行	华龄出版社 HUALING PRESS		
社　址	北京市东城区安定门外大街甲 57 号	邮　编	100011
发　行	（010）58122255	传　真	（010）84049572
承　印	运河（唐山）印务有限公司		
版　次	2022 年 5 月第 1 版	印　次	2022 年 5 月第 1 次印刷
规　格	710mm × 1000mm	开　本	1/16
印　张	26.75	字　数	285 千字
书　号	ISBN 978-7-5169-2215-6		
定　价	88.00 元		

目录

自 序

中国文化的主体是儒释道三教，观虚斋教学虽然是超越宗派的新型教学体系，但其主要的传统资源是儒、佛、道三教。本书融通三教，深入阐释中华优秀传统文化的生命智慧，是观虚斋教学“中国智慧——三教实修”高级课程的研究成果。要提升生命境界，在道的天空中飞翔，就需要有智慧的翅膀，这就是本书取名《飞翔的翅膀》的寓意。

儒释道三教理论层面的融通，本书已有深入的阐述。这里我想从功夫/境界的层面，再简略地谈一下观虚斋教学三教融通的主要关节。

三教里面可以分成两层阴阳：第一层，儒是阳，佛道是阴；第二层，道是阳，佛是阴。也就是说，佛教是阴中之阴，儒教是阳中之阳，道教是阴中阳、阳中阴，相对来讲道教是最均衡的。这里面的阴阳具有许多层次，主要的层次是以出世为阴，入世为阳；修心为阴，修身为阳。三教本身都是阴阳统一的系统，自身都是本自具足的体系，但细分之下仍有阴阳偏重的不同。融通三教也分两个层次，一是佛道之间的阴阳融通，二是佛道教与儒教之间的阴阳融通。

佛教、道教总体上是互相融通的，都具有自洽的完整体系，但仍然各具特色，各有偏重，可以并列互补。比较起来，佛道二教主要的互补的特质在于，佛教长于修心，长于性功，长于静功，而道教长于修身，长于命功，长于动功。这个大的框架需要认清楚，这样观虚斋教学融通佛道的主要特色，就在于融合佛教的性功、静功和道教的命功、动功，这也是内丹学性命双修思想在新时代的发展，具体表现就是观虚斋教学的实践功法，必须做到静坐与站桩的结合，静功与动功的统一，每天的功课，要包括静坐、站桩和太极拳等动功，促进身心均衡的发展，修炼的效果必须做到身心合一，使身、心都得到高层次的健康，并最终实现“大圆满”的解脱境界。

儒教本身也有身心的修炼，但儒教相对于佛道教来说，其最大的特色是入世的抱负与事功方面。儒教对现实的世界最关切，不是在超度世人的意义上关切，而是现实地为实现理想社会而奋斗。儒家的“修齐治平”建立了在人世间建功立业的价值理想，其自强不息、民胞物与的入世精神，为佛道教所不及。佛道教也有积极入世的一面，但主要是从普度众生的角度出发，帮助众生得到解脱，而不是建构现实的理想社会。观虚斋教学从儒家那里学到的，是一种至刚至大的浩然正气，一种万化周流、天理充满的价值源泉，以超越那种学佛道学得不到家而可能陷入的沉空守寂的虚无主义状态。

由此看来，观虚斋教学三教融通之特色，主要体现在修性与修命的统一、入世与出世的贯通上面。由修性、修命之双修，达神形之俱妙；由出世入世之不二，达内外之圆成。

其实，儒佛道三教都是圆满具足的体系，学任何一家学到底都足够了。观虚斋教学没有任何“独创的真理”，也不比任何传统更加高明，我们只是以“法门无量誓愿学”的精神，综罗百家之精华，适应新时代的需要，把儒佛道三家的智慧精髓以更加适合现代人需要的形式弘扬开来，传承下去。

按照观虚书院调整后的课程计划，今后观虚书院的课程将以道教为中心，将儒释两家的心性智慧融入其中，不再单独开设儒释两家的课程。“中国智慧——三教实修”课程已经充分体现了观虚斋教学三教融合的成果，今后将集中精力弘扬道教性命双修之丹道学。

做出这个战略性的调整，一是因为教化的方便，观虚斋教学要有一个重心，不能三教平铺，让人抓不住头绪；同时这也是为了自己更好地修行，可以缩减“战场”，不用多花时间去整理儒释两家的东西，腾出时间精力更多地潜心自修。毕竟儒释两家已经有那么多大师在弘扬，我就不再去“锦上添花”了，多讲儒释两家的课程也没有必要。我可以把儒释两家深厚的功底用之于道教的阐释上，这样更有特色。

同时，在修行上我也要回归丹道，以丹道为中心。虽然最高的智慧是相通的，在“果位”上超越宗派门户之见；但在修行的实践过程中还是要一门深入，有一个一以贯之的修法重心。丹道本身就融摄了儒释两家的心性智慧，而且我的研究方向也是以丹道为中心，所以以丹道为中心来完成修道的系统工程，也是顺理成章的。

“丹道思想史”是我今后重点研究的课题，我在学术上的发展也完全是以丹道为中心的。虽然我在儒释两家也很有学术功底和悟道见地，但都可以融入丹道的研究之中，没有必要把学术领地搞得太宽泛。人生只有悟道是大事，其他一切问题都要尽量地简化。将学术领域聚焦于丹道之学，对我来说才是最合理、最轻松的生活方式。

虽然，超越宗派的终极之道才是我们的精神家园，但从现实人生的选择来说，我们还是要有切实的修道、弘道的路线图。这样，从现实人生而言，无论是学术还是修道，无论是自觉还是觉他，我都回归丹道，以丹道为中心，我的整个人生就在此彻底地安身立命了！

我已经从根本上了悟大道，在心性智慧上已经大彻大悟，今后要真修实证，彻底地转化后天的习气，彻底地转化色身气脉，得到真正的大成就，自觉才能觉他。今后必须更多地立足自身的修持，弘道事业完全顺其自然，随缘而化。

戈国龙

2020 年秋序于观虚斋

导论

一、缘起

课前静心结束后，大家简单地收一下功。每一次静坐或者站桩结束之后，都要有一个收功的过程。如果时间紧，可以简单一点儿，时间多，可以多按摩一会儿。这个收功本身也是一种养生保健的动作，很重要。尤其是我们讲的转圈的动作，全身都可以转一转，它那个关节就活了。慢慢把腿活动活动，两个腿多转圈。慢慢下座，稍微活动一下。

大家注意，我们以后课前静心一结束，马上就要上课了。除了最重要的事情要出禅堂以外，不要在外面再逗留了，请大家严格遵守作息时间。

经过一个短暂的课前静心，也相当于调整一下大家的精神状态来听课，这样更显示出我们今天的这门课程的一个特色——我们这门课程和《宗教智慧与大道养生》相比，更加强调它的实修性。

首先，非常高兴！欢迎大家来参加我们这一期的“中国智慧——三教实修”的课程。昨天晚上，我们座谈的时候，也谈到了，大家能够来到这里，都很不容易。前面八期“宗教智慧与大道养生”课程的学员当中，每一期都可能有一些学员来到这里，但相比我们总的老学员的数量来说，来到这里的只是一小部分，你们很多都是突破了重重关卡，下了很大的决心，克服了种种障碍，才来到这里，非常不容易，所以我要祝贺你们。你们可以说是我们历届学员当中的精髓，当然没有来的，不一定不是精髓；

但是来了的，一定是精髓。来参加课程，这是我们的重中之重，核心中的核心，是要优先安排的。其实这也反映了一个态度，有很多事情都是办不完的，人生要处理的事情太多。如果我们真的对“道”有了一个瞥见，或者对人生的根本目标有一个决定之后，我们就可以放下很多事情，就能够摆脱一些世俗的牵挂，不顾一切来到这里。因为来这里，毕竟还不是什么大事，不至于让你头破血流，也不是让你要牺牲什么，无非就是牺牲一些世间的利益嘛，所以大家要珍惜来到这里的机会，希望大家这三天一定要全心全意，全然地在这里，和我在一起，和你自己在一起，和课堂在一起，把尘世间的所有的牵挂都放下。

大家看到我们讲义的首页，是观虚书院的院训。我希望大家把这八个字要印在心中，随时随地都能够记得——清晰、慈悲、镇定、优雅，这可以说是我们整个观虚斋教学的“核心价值观”。

我们这八个字中的每一个词，相当于一组，代表了一类相关联的内容。

第一组——清晰，就代表了智慧、觉知、透彻、清醒这一类的概念。真正的清晰一定来自于觉知，当我们没有意识的时候，就容易杂乱无章。所以我们这个清晰，不是一般世间讲的逻辑上的算计得很清楚，不是那个清晰，而是一种了然，心中清楚明白，就是心中有主人的一种状态，他才能清晰，清晰才会有条理。

第二组——慈悲，就代表了慈悲、友爱、关怀、体谅这一系列的价值观。有了清晰，有了智慧之后，我们有了对人生实相的领悟，就能够产生对他人的慈悲心，就能够更多地培养自己的爱心，从自己的家里人、周围的人开始，慢慢扩展这种爱的涟漪。

第三组——镇定，也代表了一种全然、安定、接受、喜悦等一系列的状态，在镇定当中就有喜悦，因为他能够不受干扰。要镇定，它就需要一种全然的态度，不是一种分裂的状态，不是一会儿惦记这，一会儿又惦记那的。所以全然这个词很重要，它跟镇定是连在一块的。当我和某一个人谈话，我就全然地和一个人谈话。当我在这里讲课，我就全然地在这里讲课，我现在不能想着其他的事，其他所有的事，我都给它放下，很多事情在前面已经处理好了，我既然来到这里，就全然地在这里。你们就是全然地在这里听课，整个身心、整个你的生命的四层都在这里，不要肉体在这里，其他三层都在别的地方。

第四组——优雅，优雅也代表了一种庆祝的态度、一种游戏的态度、一种分享的精神，这些都属于优雅这一组的。

所以我们这八个字分为四组，代表了观虚斋教学的一些核心的价值观，我们要把这八个字记在心中，让它来指引我们的生活。

下面我们就进入这个课程的导论部分。因为这次我们是一个提高班，很多基础性的内容就不再重复了，昨天也要求一些新学员去复习一下那些功课，如礼敬、皈依和发愿这三个方面都非常重要。我们要学习，随时都要有一种礼敬上师、礼敬历代先贤大德这样一种精神，要把自己生命的所有的追寻，都投入到“三宝”当中去。三宝是什么意义，我们在前面的课程当中已经多次讲过了，给它做了一个新的诠释。而发愿也很重要，有愿才有行，有愿才有缘。一件事情，你有了愿力以后，才有成功的可能性。所以首先要发悟道、成佛之愿，有这种愿力，然后你为这个愿力去做、去实践。有了这种愿力，你人生当中所有的行为，你人生当中所做的好人好事、善根福德，都变成了菩提道上的资粮。这是我们以前都讲过的，所以不再详讲。

在具体进入课程之前，我们还是先来念一首偈子——“观虚斋歌诀”，提一提精神，这个偈也是我们整个观虚斋教学的核心精神所在。下面大家先跟我一起大声朗诵一遍：

法性广大虚空界，普现轮涅一切法。
诸法如幻无实性，自生自解本清净。
自性庄严不动尊，明空妙觉离戏论。
本来解脱无造作，三身佛果任运成。

这首歌诀希望大家有空把它背下来。多读几遍，每天都可以去读诵。这首歌诀虽然是我自己写的，但是它也是总结了很多大德的思想，尤其是密宗大圆满的核心思想都在里面，也包括了整个佛法的核心思想。

第一句“法性广大虚空界”，首先就把这个心胸世界打开。“虚空”是一个隐喻，表示这个法界的无限广大，无穷无尽，无边无际。那么这样的一个法性的虚空界，它不是一个物理的现象世界，是法性的世界，也可以说是诸法实相的世界，也是诸佛如来所证悟的那个世界。第一句话就提起这样一个世界，把它展现出来。这样一个世界是万法之根源，也是一切法从里面升起，又回归于其中的一个本体世界。

"普现轮涅一切法"，轮回和涅槃，代表了两大轨道。轮回是无明缘起的这个法，涅槃是走向解脱的法。所有的一切法都是在这个法性虚空界里面显现出来，所以轮回和涅槃，一切法都是从法性界中显现出来的。

"诸法如幻无实性"，显现出来的所有的诸法，都是如幻的，"如幻"就是整个佛教般若学的核心思想。如幻，也就是没有实性，没有固定不变的一个现成的实体，它都是一个缘起的、如梦如幻的存在，没有真实的体性，这里边就有解脱的基础。如果诸法都是实实在在的，不能变动的，都是有固定的体性的，那就成了是什么，就永远是什么，没有变化的可能性。众生的无明也是没有实性的，所以我们才可以破无明。证悟了法性，也不是证悟了一个不变的实体，它是一种如如的境界，所以你也不能造作，不能执着。

在整个法性虚空界当中显现的一切法，都是"自生自解本清净"。它自己显现出来了，自己就解脱了，所以不需要费力啊！不需要我们拼命地去把一个东西破坏掉，再去创造一个新东西，智慧是不增不减的，就是一种觉知、觉悟、看清。有的人说我一打坐，就静不下心来，这是见地就不够。其实，心找不着，念头找不着，没有实体，它自己就自生自解，当下就解脱了，本来就是清净的。你看，我现在一讲就清净了。包括我说出来的一切话，也是如梦如幻，当下生起的同时，它自己就消失了。

前面这四句，就是对诸法实相的一个表达。诸法本来清净，本来是没有实性的，从第五句开始，就点出你的本性的世界了。

"自性庄严不动尊"，"自性"，就是禅宗讲的"自性"，不是

“诸法无自性”的那个“自性”。这里的自性是自家的本来面目，是本性、佛性的意思。“自性庄严”，自性本身具足万法，具足一切功德，所以是庄严的。“不动尊”，就是“何其自性，本无动摇”的那个不动，它本来就没有这些生灭、造作、分别，所以它是我们无比的珍宝，是我们的生命那个得以安立的家园。

“明空妙觉离戏论”，这个自性，它具有无数的、无穷的秘密庄严的妙德，概括起来就是明、空、妙觉。明，是智慧的光明，是觉性的明了。空，是它没有实在的、挂碍的东西，像虚空一样广大，这个明空也就是妙觉，在空性中有那个觉性在，所以觉性不能丢。讲空，是说无分别相，不是空空如也，什么都没有，一定是有那个妙觉在，才是我们所要的空。有了明空妙觉，我们这就是回归了自性的家园，这个境界本身是离开了一切的戏论。什么叫“戏论”？所有的二元分别心都是戏论。你说它是空，说它是有，所有的语言表达都是不究竟的，都是一种方便。有的人就在这个概念上争来争去，到底是空呢？还是有呢？有的人说不空不有，有的人说即空即有，最后佛家说“离四句，绝百非”。四句，就是刚才讲的有、无、非有非无、亦有亦无这四句，要离四句，绝百非，所有概念、分别最后都达不到它，都是一个指月的手指，我们要亲证这个境界才行。当我们念到“离戏论”三个字的时候，马上把自己的概念心、分别心打掉，就不要再去戏论了，当下进入“明空妙觉”的现量世界。这就是我们读这个歌诀的方法，它提醒你，悟道的境界离开了一切的戏论，离开了一切的概念名相，离开了一切的思量分别。

“本来解脱无造作”，当我们回到明、空、妙觉的世界，它就是本来解脱的，没有任何造作的。不是说你要去抓一个东西，或者说你要去解脱一个东西，它是一个本来如是的状态，一切造作都没有了。所以当我们念到无造作的时候，就把造作停下来。这本身就是一种加持，一种提醒。

“三身佛果任运成”，这样一来，安住在这种境界当中，三身佛果——法身、报身、化身，所有我们修道的成果，都是“任运成”！是无功用行，是无为法，完全是自由任运。你想得到一个什么，或者你要排除什么，这都是后天的造作，不是那个本来的世界。

所以本来、任运、离戏论、不动、如幻、无实性、广大，这里的每一个词，你要悟进去以后，都能进入这个法性解脱的世界，就是广大无边，离开一切造作，本来清净的世界，这就是大圆觉海的世界。

我们这三天，不管是讲佛家，讲道家，讲儒家，讲哪一家，最终都是处处指归这个世界，让大家领悟这个回归自性的无造作的世界。

这是一开始先把观虚斋的修法歌诀，来供养大家，让大家首先就有这样一个高远的境界在，知道这三天课程的目标就在这里。

二、中国智慧与宗教智慧

我们为什么要开这门课呢？

从上面讲解的歌诀就可以看出，这门课跟“宗教智慧与大道

养生”不太一样。“宗教智慧与大道养生”的主要目标，是为那些还没有完全进入修道之门的人，建立一个完整的修道地图，建立一个系统的正见，也介绍了很多实修的方法，让大家选择与自己最相应的一个法门，由此入修道之门，这是那门课的任务。“中国智慧——三教实修”这门课是在“宗教智慧与大道养生”的基础上，进一步直指精要，直指核心，把“宗教智慧与大道养生”所讲的基本理论、基本成果，通过对儒释道三教核心智慧的阐释与实修，来进一步贯彻落实。

我们在这里就要介绍一下，“中国智慧——三教实修”这门课程在整个观虚斋教学体系当中的一个地位。我们整个课程体系是九门课，九门课也可以分成三个阶段：前三门、中三门和后三门，前三门都属于通论性的课程，是总论、导论性质的课程。

第一门是“禅修：灵性的奥秘”，是最基础的，是引人入门的，讲一些禅修的基本概念和基本方法的。“宗教智慧与大道养生”是对整个宗教智慧进行非常凝练的直指、概括。“中国智慧——三教实修”是在“宗教智慧与大道养生”的基础上，回到我们中国本土的儒、释、道三大教当中来，点示三教的核心智慧。“宗教智慧与大道养生”更多的是用我自己的语言来组织这个体系的，而“中国智慧——三教实修”的特点，是借用三教的一些核心经典中的核心论述来展开教学。

所以在整个观虚斋教学的九门课程当中，前三门可以说是相当于本科级别的课程。这三门学完了，你就可以说是得到了“修道学”的本科学位。中三门就是儒、释、道三教的一个系统论述，相当于硕士课程，最后三门就相当于博士级别的课程。前三门是通论性质的，后面的六门就是分开讲三教的专业课程。就像我们大学里面有通识课，有专业课，到后面就分专业了。有的学员可能特别喜欢佛教，对儒教和道教不感兴趣，他可以先上我们前面的三门通论课，这是总论，不分教派的；如果你确实只对佛教感兴趣，后面你就修佛教专业，选佛教专业的课程。如果你对道家感兴趣，你可以学道家的课程，对儒家感兴趣，你可以学儒家的课程。如果你跟我一样，也想三教都贯通，也可以，但是不要求学员都去贯通三教，没必要。这个由我来做，就行了，你们就是学习。学完这三门通论课以后，专业课就选自己想学的课，就可以了。

因为在后面的六门课程当中，我们有对三教的系统专门的讲解，所以“中国智慧——三教实修”的课，跟它们要区分开来，而且我们的时间很紧，三天我不可能对三教作一个系统、完整的论述，所以我们现在是要把三教形成一个整合、融会贯通的智慧。所以不是“1+1+1 ＝ 3”，不是三大板块的一个简单的组合，而是在一个系统的指导思想之下，把三教融成一个体系化的理解，整合成观虚斋教学的一门课程。所以它不是儒、释、道三大模块的简单的相加，而是一个三教有机关联、直指核心的这样一个新的课程体系。

要注意，我们这门课不可能把佛教、道教或儒教各自的整个系统都讲一遍，那个讲三年，都讲不完的。从文献的角度来说，每一教的文献都浩如烟海，一个人终生皓首穷经，都读不完。从某个意义上说，我们没有必要读那么多书，你哪能读得完？就算你一天 24 小时读书，你都读不完所有的经典。你不悟道，就算你读完了那些经典，也没有用。从学习的角度来讲，我们不需要追求那种大而全的体系。所以我们这门课，会选用一些最核心的经典，再从这些经典里面选最核心的片断来融会贯通，组织成为我们这门直指实相智慧的实修课程。

大家注意，到时候，你不要说我“这个”没有讲，“那个”没有讲；三教的经典什么都讲，就不是三天的问题了，三个月都不行。

我们这门课程，一方面和“宗教智慧与大道养生”有所区别，但是有一个核心的地方是一以贯之的，这就是我们的“观虚宗风”，它的风格是“一味”的。它一定是有理论、有实践的，是解行相应的，这才是我们的特色所在。如果我只是教大家一个方法，在这里练三天功，那不是我们观虚斋教学的特色。或者我在这里讲三天课，没有实修，那也不是我们的风格。所以理论和实践相统一，有理论，有实践，这是我们的一个核心的追寻。没有智慧，没有理论，你的实践都是盲目的，最后一定是效果有限的。如果你有实践，没有理论指导，盲修瞎炼，修三十年，可能都在原地打转。但是你天天皓首穷经，去研究这个，研究那个，研究了一辈子理论，最后也得不到受用。既不能走只搞理论研究，不去实践的这条路，也不能走只有实践没有理论指导的路。我们可以把这两条路一条叫“老路”，一条叫“邪路”，既不走老路，也不走邪路，这两条路我们要坚决避免。

有人讲养生，道理讲了一大堆，自己不去养生。你这样讲有什么意义呢？我们这三天增加了“课前静心”，每天还有两次专修，这样每天就至少有五次实修，如果你起得早或睡得晚，还可以加班、加点，增加修行的次数，就是把实践这一块一定要加强。平时你们由于各种原因没有坚持下来，但是这三天你要把实修这块补上。在理论方面，这三天你们就好好地听课，把核心概念、核心理论搞明白，融会贯通。

我们这门课为了形成一个系统的理论体系，首先是要提出一个理论核心，作为普遍性的理论范式，把三教像珍珠一样贯穿起来，成为首尾相连的统一整体，这就是第一板块“理论纲要”所要完成的任务。理论纲要还是用以前课程当中所讲到的“生命的四层结构理论”来统摄一切，所以这一板块的副标题叫“四层结构广论”。以前只是“略论”，讲得比较简单，这次要把它深入下去，拓展开来。

也就是说，有了这个理论核心之后，你可以把所有的儒释道三教不同的教派、不同的实践方式，都纳入到这个理论框架里面来。这样你心中就有数了，你就不会一团乱麻，一会儿找这个，一会儿找那个，其实最后我们都可以用这个四层结构理论，把它一以贯之，把它统摄起来。

这是第一板块，建立一个理论的核心。它既是承上启下的过渡，可以连接上一门课的基本理论；同时又是这一门新课的具有指导思想的理论体系，也是统摄四大板块的核心板块。

后面的三大板块，我们也不是简单地并列铺陈，而是从三教不同的重心来讲，要突出三教各自的特色。我们理解的儒释道三家是一个什么样的关系呢？一方面是“三系一体”，它们总体上构成了一个综合统一的整体；同时三教中的每一教又自成系统，都有它自身完备的体系。

从学道的角度看，你学任何一教都够了，都可以找到生命的皈依，都可以安立你的生命；但是三教毕竟各有重心所在，有它所特有的长处，如果完全一样那就不叫三教了，所以也可以综合三教，学其所长，得到更广大的智慧。从教化的立场看，那就更有融通三教的必要了。为什么会有三教？各教有各教的教化方便与应机施设，其立教的基地是不一样的，特色是不一样的，贯通了三教就有了更多的教化手段，可以涵盖更广大的人群。

关于三教的关系，历代的大德也都有相关的论述，我现在简单地给大家讲一下，我所理解的三教关系是什么。

从修道的整体智慧来看，佛教的重心是在“心理”上，重点在人与实相的关系，就是这个“心”如何安顿，如何回归实相。但这不是说佛教里面没有别的，我讲的是重心。三教都有它的一个重心、核心，或者说最拿手的那一块，所以你要对心理进行分析，要解决心理上的烦恼，要研究修道的心理学，那佛学里面有最多的资源。

道教的重心是在“生理”上，在身体修持这一块有其特长。大家注意这个语境，不是说它不修心理，因为身心一体，道教讲性命双修，你不能说道教没有心理的修持；只是说道家相对于佛家来讲，它的特长在生理这一块表现得尤其突出，重点是身与心、性和命的关系，这是道家道教的特长所在。因为佛教讲万法唯心，它把所有的东西都纳入到心理上来讲，而道家、道教对身心关系、性命关系这一块的研究、探索和实修，是最突出的。

儒家的重心是在“伦理”上，在伦常日用上见功夫。伦理就是人与人之间的关系，首先是家庭的伦理、家庭的关系，再扩展为朋友、同事、上下级等各种社会关系，所以儒家讲“五伦”——君臣、朋友、夫妇、父子、兄弟，这都是不同层面的人与人之间的关系，所以它的重点是处理人与人之间的关系。在处理人与人之间的关系里面，儒家是最厉害的，是讲得最多的。佛、道两家都不太讲究怎么处理人与人的关系，它只是指引你怎么修，修完了怎么普度众生，但是儒家是从现实的人间出发，从我们现实的家庭出发，怎么样正心、诚意、修身、齐家，把修身这一步修好了，进一步处理好家庭关系、朋友关系，处理好上下级关系，从而建设一个人与人之间关系非常和谐的世界，达成天下太平，这是儒家的长处所在。

儒释道三教，每一教都包含了人与自己、人与人、人与宇宙这三大关系、三大层面，都有一个完整的系统。但是从它们的侧重点和不同的重心来讲，大家就记住：佛家的重心与长处是在心理，道家的重心和长处是在生理，儒家的重心与长处在伦理。把这几个关键词记住，咱们不需要去写博士论文，搞很复杂的理论，我们要知道这三教确实各有所长，也各有所短。

我们这门“中国智慧——三教实修”课，就是要把三教里面最有特色的那一块拿出来。我们要学习它们最好的智慧，会合起来成为我们这门课所要呈现的“中国智慧”。所以我们把佛家的“修心法”这一块要特别突出出来，解决一切心理上的烦恼；把道家的“修身法”要特别突出出来，解决一切生理上的障碍；把儒家的“处世法”这一块要特别突出出来，解决一切人际关系的隔阂。它们的最高智慧是相通的，但是它们各自的特长我们要抓住，由此实现身心内外普遍的和谐与圆满。

这样，我们就形成了一个儒释道贯通的修证体系。就是从佛家里面学习心性的智慧，一开始，我们的观虚斋歌诀就已经给出了佛家的最高见地，靠这个见地来修；再学习道家道教养生修身的根本智慧，保持我们身心的健康；然后再学习儒家的处世智慧，这样在世间能够游刃有余。这样，从佛家的见地，到道家的功夫，到儒家的品格，内外兼修，性命双修，这就形成我们这门课程“中国智慧”的一个系统。

我们这几天不是来讲三教各自的体系的，这么短的时间那是没法讲的；我们要提炼出这样一个中国智慧的整体系统，来学习三教里面最好的一些东西。但是因为时间确实很紧，无论是理论的讲解还是实修的体验，都无法有充足的全面的展示，但是我们要抓住机会，能够深入其核心。

概括起来，我们可以讲中国智慧的整体系统是，“悟禅家之见地，修丹家之功夫，敦儒家之心胸”。“悟禅家之见地”，禅家就代表佛家了，佛家里面的见地以禅宗为根本，禅宗就是明心见性的智慧，就是领悟自性、大彻大悟的智慧。“修丹家之功夫”，道教里面以丹家为重心，为核心，做性命双修的功夫。“敦儒家之心胸”，就是开阔以天下为已任的心胸，具备儒家的家国情怀。儒家的情怀是什么呢？我们用张载的“四句教”来代表——“为天地立心，为生民立命，为往圣继绝学，为万世开太平。”就是我们要学儒家忧国忧民、志在天下的这种情怀，不要成为一个修道人后，修得小里小气的，只知道天天关注自己的一亩三分地，这些小事老解决不了。你气概小了以后，你修道就进步不快，你没有“法性广大虚空界”的境界，天天就在你们那个小圈子里出不来。所以有人批评学佛教的人很自私，为了自己解脱，有关社会公益的事啥事都不愿意干，啥事都舍不得付出，天天讲布施，都是假的，其实就是为了布施的功德，为了自己解脱，并没有大爱之心。这样把自己看得特别重要，我执越来越强，这个自己是自我的概念，并不是真我。“自己”本身也有两方面，我们要真正为自己的慧命，为真正的自己，那是没有问题的。也可以说，一切修行最终都要成就自己，这个自己是一个大我，是无我之真我。你如果是为了小我，为了那个自私自利的自我的话，那你修道是不行的，是不会成就的。修道要破小我，要领悟大我，儒家的心胸是一种万物一体的大我情怀。

我曾经在博客里有一篇文章，概括南老师的修行方法是“禅宗之见地，小乘之修证，大乘之行愿”，这跟我们刚才讲的“悟禅家之见地，修丹家之功夫，敦儒家之心胸”，有异曲同工之妙。所以南老师也强调三教合一，他很重视儒家，要从儒家开始抓起。但是南老师是以禅宗的见地来统摄他的修证的，是先要领悟心性，但是南老师又特别重视“禅定”的修证，他不是讲口头禅的，而且他特别强调行愿，就是要有这种普利苍生的大愿心。也就是说，我们用佛教内部的语言来讲，是禅宗之见地，小乘之修证，大乘之行愿。就是做功夫要像小乘那样踏实，发愿要像大乘那样广大无边，见地要高远，要有禅宗的见地，放到我们今天“中国智慧——三教实修”的课程来讲，我们就是悟禅家之见地，修丹家之功夫，敦儒家之心胸。这是我们这门课的格局、格调，先要把格局打开。

这三天，我们要把三教的理论都拿来讲，虽然说我们有一

个理论统摄，这浩如烟海的经典我们如何取舍？怎么样能够总论三教？所以要看“中国智慧”下面的副标题“三教实修”，一切都是从实修的角度出发的，用实修的立场，来点化三教的核心智慧，都回归到一心之实相，这样才能“会之有元，统之有宗”。三教的经典浩如烟海，但是大家不要怕，就是禅宗讲的“佛法无多子”。核心的地方总是那一点儿，那一点儿通了，所有的地方都透了，所以可以“会万化于一心”，把万卷经典归到“一心”当中来。最后什么都没有，归于实相之无相；然后展一心为万法，从这个“一心之实相”里面展现开来，所有的经典、所有的智慧都在里面，一心舒卷，万法自如。

现在科学进步了，大家能够理解这种概念。就像我们一个小小的磁盘里面，以前觉得《大藏经》特别多，现在《大藏经》放到一个小光盘里面就够了，一点点空间就行了，你一打开，所有的经典都在里面。

从实修的角度来讲，我们要会归于心法的根本。这个时候呢，从源头上抓起，那么核心的东西就精简了，学习三教智慧又不是那么可怕了。我们这三天不是来学知识，来学一大堆名相，我讲的一切都要落实到你的心上来，要让你的心“明白”了。“佛者，觉也”，你明白了，觉悟了，就什么都有了，所以我们是来抓根本的。

我虽然是教授，但是在这里我不是以教授的方式来讲课，我也不会出题来给你们考试，让你们回答一些知识性的问题，解释几个概念，不要管那些。在这里，我只会不断地敲打你，点醒你，真正的考试是你自己，解决了你自身的困惑，心性明白了，你就通过了。

不要拘于概念，停留于语言文字的表面，要去理解，回归你的心性中来。我们会选那些经典里核心的东西，来实修，来讲解。讲解的时候，也是实修。比如说，我刚才讲观虚斋歌诀的时候，你要听清楚了，当下相应，这就已经在修行了。所以严格地讲，我们这三天就像闭关一样，随时随地都在修，修中还有专修，专修之外，也在修。听课就在听课中修，一会儿休息的时候，行禅也是修。吃饭穿衣，处处都是禅！

这是为了解决一个疑问——“你这三天来讲三教，要怎么讲？”所以不要怕它多，我们有办法，就是把它提纲挈领，提出一个根本的东西来，贯穿于实修心法之中。

三、特色与目标

我开这门课程，人们往往会有一个疑问，你为什么非要讲三教呢？每一教都这么大，讲一教就够了嘛！关于这一点，前面其实已经讲过，三教各有所长，我们可以学到更圆满的智慧；从教化上来讲，这是为了广开方便之门。因为众生的根基不一样，每个人的习性不一样。有的人跟道家特别亲切，对佛家就消极、反感；有的人觉得佛家非常好，对儒家就瞧不上。每个人有他的特性，我可以因机设教，涵盖的范围更广。

观虚斋教学既不是一个传统的宗教，也不是一个新的宗教。它是一种智慧的呈现，它继承了三教的智慧传统，为了广开方便之门，所以我们开这样一门课，能够广泛地适应各种根器的学员，每个人都可以从中得到收益，同时也能够打开视野，扩展心量。学就要学“大”，先立其大，学其大者。不要小里小气，学一点点就得少为足，咱们就要站在智慧的峰顶，来看这个世界。

前面我们讲的一门“宗教智慧”课也是如此，不是讲一个宗教，而是所有宗教的核心智慧都在里面。我们讲这样一个三教实修的课程，就是为了打通、会通，这也是我们观虚斋教学的一种特色。因为三教并不是孤立的、分裂的系统，它们确实能融会贯通。智慧没有边界，智慧没有隔阂，不能说一定要分门别类，我就只分这一块，你就分那一块，那是世间搞学问的方法，经营自己的这一亩三分地，变成一个专家，那个混饭吃可以，但是从智慧来讲这种方法不行。

我也说了，不是要求大家一定要贯通三教，这个没必要，你可以根据你相应的法门，一门深入；但是你听了我们这门课，可以更好地帮助你进入你喜欢的那个法门。

比如说，你对佛教感兴趣，那么你听了我们这门课以后，对你更好地理解佛教也有帮助，你会有更广阔的视野和更深入的理解。

我们这门课，要坚持观虚斋教学“定慧兼美，解行并重；性命双修，三教融通”这样一个基本宗风，这是我们的特色。在这个宗风指引下，我们来把三教的核心智慧，那一点精华拿过来，得到一个统贯的实修智慧，能够在我们修行中用上，这是我们的目标，是着眼于实践智慧的领悟，而不是纯理论的构建。

总结一下我们这门课程的目标，就是争取让每一位学员通过三天的系统学习与体验，能够在理论上会通中国三教的核心智慧，妙悟根本实相与究竟真理，扩展无量无边的心胸；在实践上真修实证，掌握三教的根本法门，由此处处指归，初步认识每个人本具的觉性，了悟存在的奥秘。

以上是这门课的课程导论，在进入四大板块的主体内容之前，比较简单地讲一下我们的课程特色，设计这门课程的初衷，它的主要思路与线索是什么，以及它的目标是什么，等等。

下面短暂休息一下，休息的方法就是“行禅”。行禅的时候，我们有一个禅板，当它敲下的时候，就是大家全然停止的一个瞬间，那个时候就要“离戏论”，绝分别，一念不生，灵觉自在。但是你不要想着“老师的板子什么时候会敲下来”，你这样一想，就没效果了，你只管行禅，但是在你不经意的瞬间，我会敲下来。

大家活动一下腿，然后下座，行禅。

行禅中……

行禅的时候要觉知地行走，保持前后之间一个相应的距离，然后以统一的速度行走。要全然地走路，每一步都是很有意识地走。两眼平视前方。觉知的练习，就是要像流水一样不断。为什么要行禅？行禅是为了让大家换一个姿势，身体得到休息与放松，同时心还是在功态之中，保持这种觉知的功态不断。这也是一种修行的方法，打坐，坐完了走走，再站桩，这样姿势不断地换，而心还是在功态之中。

第一板块：理论纲要（四层结构广论）

一、生命的四层结构模型

我们进入“理论纲要”这一板块，这一板块是接着“宗教智慧与大道养生”课程来讲的。我们先简单回顾一下什么是生命的四层结构模型①，后面再展开讲它进一步的运用。

简单地讲，我们可以把人的生命看成是“精、气、神、虚”这四层结构组成的一个复杂的生命系统。“精”，代表了身体层面，代表的是生命的物质结构。“气”，代表的是生命的情绪、感觉、能量，代表的是生命的能量结构。“神”，代表的是思想、理性分别，代表的是生命的信息结构。“虚”，就相当于我们讲的灵性、生命的核心、主人，这是生命的本体结构。生命像一个四层楼一样，它是一层一层相嵌的，每一层之间都是相互作用、相互联络的。

四层结构之间密切关联，相互作用，相互影响，组成了一个生命的综合的整体系统。从这个四层结构，我们可以建立一个对世界、对生命或者对修道的各种不同领域的一种观察的方法、观察的思路，以前我们在课程当中多次讲过的，这次就不再去重复了，我们要着重在这个基本理论的广泛应用上。

下面我们就要把生命的四层结构理论模型展开来，运用于我们的修道领域，尤其是用到我们这门课——讲三教智慧的时候，

---

① 按：关于生命的四层结构理论模型的详细解说，可参看作者《宗教智慧Ⅰ、Ⅱ》《存在与逍遥》《宁静与浩瀚》等著作的相关论述。

它能够具体展开来怎么运用，如何来统摄三教智慧。

二、修道的核心原理

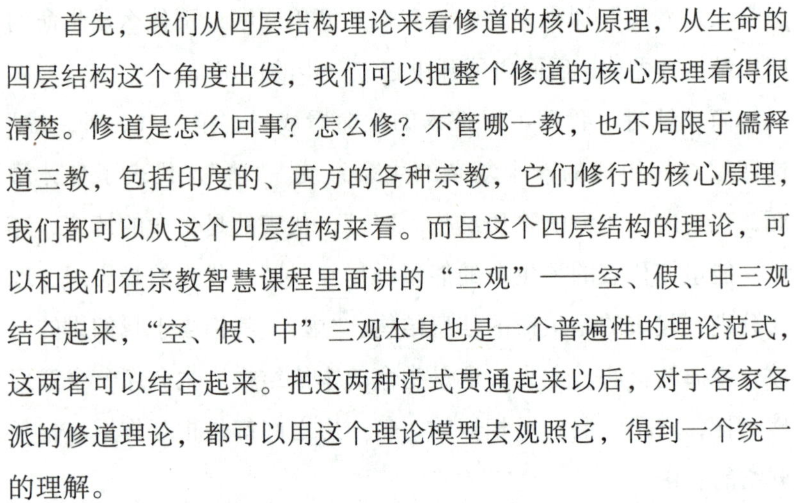

首先，我们从四层结构理论来看修道的核心原理，从生命的四层结构这个角度出发，我们可以把整个修道的核心原理看得很清楚。修道是怎么回事？怎么修？不管哪一教，也不局限于儒释道三教，包括印度的、西方的各种宗教，它们修行的核心原理，我们都可以从这个四层结构来看。而且这个四层结构的理论，可以和我们在宗教智慧课程里面讲的“三观”——空、假、中三观结合起来，“空、假、中”三观本身也是一个普遍性的理论范式，这两者可以结合起来。把这两种范式贯通起来以后，对于各家各派的修道理论，都可以用这个理论模型去观照它，得到一个统一的理解。

从生命的四层结构来看，修道的核心就是进入第四层，所谓的明心见性，找到真正的自己，找到真我、大我，或者说是无我而显现本性，不管怎么表达，都是怎么样回归本体世界、本体结构这一层面，所以这个修道的方向就很清楚了。

如何进入或者说显现第四层，觉悟自性本体，这是修道的核心。有人会说，佛家讲空性、无我，是不讲本体的，这个问题我曾经有专文“性空学的两个向度”[①]阐述过，此文指出：

① 戈国龙:《佛学管窥》，北京：中央编译出版社，2012 年，第 171—173 页。

空性并不是一个有别于缘起法之外的另一个实体，也不是对缘起法本身的否定，不是说“空无一法”。“空”不是说缘起法本身不存在，而是说一切存在者的存在都是空性的存在。说一切存在者都是空性的存在，实际上也就是说一切存在者都是缘起的存在，空与缘起实际上完全是一体的，是互为诠释的。就物自身而言，空与缘起是无差别的，只是如如；但就理解方面说，空与缘表现为两种理解的向度。这样我们就有理解性空学的另一向度，即缘起的向度。

从缘起一面来说，则仅仅知道性空是不够的，这只是给出了万事万物的最一般的、最根本的属性，使我们获得根本智；而缘起的事物无量，缘起的方式无量，缘起显现的功能与作用无量，缘起的因缘果报无量……各门具体科学所要阐释的，无非都是缘起事物之间的缘起差别与联系，而缘起无自性的诸法在整体上互为联系，成为一个有机的整体，这在宇宙观上就呈现出一种万物全息统一的整体观。华严宗的法界缘起实际上乃是缘起性空的一个正面开展，展示了缘起法的妙用与实德。

这样看，性空就不仅是否定性的，同时也是一个大肯定，肯定了万法的生生不已与普遍联系。在这样一个普遍联系的世界中，有没有一种根源性的存在，它不是一种孤立不变的实体，但它是所有万事万物的存在基础，它可以用“宇宙全息统一场”或“道”来表示。道超越于万事万物之上，它不是一个具体的存在物，但同时道又内在于万事万物之中，是所有万事万物相对相关性的背景与场域，如同拉兹格

在《微漪之塘》中所提出的第五种场“量子真空零点场”，仅从缘起性空的立场上说，并不能否定这种根源性的存在，因为这种“道”的存在正是缘起妙有得以成立的一种基础，同时又是性空无住的。如此，我们就不能简单地说缘起性空否定了所有的“本体论”，因为你要真正了解性空所破斥的是什么，而本体论又说的是哪一种“本体”？若以上文所说的作为“场域”的“道”作为本体，则不但非性空所破斥的对象，而且恰恰是因为性空而缘起的宇宙的整体相关性。

其实，在佛教内部也有自己的“本体论”，像大乘佛学中的“法界圆觉宗”，天台、华严等中国圆教中，都可以说有其阐释缘起实德的本体论，若不能圆融彻悟性空学的两个向度，则无法理解这一系大乘佛学的妙义，而易将其与般若中观学的立场相对立。这个妙用无穷的“本体”才是诸佛神通妙用与大悲事业的根源，它体现于生命之中就是人的佛性，在果位上就是万德庄严的法身。若不能贯通般若与佛性，就不能对佛法的全体大用有深透的了悟。同时道家之道亦有其妙义，非可以佛教性空学简单地加以破斥。

认为佛家讲空性就不能讲“本体”，这是对佛家做了简单化的理解，割裂了“真空”与“妙有”的关系，任何宗教体系最后都必须有其本体层面的“妙有实德”与“价值之源”，而“空”或“无”只是功夫与境界上的描述，不是价值层面的否定，否则宗教最后是无法安立生命的意义的，也就无法真正走向解脱与自由。

我们为什么进入不了第四层，为什么领悟不了自己的自性，为什么不能回归于本体世界，那是因为前面三层的习气和业力，把第四层给遮蔽了。因为前面有三道障碍：物质结构的障碍，能量结构的障碍，信息结构的障碍，就像三层面纱一样，使你看不见真正的主人了。每一层都有无始以来所积累的重重业障，这是修行实现解脱的障碍，也是修行的困难之所在。

业障具体讲是什么意思呢？我们在前面的课程中讲过“种子”和“现行”之间的关系——“种子生现行，现行熏种子”，你心灵的仓库里面留下了大量的种子，这些种子遇有适当的机缘就会现行，就变成一种惯性的力量，它遮蔽了我们对自己的本来面目的认识。

这样一来，我们整个修道就是两个方面：一个是转化前面三层的业力；一个是领悟、回归第四层生命的本来面目——觉性（灵性）层面或本体层面。第四层用道家的语言来讲，叫“先天世界”，前面三层叫“后天世界”。怎么突破前面三层，进入第四层，这是“从后天入先天”；当我们进入第四层，再用第四层的境界，帮助我们转化前面三层的障碍，这是“以先天化后天”。最终的目标是先天、后天圆满统一，就成道了。整个道教内丹学修炼的核心，我们用四层结构理论，几句话就把它讲清楚了。

用佛家的语言来讲，这和天台宗所讲的“空、假、中”这“三观”可以密切对应。从前面三层进入第四层，这个过程就相当于我们以前讲的“从假入空观”，第四层就是空性的境界，前面三层是“空前假”之“假名”的世界。我为什么强调这门课要有前面课程的基础，因为很多前面讲过的东西，我不可能再完全重复了。就是说，从假入空，就相当于从前三层突破，进入第四层，这是“空观”所要达到的境界；以第四层的境界来转化前三层，这个属于“从空出假”，这是“假观”；前三层的业力转化干净了，和第四层合一了，这就是“从假入中”，进入“中观”了。中观，就是成佛了，达到佛的智慧了。你看这四层和三观一对应，整个佛家的理论就打通了；前面跟先天、后天一对应，道家的语言也打通了。

那用儒家的语言要怎么说呢？我们既然说这个四层结构的理论模型是统摄三教的理论纲要，就不能说只适用于道家、佛家，儒家讲不通。儒家《中庸》说：“喜怒哀乐之未发，谓之中”，前面的喜怒哀乐所代表的情的世界，是属于前三层，而这个“中”所代表的“性体”的世界，就是第四层。了悟这个“中”，进入“喜怒哀乐之未发”的“中”的世界，这就是从前面三层突破，进入第四层。悟入“中”的世界，有了第四层以后，你还是会有喜怒哀乐，还是会有“情”，但这个时候的“情”，跟前面未悟入第四层的“情”不一样了，它是有主人了。有了这个“中”的境界作基础之后，这个时候“发而皆中节，谓之和”，这就是从第四层出发，再利用前三层来活动，就有了新的秩序、新的和谐。我们还是有喜怒哀乐，有情感表达，有思想表达，有身体表达，但这个时候是从“中”而发，由本体而发，这就对应了“从先天化后天”，进入第四层而后，可以转化前三层。“至中和，天地位焉，万物育焉”，这就是终极统一与和谐圆满的世界。

前面三层的业力转化干净了，你回到了本体世界，然后在本体世界里面自由自在地运用前三层，既不着空，也不着有，这是

“中和”的世界。“中”是“体”，“和”是“用”，“中和”是“体用一如”，是第四层与前三层的和谐统一，也就是先天与后天的统一，是“空”与“假”的统一。要注意，“中观”的“中”相当于《中庸》里讲的“中和”，而《中庸》里的“中”则相当于天台宗“三观”里的“空观”。

所以不管是哪一家，我们要看它的修道理论，从这个四层结构都能够看清楚它的核心奥秘是什么。千言万语，千经万论，不能够离开真理的本身，真理就是一个东西，我们找到了这个真理的一个根本的表达，明白了这个根本的原理之后，所有的修道智慧都能够融会贯通。这就是见地，有了这个根本的见地之后，修道的路标就很清楚了。

我们之所以不能够回归先天的本体世界，是因为我们前面三层的重重业障，形成了一种惯性。它就执着于身体，执着于身体的反应，执着于情绪的反应，执着于自己思想的分别，而遗忘了对本性的觉知。这是我们凡夫的问题。我们不能做主，我们没有主人，我们没有一个真正的一以贯之的中心，所以我们是一台机器，这是我以前都讲过的，现在可以把以前讲的所有的问题都贯通起来了——我们不能做主，我们随境流转，跟着外面跑，这都是因为没有领悟到第四层，我们没有主人。

修道的路子，一个是从顿悟而渐修。我先不管前面三层，因为第四层本来就具足，本来就在，我们先找到它，然后再来转化前面三层，所以顿悟了之后，还得渐修。那我没顿悟怎么办呢？没顿悟，就先渐修再顿悟。我先做消化业障、转习气的功夫，从闻、思、修，到戒、定、慧，种种修行，都是来消除我们前面三层的习气、种子。所以从原理上来讲，我们为了进入第四层，就得不认同前三层，要看清楚前三层的如幻本性，就是我们一开始观虚斋歌诀里讲的，它是如幻、无实体的，它不是没有，它是如幻之有、缘起之有。

如果我们要用四层结构来修观的话，怎么观？因为下面的实修就是修这个观——“四层结构观”，我们先把观法讲一下。我，真正的我，我的本体不是我的身体结构，第一层排除掉——身体结构不是真正的我。我的本体不是我的能量结构，那么所有的气脉、能量反应、感受，这些东西都PASS掉，不是说它根本没有，是说你不执着于它，我的真正的本性不在它身上。所以从你的身体的结构当中跳出来，观它！从你的能量结构里面跳出来，观它！不认同于它，它不是真正的你。好，第三层，我的所有思想、心念、念头不是我，它也是一个面纱，变来变去的，一切思想分别、一切念头都不是真正的我，啪！把它扔掉！以后我们讲禅宗，“无念为宗”，这个“无念”就是“无”第三层。你用佛学概念讲半天，讲不清楚，我直接就告诉你，无念就是无第三层，但不是无第四层，所以禅宗又讲：“无者无妄念，念者念真如”，这是六祖大师讲的，无是无第三层，妄念属于第三层；念是念真如，这是念第四层，也就是意识到第四层。第三层如果讲心的话，这是分别心，不是真心。你不要无掉第四层，那就没有了，就断灭了。所以掌握了生命的四层结构理论模型，你这个正见就可以很清晰，你不会走弯路，也不会进入邪道，也不会进入顽空死水，而是有妙觉。我们一开始就讲过，这个妙觉是不能无的。

所以一会儿我们实修观想的时候，我不是身体，不是能量，不是我的念头。无念，啪！“明空妙觉离戏论”，跳出来了，进入第四层了，这第一步顿悟的境界达到了。然后再体会，这个身体结构、能量结构和信息结构虽然不是真正的我，但是它也是我的用，是我的妙用，不是说把它绝对隔断，孤立地去看待第四层，你是这个系统的生命。你躲到第四层里，不出来，也不行。有了第四层之后，有了主人之后，所有的身体的反应，能量的反应，思想的反应都可以是我的妙用。你要去做事，要去度众生，要去做好事，都离不开前三层。你要说话，就要用你的嘴巴；你要走路，也要靠腿。六根都是你的妙用，所以这个见地是圆融的。但是因为你有了第四层的领悟之后，你才不着相了，“无住为本”，这个时候就无住了，就是你在驾驭前三层，是你来转化它，不是被它所驾驭了。所以心能转境，就是你有主人了，这前面三层你能够做主了；心随境转，就是被前面三层带走了，第四层主人没有了。这第二步的境界是本体的妙用，空有融合，到了最高境界，就是随时随地你可以运用前三层，但是你还在第四层的觉悟之中；虽然在第四层的觉悟之中，但一直可以随缘运用前三层，这就是大乘菩萨的境界，根本不需要把它分裂成两边。真空妙用，无为而无不为，道家语言、佛家语言最后都讲的是这个东西。

这是我们讲的用生命的四层结构理论模型，来解释修道的核心原理，包括它的功夫、它的境界都在里面。你用这四层结构来看，很多东西非常清楚。

三、从四层结构看人类的工业革命

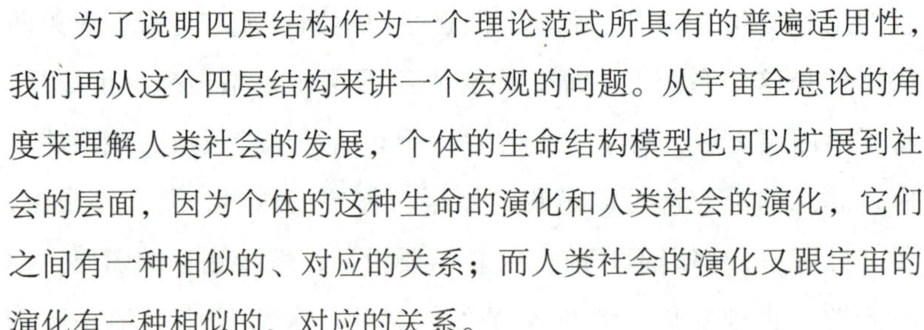

为了说明四层结构作为一个理论范式所具有的普遍适用性，我们再从这个四层结构来讲一个宏观的问题。从宇宙全息论的角度来理解人类社会的发展，个体的生命结构模型也可以扩展到社会的层面，因为个体的这种生命的演化和人类社会的演化，它们之间有一种相似的、对应的关系；而人类社会的演化又跟宇宙的演化有一种相似的、对应的关系。

当然，这个不是我们修道的重点，只是为了开一下眼界，说明生命的四层结构的理论模型，它的运用可以是多方面的。比如，我们用它来理解人类的四次工业革命，它正好相应于生命的四层结构。

第一次工业革命，我们讲它解放的是“物质结构”这一层面。比如说蒸汽机的发明，它把人的劳力从繁重的体力劳动当中解脱出来，用机器来代替，所以相当于解决了物质层面的问题。那个时候企业的存在形式主要就是“工厂”，有了机器以后，工厂就可以规模化生产。这就是第一次工业革命，就是从原始的以人的劳动为主的生产模式变成了以机器为主来代替人类劳动的这样一个新的境界。从某种意义上说，第一次工业革命也可以对应于第一次世界大战，第一次世界大战主要争夺的是物质结构层面的资源，战争主要利用的工具，也是物质结构层面的武器。

第二次工业革命，我们可以理解为是解放了“能量结构”，重点是能源领域的一个新的革命，从蒸汽机的时代进入了电力的时代，这个时候解决的是能量结构层面的问题。这个时候，能量就是生产力，“能量流”解决了以后，整个人类生产方式的面貌都发生了根本的变化，这时候对应的企业组织的形式是“公司”，不仅仅是工厂的生产了。这个时候因为人类从能量当中得到解放之后，第二次世界大战所争夺的主要是能源，胜败的关键也取决于新武器在能量使用方面的发展，炸弹所释放的毁灭性能量越来越大。

第三次工业革命，我们可以理解为是解放了“信息结构”，这就是我们现在所处的时代——大家可以很清楚地看到，现在是互联网、知识经济的时代，这是从“信息流”当中得到新的突破和解放，就是信息层面的打通。这个时候，信息就是生产力，它的企业组织形式是“平台”，它不一定是原来的公司了，这样一个平台可以供各种公司一起使用。现在我们说经济的发展也好，进步也好，重点是谁在信息结构的这个层面上占据了主导地位。

当然我们不希望有第三次世界大战啊！如果出现第三次世界大战，那关键就在信息流，谁控制了信息，谁就赢得了这场战争，但是我们祈祷不要出现第三次世界大战。我们希望直接进入第四层，在第三次世界大战爆发之前，我们先进入第四次工业革命。

以此类推，我们可以讲，如果还有第四次工业革命，这个时候解放的是什么呢？是“本体结构”层面的解放，也就是要觉醒人的生命。这个时候的经济，我们可以把它叫做“智慧经济”的时代，是从信息流进入本体界，进入无形的真相的世界，进入我们开始讲的“法性广大虚空界”。每一个人内在世界的革命，就为整个人类的进化提供了条件。要发生第四次工业革命，要进入本体世界的革命，那只有通过每一个人自身的革命，它不能通过一个集团化的、集体的形式出现。所以个体的觉悟尤其重要，因为觉悟不能从外面去强制，它是一个生命的觉醒，从外面强制，恰恰是违背觉醒的原则的，一切强制只能制造机械性而不能产生自觉性。

如果人类能够进入第四次革命的话，那就是真正的世界和平，我们所理解的大一统的理想社会就可以到来，这是人类社会最好的革命。还有一种前景呢，就是进入第四次工业革命之前，就在第三次世界大战当中，整个人类同归于尽了，这样人类就没有未来。

因为这个不是我们这次课程讲的重心，我们只是举个例子，说明生命的四层结构的理论模型所具有的多方面的运用，所以我们不再展开。

四、四层结构与三界、三体、灵性的关系

下面，我们还是回到修道的本题上来，讲四层结构与三界、三体及灵性的关系。前面我们讲了如何从生命的四层结构来理解修道的核心原理，现在我们再分开来讲跟修行有关的一些具体的问题。四层结构也可以看成我们人的四层身体——物质层面、物质结构我们可以把它叫“浊体”，“浊”是粗浊、粗糙的意思；能量层面的身体我们可以叫做“精体”，但是这个精体的“精”跟“精、气、神、虚”的“精”不是一个概念，这个“精”就是“精

微”的意思，精体是比浊体更精微的一层，是代表能量层的身体；信息结构，我们可以把它叫做“心体”，是“心”这一层面的身体；第四层的身体还是叫“本体”。人的生命通过心体这个精神主体的功能，对物质界有体验，相应的物质界我们可以把它叫“浊界”，我们在浊界产生的体验叫“浊体验”。相应于什么样的身体，对应于什么样的世界，就有什么样的体验，这就有了四重世界、四重体验。

生命利用精体去体验能量界，就产生精层面的体验。比如说，我们在梦中的很多体验就是精体验、精微的体验。它不是我们外面这层浊体的体验，但你注意到做梦的时候，也是有身体的活动的，它能够翻墙破壁，想要偷东西，一下子就进去了，那个身体也是一个身体啊！梦中的身体，就是精体在活动。而心体，就是我们思想意念的这个体，它更精微，一念之间就可以跳出三界外了，它就像孙悟空一样，可以在三界跳来跳去。

相应地，有浊体，就有浊界的体验；有精体，就有精界的体验；有心体，就有心界的体验。这三种体验，我们都可以看作是本体世界的大海之中的浪花，在整个法界大海当中，前三层有各种各样的体验，各种各样的泡沫，各种各样的浪花，你可以去观想它。

我们的问题就是被前三层的这些浪花所迷惑，然后就在浪花里面玩游戏，出不来了，遗忘了我们的本性是广阔无边的大海，这个大海也是真正的“上帝意识”，就是跟上帝合一的意识。严格说来，“上帝”的真实义就是代表本体、本体界和本体意识，是真正的“三位一体”。所有的波浪，它的本来、本质都是水，都融化在这个本体大海当中，就是大海起波浪，波浪回归于大海，但是波水一味，波即是水，水即是波，全波即水，全水即波。你看，这又把很多佛学的概念融会贯通了。前面三界的体验，都是幻化的游戏，最后都是帮助我们认识到，我们的真正本性是超越了三界体验的无边无际的大圆觉海。

昨天有学员说要讲“识”的问题，这就是识的问题的一个关键了。整个意识大海相当于第八识，第八识本来是像大海一样，包藏万有；前六识包括第七识就相当于“起波”了。那为什么会起波？佛学讲，“无明风”一吹，从平静的大海中起了无数的泡沫和浪花。转识成智，怎么转？看破浪花，回归大海。不执着于浪花，你在这个浪花里斤斤计较，分别来，分别去，这就叫“识”，识就有分别，有分别就有执着，有执着就陷到生死轮回里面，出不来了；要从这里面空掉它，无住，不着相，回归于意识自性的大海。大海无所谓轮回啊！它本来就不生不灭，不增不减，不垢不净，这就回到了本体虚空界。

当然，第八识还不完全等同于本体界，因为第八识只是讲意识大海的整体，包括染净一切种子；而我们修行所要领悟的本体，则相当于八识清净之后的觉性海，转第八识成大圆镜智。

所以不管什么宗教，不管是哪个方面的宗教理论，我们这用四层结构学说给它一“看”，都能够看得很清楚。

从生命的四层结构来看修行，我们一定要理解大海和波浪之间这种体用一如的关系。不见体，就没有真主人；但光有体，没有用，不能从空出有，也不行的。所以前面三层不是我们要去消灭的对象，不是把前面三层给消灭了，我就成功了。不需要消灭，只需要一个“转”字。如果你要把它消灭了，那就叫顽空了。光有第四层，那不是一个完整的、系统的生命，不是我们修行所要达到的最高境界。所以回到灵性本体，回到超越性层面之后，我们要能够自由地运用前三层，而又不为前三层所打扰。

真悟道了，前面三层又可以有不同的表现。波浪也可以起，波浪也很好玩，只要“不着相”就行了。这个时候，我们利用生命的物质层面来做功，我们才有身体的感觉，才有身体的功能。利用生命的能量层面，我们还可以有一系列的体验，包括各种修道的体验。信息层面，在我们的修道过程当中也有种种的体验，所以体验本身不是问题，一切体验都不执着，但不等于没有它。《楞严经》在最后一部分，讲到五十种阴魔，这五十种阴魔其实都是我们修道过程中前三层的各种体验，从正向的角度来说，它也是成功啊！是修道进步的表现。你修道以后，才会有这些体验，但是从本体境界来讲，它又不是究竟的，你又在里面着相，停在那个地方，就变成“魔”了。阴魔，就是说你被卡住了，你被遮蔽了，你再不能往前走了，但是你不被卡住的时候，你无住的时候，这些体验就是好的。

《楞严经》里面讲五十种阴魔的时候，每一种阴魔的后面都有一句话：“不作圣心，名善境界；若作圣解，即受群邪。”就是说，你“不作圣心”，不把它当作什么值得抓住的东西，不去执着它，这就是好事，“名善境界”。“若作圣解”，一作圣解，一着相了，就变成魔境，“即受群邪”。这是总的原则。所以五十种阴魔也不要怕，只要把这个大原则抓住了！

也就是说，你前面三层既有凡夫的体验，也有修行的体验。

就像你打坐、禅定，禅定一定有精微的光明，有气脉的变化，这个能量层的变化，你不能说这个就是魔啊！好像修行就不能有各种各样的体验，那麻烦了；但是你也不能说把这个就当作道，去执着于它，停留在这里面，也不行。所以，你要把握前三层和第四层之间的体用关系。你没有第四层，光在前三层里面，那就是凡夫；现在你回到了第四层，能清明做主，无住生心，这个时候呢，这前面三层都是你的妙用，所有的神通、功能、智慧也都离不开这前三层。

修道不是修成一个无能之辈，要修出智慧来，智慧就离不开前三层的运用。总的原则就是，我们这种本体境界或者灵性的最高境界，一定是超越于前三层，这就是我们观虚斋教学讲的“超越于云端之上”，先把它提起来；但是它又要表现在三层之中，所以第二句话叫“扎根于凡尘之中”，这两个方面要结合，要能够“上天入地”，这才是大圆满。你光飞起来了，下不来，着不了地，那麻烦了。或者你陷在地上，飞不起来，也麻烦。

所以佛教讲“超越三界之外”，什么叫超越“三界”？这三界就对应了我们讲的三层，物质界、能量界和信息界就是三界，三层和三界是有对应的关系的。超越于三界之外，是什么意思呢？不是去找一个跟三界完全没有关系的“第四界”，躲在那个地方，不是说佛菩萨全在那个地方，跟我们没有什么关系。这个“超越”是什么意思呢？就是不着相、不执着、无挂碍，突破这三层的障碍，但是它还在这三层当中表现。真正的佛菩萨还是在色界、在欲界、在无色界，三界都可以自由地来去，自由地运用，但是都不着相；而且这三界并不是说在我们生命的外面，跟我们的生命没有关系的外面的三个空间，三界实际上就是对应于生命的前三层的三种体验、三种境界的一个对象化。

从“精、气、神、虚”四层来讲，道教内丹学讲的“炼精化气，炼气化神，炼神还虚”就是讲突破三界回归本体界的修道过程。在“精”所代表的物质结构这一层面，我们可以相应于内丹学讲的“炼精化气”，就是你从这个物质层面的浊界往上突破，就是炼精化气。在炼精化气的过程当中，一定会有“乐”的体验，“乐”的觉受。“炼气化神”，就是从“气”代表的能量结构这一层面往“神”代表的信息结构这一层面去突破，炼气化神的过程当中，一定有“明”的体验，明的觉受。“炼神还虚”，就是从第三层进入第四层，那么这个时候一定有“无念”的体验，无念的觉受。突破第三层，就是无念。炼精化气关键在戒，炼气化神关键在定，炼神还虚关键在慧。这样一来，我们就把四层结构理论和炼精化气、炼气化神、炼神还虚，和乐、明、无念的体验，以及戒定慧的关系，都把它贯通起来了。

你看到密宗里面很多的经典，都讲到乐、明、无念，因为只要你真正地修行，这三种体验是一定会有的。但是，你执着于乐，就陷在欲界当中；执着于明，就陷在色界当中；执着于无念，就陷在无色界当中。只要大家理解了我们的总体思路，这就很清楚。不是说这个乐、明、无念不好，不是说我修炼的时候，不能出现这三种境界，那就搞反了。这每一种境界，都是你炼精化气、炼气化神、炼神还虚的过程当中，正常出现的体验，但是因为我们要从这三层里面突破，要进入第四层，所以在乐、明、无念的觉受出现的时候，我们的心要不断地超越，不停留在乐、明、无念之中而超越三界，是这个意思。

有的没有真修的人，他就有很多概念搞不清。我们要超越，你怎么还有这个乐、那个乐，还有禅乐呢？你这是落入欲界啊！这是不同层次的语言，语境不一样。你禅定就有禅乐，没有禅乐，说明你禅定功夫就不好，对不对？禅乐没有什么不对，只不过你要更上一层楼的时候，要不执着于它，要再往上走。走到哪里去呢？走到第四层的道体当中去，回到本体里面去；回归本体的世界，它就超越这一切。但超越不是把它排除掉，绝对地不要它，还是要充分利用它才有妙用。

另外要注意，“乐受”的禅乐指禅定的快乐，不同于禅宗开悟的“禅悦”，因为禅悦是无相的、无我的。“明受”是指能量层面有光明的觉受，与果位的“明觉”之明不是一个层次。无念的觉受也不是指无念的觉性，觉性中的无念是自然的，是无所谓执着的；凡讲到觉受，则不是果位上的证境，而是指道位上的体验，有体验就有二元性，就会有执着，所以要超越。

因为我们的时间比较紧张，这次不能够讲得太细，但是这个大要都已经讲了。运用之妙，唯在一心。你们把今天讲的基本原理贯通了以后，可以说各家各派、整个修道理论都能够连成一片。佛经里面有一句话“如观掌果”，就是像看见你手掌里面的一个小果子一样，看得很清楚，不再是迷迷糊糊的，搞得一团浆糊，而是很清晰，这个修道的路线、方针和指导思想全有了，所以我们把生命四层结构的理论纲要，当作我们这门课的一个统摄，就是万变不离其宗，无论讲什么，最后讲的都是这个东西。

五、四层结构的观修

现在还是给大家几分钟的时间，活动一下身体，然后就开始静坐，进入我们这一堂课的实修。

这几天大家一定要把作息时间调整好，别一上课就犯困，变成我来给你们催眠来了！觉醒不是催眠，本来是让大家觉醒的，结果让大家昏昏欲睡，就麻烦了。大家上座，按照要求把姿势调好。姿势要中正，不要左右、前后倾斜。上座以后，先放松一下身体，用自己的意识扫描一下全身，意识到自己。让全身都放松，从头上往下，自己给自己扫描一下，让自己的每一个细胞都放松。然后发一个大愿，求证无上正等正觉，这几天一定要真修实证，让自己有所突破。要好好修，解行相应，知行合一！我们每次实修，都是修我们前面讲的东西；前面讲理论，就是为后面的实修做准备，而实修就是为了实证这个理论。

我们今天上午的修法，就是修"四层结构观法"，把我前面讲的关于四层结构跟修行的道理，要观明白。我先给大家引导一下，然后大家就开始进入"观"。这个四层结构的观法，我们可以跟天台宗讲的"三观"结合起来，这也是统一切"观"门，所有的观都可以归为这三观。

第一层是"从假入空观"。从四层结构来讲，从假入空观，要怎么观呢？"我"（指真我，是真正的我）不是物质结构，这第一层排除了；我不是能量结构；我不是信息结构……这就离开了自己有限的身心，既不是你的身体，也不是你的头脑，没有念头，进入真空，无相无名，一切分别、言说、思考全没有了。啪！进入第四层，这是空观，让本具的觉性现前，回到那个“明空妙觉离戏论”的状态，无言、无名、无相。

我先把修观的道理全讲完，一会儿你们就按照这三个次第去观。第一层观分明之后，第二层是“从空入假观”。本体世界不是前面三层之外的独立的存在，前面三层都是本体的妙用；进入了觉悟本体的境界之后，前面三层都是我们的妙用。这个时候，物质结构是我的妙用，能量结构是我的妙用，信息结构是我的妙用，你清清楚楚地知道它的变化，可以运用它来做功，做事情。这是从空出有，从空入假。

第三层是“从假入中观”。前三层本来与第四层是不二的，即体即用，用不离体，即体显用，全波即水，全水即波。就是一切如如，前三层不影响你第四层的“体”，第四层也不影响前三层的“用”，它们都是统一的。这个时候起心动念都是法界之妙用，不需要去排除它。在灵觉的智慧光芒之中，万法如如，一切都是，一切都好！这是大智慧的中观。

空观是证体，入第四层；假观是证用，妙用前三层；中观是体用一如，是生命的全体大用。

我要再强调一下，我们所谓的“观”，是什么意思？平常我们的思考都是无意识的自动联想，杂乱无章，是在业力的支配之下，忽东忽西，忽左忽右，想天想地，想这想那，这叫胡思乱想，是杂念。那现在我们要观，是有意识地去想，去调动我们的智慧的功能，把我前面讲的这个正法的道理（正见），要去想清楚，观清楚，这个叫“正思维”，这是修行的根本。所以不要怕，好像修行就不能起心动念，杂念要去念，但这个正念、正观是很重要的。正观，才能分明，把道理分清楚，然后把境界显现出来，才能转化习气，生出妙用。

在静坐的这段时间，大家一定要在正观之中！就是“你”在想，不是“它”在想，不是业力在让你胡思乱想；不是想你的家庭、你的公司，而是把这个实相的道理你去观清楚，包括我前面这一堂课讲的这些道理，要在你的心地当中忆起，给它观清楚，印证清楚。观不是理论研讨，重点是知行合一，观明白的同时就进入相应的状态，这是“观法”与“思考”的不同。观法才能实证智慧解脱，而思考只能得到一种思想。

重点在第一个层次，先进入第四层，然后在那里面安住。起心动念了，来了杂念，你就修假观，明了这个念头也是你的妙用，不跟着它走，不跟着它跑。大家要学会这种观法，因为一般的人，如果你直接入定的话，反而定不下来；你不如主动地有意识地去观想，这是很容易进步的方法，很容易生发智慧。

从现在开始，你所有的精力、所思所想，全部是在这四层结构的观法里面，没有别的想法。

静坐中……

眉心舒展，把脸部放松，不费力，当你进入了第四层，没有什么念头了，无念了，前面三层都没有了，可以住在那个地方。当又起念的时候，你就观想它是妙用。不用费力，很轻松，念头不是你，不影响。前三层都不着它，不住它。去掉前三层，结果剩下的东西是什么？空空如也，明觉自在。

静坐中……

啪！这一敲，就是让大家提起精神。不昏昏欲睡，不胡思乱想，保持正观。当你把这个道理观得差不多的时候，直接有一个简单的法门，就是直接无念，不用一层一层地观，就是直接无掉第三层，“无”了“念”以后，自然就没有前两层的挂碍了。一切分别心、思想都在第三层，观你不是第三层，直接把那个“脑袋”砍掉，不要这个分别的头脑，剩下你的觉性在，就是第四层。

感觉犯困的，特别想睡觉的，你可以把眼睛睁开，看着自己的头脑。如果觉得腿麻、腿酸，这属于前面两层，看着它，不管它；看着它，跟它就可以分开。觉得疼，这个觉受已经是第二层了，腿本身是第一层，然后你觉得麻、酸以后，产生了分别心，这是属于第三层。把这三层都去掉之后，你跟它没有什么关系了，你就安住在你的自性当中，就是第四层。不认同前面三层，这就是超越；前面三层都是你的妙用，这就是体用一如。

大家记住，静坐时不要去捉摸什么时候该结束了，过了多长时间了，你只管当下。结束的时候，我们就敲引磬，就开始收功了。在没有听到引磬声之前，你不要管，什么都不要管，安住当下，正观当下。

好，这堂静坐实修就到这里，大家按照收功的方法慢慢出定，收功。这堂课总的来说，大家都坐得还不错，但也有少数人犯困。这几天大家把作息时间调好，保持充足的睡眠。慢慢活动，拍打，以前我们讲过很多转圈的方法，大家还可以加两个转圈。一个是转眼睛，因为现在看书、看手机看得太累，这个眼睛可以左右转，也可以前后转；再加一个转颈脖子，因为这个脖子里面就牵涉到全身的神经部分，很多的通道都在脖子里面，所以这个脖子也要经常松一松。这个转圈，可以灵活运用，全身里面可以转很多大圈和小圈，还有手和腰都可以转。静坐的时候，加一个转眼睛，保护一下眼睛。我们有鸣天鼓，是保护耳朵的；有扣齿，是固齿的；鼻舌都有按摩，再加上转眼睛，这样对五官都有保养功效。这几个小动作，大家平时起床后，都可以练，养生就在平时，由平时的功夫，日积月累，你的身体就保持在一种有活力的状态。

六、从四层结构理论看老师的层次

上午，我们先是讲课程导论，阐明这门课的特色、宗旨、目标；然后是讲第一板块的“四层结构广论”，建立一个贯穿后面三大板块的理论纲要。这个四层结构理论，其实跟传统的诸家诸派的理论都是可以贯通的，只不过我们用一种新的方式来讲。不是我发明了一个什么东西，其实就是一个新的提炼与总结而已；但是这个框架比较清晰，比较管用，而且很多东西你能一目了然，对传统的看似复杂的理论都能看清楚。

举例来说，我们修道需要一个老师来指导，而如何判断一个老师是不是如法，本身也是很重要的问题。

从四层结构这个理论视野来看，一个导师是干什么的？就是两个方面：一是卸载业力程序；二是安装心灵解脱的程序。首先，我们前三层结构里面有很多障碍，导师是帮助学员来卸载前三层结构里面的业力程序，指导你怎么卸载它；其次，是要帮助学员进入第四层，找到自己心灵的家园，找到自己的本体层面，这个相当于给你安装一套心灵解脱的程序。就是这两大块：一方面是安装一个心灵解脱的程序，建立一个新的秩序、新的轨道；第二是卸载原来的无明的、业力的程序，解开前三层结构制造的“面纱”，让你看见真容，看见本来面目。

真正的导师就是帮助学员清醒过来，从原来浑浑噩噩的、无明的梦幻之中醒过来，找到自己的心灵的家园。一个老师首先是自己这方面要有体会，见地要很清楚，才具备基本的导师的资格，帮助学生去树立正见。自己都糊涂，他怎么指导学生呢？从这个意义上来说，如同以前我讲过的，对应于正见、正受和正觉三种层次，明师有三层境界。从四层结构的角度，我们也可以说导师有四层境界，对应于“精、气、神、虚”四层，导师自己必须先到达某个层次，才能帮助学员到达相应的层次，他无法帮助学员解决他自己都没有解决的问题。

我们以前讲“三宝”的时候，也讲到过“僧宝”这个概念。高僧、大德，还是不能从表面上的身份、地位来决高下的，还是要“依法不依人”，依真理而皈依，这也是我们一直强调的。

有一年，我们在天开寺开课。天开寺的法师本来是跟我们合作，也准备招些信众来听课，后来法师一个台湾来的徒弟听说此事，大为反对：“他一个在家人到我们庙里来开课，你还给他找学员，那怎么行呢！你要维护这个出家人的崇高地位，要你讲课才行呢！他讲课，我们不能给他招生。”后来那期课，他们就退出了，不了了之，我们就还是自己开课。

在在家、出家这个问题上，我们还是要讲真理，不讲形式。我想起冈波巴大师在《大乘菩提道次第论》当中，引用了佛教经典《十轮经》里面的一段话，说明我这个观点是有根据的，不是我要为自己辩护。

这段话怎么说呢？“住于家室”，就是在家当中，有妻室，“不剃须发”，不剃头，“不着法衣”，没有穿那套法衣，穿普通的服装。“亦不受戒”，不是一定要受什么出家戒、在家戒。这前面是讲真正的僧宝可以不需要的条件，后面讲必须要有的条件。“惟具足圣谛法性”，这就是我讲的以实相、真理为归，只要具足证悟实相这个根本条件。“我说此人是胜义比丘”，佛说这样的人是真正的比丘，是僧宝。这是《十轮经》里面的话。只要你掌握了真理，这个人哪怕是在家的，从胜义的角度来说，这就是比丘，这就是佛法讲的那个僧宝。

我们上次讲三宝的时候，也提过僧宝的概念是什么。依法不依人，要依真理。不是穿个什么出家的衣服，有个形式，就是僧宝，就怎么样，在家的人就一定如何如何，我们是只管真理。掌握了这个“圣谛法性”，你在家的人也是“胜义比丘”，就是胜义上是比丘，形式上不是比丘，但从根本上来说是僧宝。

冈波巴大师指出：“僧伽者他们自己也怖畏轮回之苦”，就是有的出家的僧人，虽有这样一个身份，他自己还在怖畏轮回之苦，也“要向佛陀求皈求救”，他也要向佛陀求皈依，求解脱。“自己尚有怖畏之人”，自己还在轮回的痛苦当中，还有怖畏。“怎能为别人作究竟皈依处呢？”所以说，不是一出了家，就是我们的皈依处。我们要皈依的是真正的僧宝，就是要具备圣谛法性，悟入诸法实相。

所以我们在这里，就要不怕得罪人，我们是来求解脱的，不

是来搞迷信的。不是说你出了家，就天经地义地位高人一等。你如果要引用佛经的话，佛经里面不同语境下各种说法都有，你不能把只言片语拿出来，说明出家人就如何如何。佛经也是应机说法，有时候会特别强调出家的功德，但也要真正具备出家人的德行才算数。在大乘佛教看来，其实在家人的地位也很高的，因为真正的菩萨就会现在家相，比丘相更多的是小乘佛法。

我们要找真正的大道，要求人生的解脱，不要搞那些形式主义，不要搞什么个人崇拜。印顺法师人格没有问题，是很好的一个人，学问做得好，一辈子著作等身，他也在追求佛法的真理，但是我们讲到佛法境界的时候，不是看一个人学问大不大，或者人品好不好，还不能光讲这些东西，更要讲这个法的证量，有没有真正地证悟诸法实相。不能说印顺法师写了很多著作，我们就不能进行合理的批判。关键的一点，他本来是太虚大师的传人，但是他的观点跟太虚大师是不一样的，而且他的一些观点是受到太虚大师的批判的。我们要尊重印顺法师，那我们要不要尊重太虚大师？

我是不参与这些争论的，我们只在内部讲一讲。因为我在读研究生学佛法的时候，我就发现印顺法师跟太虚大师的观点相左，他们两个人判教的方式也不一样，但是太虚大师是有证量的，他自己描述，在阅藏的时候有宗教体验，有开悟的体验。而印顺法师，自己说自己就一辈子搞学问，没有什么特殊的体验，只是一个平凡的人。印顺自己讲自己是平凡的人，有的人就理解那是伟大的平凡，其实还不是圣人的平凡。印顺法师说自己没有什么特殊的体验，所以他对那些什么神圣的境界，基本上都用理性的观点，用此岸的经验主义，作为一个判别的依据。你说要尊重佛教大师，那太虚大师要不要尊重？中国历代的高僧要不要尊重？因为印顺法师的观点，恰恰是否定了中国佛教的很多东西，包括天台宗的东西，他认为都不正统。

所以不能很简单地说印顺法师是高僧大德，我们就不能批评他。你批评要有理有据，不是搞人身攻击。一个追求真理的人，不能被这些外相所迷惑，我们就要真奔主题，直接追求真理。在求道的征程中，我们随时要回归自己的内心世界，回到迷和悟这个根本上来。我是迷，还是悟？我是解脱了，还是烦恼重重？不要被那些外相圈住了，搞一大堆迷信——要这样，要那样，却没有去追问实相。

我们讲生命的四层结构理论，就是从根本上把这个诸法实相的道理讲清楚了，我们也就有“依法不依人”的判据所在。

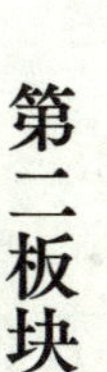

第二板块：佛教智慧（心理——人与实相的和谐）

第一板块是“理论纲要”，后面三大板块就是佛、道、儒三教的实修智慧，我们先讲第二板块“佛教智慧”。

这一板块我们给它做了一个注解，叫“心理——人与实相的和谐”，这个在前面的课程导论里面已经做了说明。佛教的重心和它的特长在什么地方？就是领悟诸法实相，解决这个“心理”的问题，让心从烦恼的业力当中解脱出来，证悟了诸法实相就是涅槃，就是解脱。

我们怎么讲这一板块呢？在前面的导论部分讲过，佛教的经论浩如烟海，随便选一部经都可以讲好几天，所以我们这次讲课的方法，不是完整地讲一部经，而是选几部核心的经典，围绕着我们这部课程的目标，再从这些经典里面选它的核心的部分——直指人心的那一部分，直指实相的那一部分——围绕着“三教实修”的概念来讲，不讲纯粹的大道理、空道理。在我们讲理论的时候，实际上就已经在提醒你进入一种状态，理论与实修这两者是密不可分的。理论教授之后专修的时候，也是修我们所讲的这个“法”，知、行两者是完全吻合无间的。

一、《楞严经》论“耳根圆通”

《楞严经》是佛教里面非常著名的一部经典。它的第一个特点就是理论非常系统，如果我们要找一部佛经，把整个佛学与佛法的全貌及其纲要很清楚地展现出来，那就是《楞严经》了。第二个特点，《楞严经》的文字非常美，翻译的文笔极佳，是用简洁而优美的中国文字翻译出来的，这个就跟《楞伽经》形成了鲜

明的对照。《楞伽经》的翻译，文字可以说是最难懂的，显得古奥，不是那么顺畅。因为翻译《楞伽经》的是个外国人，他对中国文字也不太精通。而《楞严经》的翻译，是一个中国文字的高手，文字太美了，乃至有人怀疑这部经不是真经，是中国人自己造的。但是后来也发现了藏文的、梵文的原典，所以《楞严经》是从印度翻译过来的，这是没有问题的。至于大乘经是不是佛说的，这些争论我们都不管，因为我们只管真理本身。它讲的道理，讲得好，符合真理，我们就要学。这也是中国佛教为什么会特别重视它，因为它确实跟我们的修证关系非常密切，不是讲空洞的道理，里面整个修证的次第、原理都讲得非常详明、清楚。将来有机会我们可以详细讲《楞严经》，这里我们想启用它的一些要点，然后找出它的实修法门，来为我们所用。

《楞严经》其中的一大部分，就是直指心性的部分，前面一大段都是追问心性的问题，论证“七处征心、八还辨见”的详细过程，这部分我们不讲，我们讲其中直指精要的部分，是直接开示我们心性的奥秘的。

大家可以翻开讲义，因为这里面我们列出了一些经文，现在要对这些经文做一个简要的阐释。

（一）

讲义里面首先引用《楞严经》的一句话：“一切众生，从无始来生死相续，皆由不知常住真心、性净明体，用诸妄想，此想不真，故有流转。”这句话很重要，讲的是根本的问题。所有的众生为什么在生死轮回当中，相续不已，什么原因呢？我们可以说是由于“无明”，但是无明是一个总说，到底什么是无明呢？无明是对什么不明呢？就是对这个“常住真心，性净明体”不觉知，在这个地方我们迷了，迷了常住真心，迷了性净明体，不知道这个“真心”“明体”，这就是无明。这样就把无明具体化了。光说无明，到底什么是无明，“无”的是哪一个“明”？就是不明白我们的常住真心、性净明体。因为不明白常住真心、性净明体，所以就用妄想，离开了真心，这样就在外面流转，没有回到心性的家园。

回到我们的四层结构来讲，迷失了第四层，在前面三层里面转来转去，这就是妄想。这个妄想“不真”，跟真相、跟实相不相应，不是大道，不是真理，所以在前三层里面转来转去，“现行熏种子，种子生现行”，不断地流转不已。

“常住真心，性净明体”讲的是什么呢？一开始我们讲观虚斋歌诀的时候，也讲过，这就要直指“那个”，就是我们生命的本来面目、我们的自性明体。为什么叫明体？明也是一种觉、明觉，也是光明。性净，就是自性本来清净，就是我们自家的宝藏这个东西本来清净，本来是不增减，不生灭的，是“常住真心”。

这里面我们要做一个解释了。佛教不是讲一切“性空”吗？一切都是在变化的，为什么还要讲“常住真心”？这里就涉及一个基本的理论问题，很多人都会觉得奇怪，到底有没有一个常住真心？前面我们讲到印顺法师，他就把讲“常住真心”的这一系归之为“真常唯心论”，他认为这一系离开了性空假名说，离开了佛教的根本义，是中国化的佛教了。这里面有一个关键，我们要把它打通。因为一切语言和文字的表达都是相对的，你想在文字里面抓绝对真理，那就麻烦了，所以看起来文字上有矛盾，实际上不矛盾。

我们的第三层信息结构层，这个思想就是生灭变化，念念变化，流转不已的；但是进入第四本体结构层，我们有没有一个本觉，有没有一个平常的、现成的、不生不灭的一个觉性在呢？必须在这个地方有一个肯定。如果这个地方不能肯定，修行就没有归宿，没有着落。那我们修什么呢？如果真的一切都是无常的，变化的，没有什么根本的东西，那我们何苦要修行呢？

这就是为什么会从小乘走向大乘，走向圆满的佛教。因为我们有这样一个体性在，这个第四层的本体层是在的，它是超越了前三层，不在时空的范围之内，不能够从时间的变化的角度去观察它，因为它是恒在、如如的，无时间相，无空间相，你不能说这个地方有，那个地方没有；这个时候有，那个时候没有，它是一直在的。

在我的博客里面有一篇文章，就专门谈这个真心本体和缘起性空的关系。这个真心本体是不是违背了缘起性空呢？也没有违背。这样一个本体，它本身也不是一个孤立的隔绝的存在体，它跟前三层的关系也是缘起关系，它们之间还是在变化的。讲它不生不灭，是指性体的本身不会消失，所以说是常住的，但是并不等于有一个永恒不变的东西在，这里面就比较微妙了。

我们来打个比方吧，还是以大海这个比方来讲。缘起性空，是说这个大海与波浪都在缘起联系之中，大海本身也会变来变去，从大海起波浪，而波浪也要回归大海，这都是在变化的，并不是有一个独立不变的大海。这个大海里面也在变，每时每刻都在变化。讲不生不灭，是讲大海的体性，不会说一会儿有这个大海，一会儿没有这个大海，它不会消失。所以我在博客里面讲，有一个“永恒的相续”。虽然是相续变化，但这个相续变化是永恒的，没有一个断灭的时候，所以佛教讲生灭当中有真常，但是真常不在生灭之外，就在生灭当中去证悟那个真常，在缘起当中证悟那个性空的本体。这才是大乘佛教圆教的开展，如果没有这样一个圆满的本体，修行就没有最终的依归，没有终极的意义，但是这两者的关系是很微妙的。

《楞严经》这一句话就把生死流转的原因，和我们所要证悟的那个真心本体点化出来了。

第一，如果我们从第四层本体结构来看，就很容易了解，我们的无明就是因为迷失了第四层，在前面三层里面着相、流转。《楞严经》里面讲我们流转的原因，就是我们有“攀缘心”，把变化的生灭心当作真心。用我们的四层结构语言翻译一下，就是把第三层的分别心当作我们真正的主人公——真心。第三层的生灭心、变化心它是不断地变化，追逐外缘的，叫攀缘心。缘是什么东西呢？缘是任何一个客体、任何一个条件。眼看一个色，色是一个缘。对着这个缘起心动念，被这个色带走，贪这个色，“色声香味触法”，六尘都是外缘。随缘而起心动念，叫做攀缘。攀，就是抓住。攀缘心，就是我们像猴子一样变化的心，也是假我，变来变去的，这里就永远找不到一个可以真正安立的地方，这是生死的根本。

第二，就是《楞严经》里面讲的“常住真心，性净明体”，这个东西，《楞严经》讲它“能生诸缘，缘所遗者，涅槃根本”，

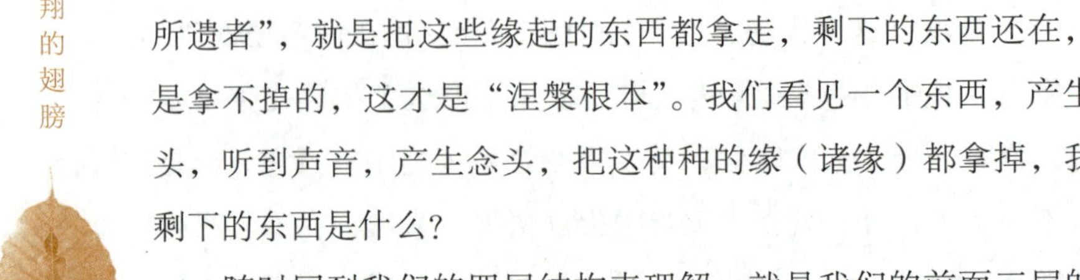

就是它能够生起诸缘，万法的缘起现象都从这里面显现出来。“缘所遗者”，就是把这些缘起的东西都拿走，剩下的东西还在，它是拿不掉的，这才是“涅槃根本”。我们看见一个东西，产生念头，听到声音，产生念头，把这种种的缘（诸缘）都拿掉，我们剩下的东西是什么？

随时回到我们的四层结构来理解，就是我们的前面三层的缘起都拿掉以后，剩下的还有一个拿不掉的，那个第四层的明觉还在。一方面我们要把佛教本身的概念讲清楚，同时我们要回到我们讲的理论纲要上，把它统摄住，就是“汇之有元，统之有宗”，这样我们才能清楚，才能形成自己的一个贯通的理解，否则就会很散乱。

（二）

下面我们看讲义里选录的《楞严经》的第二段话。“不知色身外洎山河虚空大地，咸是妙明真心中物。譬如澄清百千大海，弃之，唯认一浮沤体，目为瀛渤。”这都是直指的，直指我们的心性。我们在这种无明的妄想之中，就产生一个错觉，好像外面的色身、虚空、山河大地都是在外面，是跟我们作对的一个客体，然后被它给带走。但是从本体的眼光来看，当我们回到超越性的、破了时空相的这个“妙明真心”的本体状态，回到那个无相的明体状态，在这个境界它超越了时间相和空间相，这时候不光是我们的色身，我们所看到的一切山河大地，也都是在我们的妙明真心中呈现出来的东西，是“妙明真心中物”。你要跟着我的话走，你的心量就打开了，不光是这个禅堂了，整个虚空界、山河大地都是我们的妙明真心当中的一个现象物。为什么呢？因为我们本性，它是没有时空相的，它是无量无边的。山河大地看起来很大，但它还是有限的，放到我们的真心当中去，还是很小。这就好像是我们丢掉了无数的、无边无际的大海，把它扔掉，眼光就只有一个泡沫，只有一个波浪，然后把这个波浪就当作真正的自己，这是我们根本的无明，我们就是被这个身体所框住了，好像我们就是这么一个东西，但这只是我们的第一层——物质结构而已。就算这个物质结构，其实也是跟周围的人相通的，我们以为是隔碍的有限之物，其实物质结构也是通在一块的。

所以我们的问题就是，本来我们的真心无量无边，是一个空性的大海，但是我们产生了一种错觉，就是把自己认同为一个非常小的东西——一个肉体、一个念头、一个感受……认为这就是我了，那就陷在这个地方，把它当真心、真我。所以人的一生，追这个，追那个，追了半天，都是为他人做嫁衣，都是为那个小小的东西去服务，丢掉了自己根本的东西。这都是直指，直指我们的根本，直指妙明真心的本体层面。

大家注意，我们这门课有一个特点。虽然讲佛教，讲道教，但不管讲哪一家，哪一部经典，讲的都是核心的东西，都是直指核心。从各个角度来直指，把你唤醒。而且最后都会相通，会归到一个地方。如果这三天把你的心量打开了，你意识到了你真正的自己，超越了有相的小我，那不得了，那你就是成了“大人”，大人与天地万物为一体。

再看下面一句，也都是直指的。“一切众生，从无始来，迷

己为物，失于本心，为物所转，故于是中，观大观小。若能转物，则同如来。身心圆明，不动道场；于一毛端，遍能含受，十方国土。”前面都已经理解了，这个很容易顺下来了吧？不觉得特别难懂吧？这还是一个问题，我们从无始以来迷了，把真正的无量真心、性净明体给迷掉了，迷失了，把自己认同为一个“物”。这个物是广义的了，你把自己当作这个东西、那个东西，各种各样的东西都是物的范畴。认同你的身份、你的角色，认同你是一个教授，你把这个教授看得很重要，其实教授在这里面就是一个破东西，那个无量无边的性体你不要，死死抓住教授不放。有钱的人，他抓住钱不放；有地位、有名誉，抓住地位名誉不放……但是能抓住吗？在无穷的时空长河里面，那些东西都不值一提啊！所以我们修行要从这个地方下功夫，把心量打开，才能真放下。你不认识真正的自己，不知道自性之广大，即使天天教育你要这样、要那样，要积功德，你还是死都放不下。真明白了真心明体，就知道那些东西本来就不是你的，不是要你勉强去放下，而是要看清楚实相。所以“为物所转”就是凡夫，被种种的物给带走，认同它，把自己的身家性命都寄托在一个个物上面。这个“物”不是“物质”的“物”，这个物是一个代号，是被我们所认同的，占据我们心灵的那个东西、那个对象物。因为我们的眼光着落在这个物上面，所以有大有小，有各种分别。觉得这个物有意思，那个物没意思，比来比去，但是其实都是在这个物的层面上。

我们以前也讲过，“若能转物，即同如来”这句话，是整个修道的一个根本。修行就是要转这个物，种种境、种种缘都是物。我们现在又要回到四层结构来讲了。怎么叫“若能转物，则同如来”？这个物是广义的物，物质结构是个物，能量结构是个物，信息结构是个物，一层层地转，要彻底转完了，回到第四层，回到你的真心明体，这不就是如来嘛！

我们学佛学，不能把佛过度神化，看成一个天边的、永远是可望而不可及的东西，那是没有学好。学佛，就是找到这个真心明体，找到我们本具的真相是什么，破掉我们的错觉，能把前三层都给转掉，回到第四层，你就是佛了。所以要敢于承当，学佛就得成佛，不成佛，你学什么佛。还分什么出家、在家，这些身份通通是物，要转掉，回到那个超越言说、超越分别的世界。到了这个时候，身心圆融，整个身心都在法性大海之中，圆满周遍，明觉不昧，整个法性的世界都是不动的道场。不是说这个地方是道场，那个地方是世间，全体都是，是没有动摇的一个道场。那么这样一个世界，它就是贯通的，就是芥子纳须弥，就是一沙一世界，一叶一如来，所以讲“于一毛端，遍能含受，十方国土”。

因为进入这个法性圆满的世界，超越了一切障碍，它是打通的，这也是诸佛神通妙用的一个世界。我们在因位还体现不到，那是在果位上呈现的世界。但从因位上来讲，这个世界本自具足，只是我们在迷中不能显现而已。我们要进入这样一个世界，我们就要有一个超越性的转物而觉的功夫，之所以还没有完全体会到，是因为有业障，还没有完全转物。所以我常常讲，我们修行，既要树立大信心，随时可证，随时可以成佛，但是同时要有现实的眼光，要转化这个业力，转物的过程是不容易的，它是要有扎扎实实的功夫，这是一个漫长的过程。这两者要结合，光看到其中的一个，有时候太乐观，变成狂禅，我真的就是佛了，业也没消，智慧也没开。光看到转化业力这种漫长的过程，就容易产生悲观的情绪，成佛没有希望，何时是个头啊！这样也不行。

（三）

下一段：“以诸众生，从无始来，循诸色声，逐念流转；曾不开悟，性净妙常。不循所常，逐诸生灭，由是生生，杂染流转。若弃生灭，守于真常，常光现前，根尘识心，应时销落。想相为尘，识情为垢，二俱远离；则汝法眼，应时清明，云何不成无上正觉？”一开始读这段话，你可能会觉得有很多佛学概念，比较陌生，但是如果我们前面讲的那些，大家能够一步一步接受过来的话，再读这段就很顺了，基本上不需要多解释了，都很清楚。

这段还是讲两个方面，一个是我们迷在什么地方，失在什么地方，迷失在什么地方。追逐外境，追逐外缘，逐念流转，然后遗失了性净妙常的那个本体，追逐生灭的杂念。这就是在前三层里面流转，没有进入第四层本心、本性的世界，所以要把它转过来，要“弃生灭，守真常”，要放下这些生灭的分别，离开生灭的世界。守，就是意识到、觉悟到你的真常不动的本性，当你能够守住真常，常光现前，这种智慧就是一种光明，它就有法性的光明显现出来。六根是什么呢？就是眼、耳、鼻、舌、身、意，就是我们的认识器官。六尘，就是色、声、香、味、触、法，就是我们感官所认识的对象，这个不复杂。我们的六根、六尘，感官和认知对象一结合，就产生了分别心，这就是六识。这根、尘、识三者当你回到本体圆明的世界的时候，啪！它当时就销落，就像雪花一样消融在大海里面，找不着了，只有这个大海。

我们在生死的流转当中，就是“想相为尘，识情为垢”。相，就是我们认识的一个对象，色声香味触法都可以是一个相，那我们把这个相抓住了，它就是一个“尘”，尘就是遮蔽我们真心的尘埃。在这个基础上，我们产生了“识”，识就是分别心，由识之分别而生“情”，情都是各种情感上的染执，由此产生了种种好坏、美丑这种判断，这就是“垢”，就是遮蔽我们本性的污垢。把这两个都远离掉，破了这个想相之尘与识情之垢，破了这个相，不产生识情这种尘垢，那你的法眼当时就清明了，“云何不成无上正觉”，怎么能不成就这个无上的正等正觉呢！

所以这些概念，只要我们把握了其中根本的原理，其实很容易理解，关键还是要去体会，去做功夫实证。

下面：“当平心地，则世界地，一切皆平。”这句话跟《维摩诘经》讲的“心净即国土净”，是一个道理。在佛学里面，我们这个心的世界跟整个所谓的外面的世界，是一个世界；一切世界都是我们心所显现出来的世界。当我们在无明的状态之中的时候，我们总是要去改变外面的世界——要去革世界的命，革这个人的命，革那个人的命，丈夫要革妻子的命，让妻子改变，妻子要让丈夫改变，总是要让别人改变。但是佛法就说这个源头都在我们的心里面，我们的心就是一个放映机，是我们在里面放映出这个世界。如果你的心的底片没有改变，光去改变世界是不行的。你的心一改变以后，世界就改变了，这是从源头上改变，就是万法唯心，心为法源，心为万法的源头。

现在有很多课程都是教你怎么样去“平”这个世界，而不“平心地”。你想改变这个，改变那个，然后得到一个你满意的环境。你想得到这个，得到那个，但是等我们转了一圈之后，我们发现这颗心没有变，你的心带着你的蓝图，带着你全部的生活世界的蓝图，若心的根本没变，种子也没变，只是换了一个环境，很快这个新的环境又变成旧的环境了，你还会用你原来的模式去改造它。

就好像世俗生活中，很多人离婚离习惯了，他认为这个对象不行，他从对象里面找毛病，然后他要去找新人。终于找到了一个很好的对象，就结婚了。但他不知道这个离婚的原因是在他自己里边，他自己里面没变化，所以结了婚以后，没过多长时间，旧的问题又来了，还是一样的毛病。他可能又认为这个对象不行，继续离，成了离婚专业户。但是离了一圈，自己没变化的话，那永远不行。他这种相应的模式没有变化，就找不到合适的人，改变自己更加重要。

这是我们以前在“宗教智慧”课里面，也再三强调的，就是修行的人，一定是修自己，改自己，从自己开始改变，通过改变自己，改变你周围的世界，改变你的家庭、外在环境。反过来的路是走不通的，最后想通过改变别人来改变自己，这条路是走不通的。根本的问题是我们的心，把心改好了，改造了，那么整个世界也跟着“平”了。这又要回到四层结构来讲，就是你找到了本体世界，回到了你的真心世界，前面三层也都能得到改变。你的生命系统都改造完了以后，身心和谐了，你就可以往外扩展，这就是自觉觉他。

（四）

最后一句话:“生因识有，灭从色除。理则顿悟，乘悟并销；事非顿除，因次第尽。”我们前面讲的总原则，无明、流转、攀缘这是一条线；弃生灭，回归真常，找到自己的“常住真心、性净明体”，把它安立住，转物而觉，这是解脱。方向是这样，但是在这个过程当中，我们的路径是什么呢？

我们这个生命的形成是先有“识”，这个是佛教的观念了，也是我们修行人的观念，就是我们最终是有“识”，俗话讲叫灵魂，当然有的人说佛教不讲灵魂，用什么概念无所谓，反正是先有这个精神体，进入了母胎之中，由父精母血形成了他的物质生命，再和这个精神生命结合，慢慢形成了生命，这个叫“生因识有”。如果不承认有这个识，我们修行也讲不通的，就着于我们肉体的相，不能认识到人的内在精神生命。形成这个生命之后，我们要返本还原，回归到我们的本性当中去，要从肉体的束缚中得到解脱，这个解开的次序跟那个生命形成的次序是相反的，我们要从这个“色”开始下功夫，破除色身的障碍。

这个“色”也是广义的，前三层都属于广义的“色”。也就是说前三层都成了一个障碍，要从这个前三层的外围，一步一步往里走，才能回归生命的核心。生命的形成过程，是从里面往外走，由根本的心识逐渐形成色身；生命的解脱过程，则是由外向里走，解开外围的束缚，觉悟心性的本体。这个观念跟道教内丹学里面讲的“顺逆”的问题很相通，一个是顺，一个是逆，要回去，旧路还家，从那个方向，沿着原来的路回家。我们当时怎么走迷失的，现在慢慢怎么走回去。当我们迷失的时候，是从家里往外走，回家的时候是旧路还家，回过头来往内走。这是一个里、一个外，由内而外是一条线，从这出去了；现在要回来，从外而内是回归的一条线。所以前面是“生因识有”，后面是“灭从色除”，从这个“色”开始再回来，往回走向圆满的核心。

“理则顿悟”，就是回到第四层本体的过程，当下就可以进入，从这个角度可以讲顿悟。这是我们讲的修行成佛的乐观的一面，当下就可以顿悟，因为你的真心本具，本来就是这样，不是我们要去创造一个什么东西。就像无穷无尽的天空，它本来就在那里，只不过我们迷了，我们自己在这里面出不去，忘失了本体；一回来，觉知到它，它就在。

这个时候，“乘悟并销”。乘是什么呢？乘就是小乘、大乘的乘，就像是我们坐车子，有不同的车，有大车，有小车。当顿悟的时候，三乘佛法这个等级没有了，连我们这个悟本身也没有了，因为在本体的世界，已经无所谓迷悟了。迷悟是在我们凡夫的眼中，有这个分别，当你真正悟了以后，就没有迷悟了。对迷而讲悟，但是真正进入了实相，迷悟都没有了。如果着一个悟的相，那就没有真悟。如果有一天你非常高兴：“我觉悟了”，有一个“我”，还有一个“悟”，还有沾沾自喜的感觉，那么这个四层结构全出来了。真正进入第四层，什么都没有了，只有一个觉，只有一个觉性在。但这个觉性是绝对待、超言说，说都说不出来的，哪还有沾沾自喜，还有“我顿悟了”这样的观念呢？

所以有的人问禅师，你的境界是什么？禅师因为他真懂了以后，他知道不能说，说出来以后，会被你着相的，所以他就通过各种各样其他的方式来指点。但是别的方式久了以后，就变成常套了。有的人是拿柱杖敲地，人们叫他敲地和尚。马祖说："待你一口吸尽西江水，再向你道。"这也是一个方法，就是破了你的分别心、计较心，你什么时候能一口吸尽西江水，当下就把你的妄想打消了。

这是讲"理"的这一面，可以顿悟。第二个就是"事"的层面，从前面三层的业力转化的过程来讲，业力绝对不是顿除的，不是说瞬间就能消除的。如果有人说顿悟成佛，一下子连业力也全消了，这个不符合修行的原理，这是不可能的。修行都有其原理的，不是说你狂妄地想要怎么样，就怎么样，所以修行一定要有一种敬畏之心，不要说我修了三天，闭了三年关，我就怎么样了不起，这个业力的厉害到时候你就知道了。没有经过训练的人，好像转化习气很简单，好像你多厉害，面对事情来了，考验一下，你那个阿赖耶识里面的种子全冒出来了。

我经常讲，考验一个大师的境界，你不要看他如何说得天花乱坠，事上一考验，你骂他一句，他可能就火冒三丈了。就像有些法师一样，人家批评几句，就火冒三丈，你一个白衣，怎么敢批评我们大德！所以业力的解开，消业的过程，是一个渐修的过程，是要有次第的，要一步一步把它清理干净。

严格讲，学佛、修道，你是顿悟，还是渐修呢？简单地讲是顿悟还是渐修都不够，这个《楞严经》就给我们指出来了，两者的关系很清楚，有顿悟，有渐修。有顿悟之后的渐修，也有渐修之后的顿悟，这里面有反反复复很多过程的。一直到最后大彻大悟，把悟也超越了，也无所谓悟不悟了，那就彻底成佛了。

所以要重视当下，要有乐观主义精神，这三天我们要随时随地都有所体会，有所顿悟，这是完全可能的。不要等，不要等将来，我们现在还没有这个资格。等我将来退休了，再来修，那就麻烦了。现在都没有能力修，退休以后更麻烦了。谁知道你到退休这段时间，是造业呢，还是增长智慧呢？如果你是造业，那比现在顿悟更困难，你能保证你现在到退休这段时间，智慧增长吗？很可能就是业力增长。有很多人说，我要干事业，干这个事业，干那个事业，我说你没有智慧，干事业就是造业嘛，事业做得越大，造的业越大，那要解脱起来更麻烦，不要等待，修行最好的时机就是现在。

（五）

我们把《楞严经》上面讲的这几条再总结一下，就是一个顺、一个逆的问题。这个跟道教内丹学讲的顺逆是相同的，内丹学讲“顺则凡，逆则仙”在这里也是适用的，原理是相通的。

什么叫“顺则凡”？六根（眼耳鼻舌身意）对六尘（色声香味触法）生六识，我们这个六根随着六尘往外走，认知的箭头是往外的，这就是顺向流转。看见一个色，被色带走；闻着一个声音，被声音带走，香、味、触、法……都被它带走。随着六尘而向外流转，这就是生死，就是轮回，就是迷失，总之，这就是心随境转。那“逆”是什么呢？见色不为色转，往内回归你的本性；听到声音，不被这个声尘所带走。面对色声香味触法六尘，你都能够回归自性，回来，一觉，这就是菩提，这就是心能转物、心能转境。这就是佛法的重中之重，核心中的核心，都在这个地方。

比如《金刚经》讲："不住色生心，不住声香味触法生心，应无所住而生其心。"六祖大师听了"应无所住而生其心"，就开悟了。为什么？这就是讲上面这个心能转物的道理。如果我们跟着色声香味触法走了，听到一个声音，就在那想半天，被它带走很远；看见一个美色，就被美色带走，那就完了。这就是凡夫！所以不要住色生心，不要住声香味触法生心，要无所住，不停留，不停在那个地方，不住在对象上面，也就是回来，回归你的自性。这与《楞严经》上面讲的是完全相通的。

所以经论虽多，但是临济说得好——"佛法无多子"。有的禅师气魄很大，一个道理懂了，贯穿下去，就行了。然后你讲什么，我都知道了，就是在讲这个。就像我们讲来讲去，我们用四层结构把它一贯穿，都是讲这个道理。

临济禅师讲："入色界不被色惑，入声界不被声惑，入香界不被香惑，入味界不被味惑，入触界不被触惑，入法界不被法惑，所以达六种色声香味触法皆是空相，不能系缚此无住道人。"这段话与上面《金刚经》《楞严经》所讲完全是一味的。禅师从实相来点化，他不立文字；但是他只要一讲，就只有这个道理，还有别的道理吗？我们的心向外流转、攀缘，产生了妄想，产生了烦恼，这就是生死轮回的道路；一念能够觉醒，回来，往回走，回归你的正觉自性，这就是解脱。

我当时在北大读硕士的时候，是跟楼先生读佛教，后来读博士，因为某种原因，我就考了汤先生的博士，博士论文研究道教。我跟汤先生第一次见面的时候，汤先生就跟我谈到博士论文

的选题。他问我，你原来是研究什么的？我说，我硕士论文是选的天台宗。汤先生说，建议你继续研究天台宗和道教的关系，如何？我当时研究佛教也没几年，从考研究生到考博士，才三年，但我那个时候气魄很大，我跟汤先生说佛教我已经差不多了，佛法要义我已经心里面有数了，我想先放下佛教，博士专研道教，不去搞什么天台宗与道教的比较。我对道教也很感兴趣，我说博士论文就想写道教。我讲这个话的意思，不是说我的佛学研究取得了多大成果，写了多少著作；就是说我心里有数，佛教那个核心的东西我了解了，我自己在那个层次上已经贯通了，就是那个东西，佛法的根本的道理我心里有数了。而我当年在大学里面练功的时候，就跟老子有关系，跟老庄道家和道教有缘，所以我想换一个玩法，去玩玩道教。导师一般来说会根据你前面的基础来确定博士论文的选题，既然你原来的基础是在天台宗，你就继续研究嘛，这样有基础。可是我在博士阶段又完全改换了，把那个佛教放下了，专门研究道教内丹学。我读研究生的时候，已经改换过一次，原来是学物理的，突然研究佛教了，也是从无到有，一点基础都没有；博士又改了专业方向，研究道教。

别人一般都把我当作道教学者，因为我在社科院宗教所的道教研究室工作，大家都以为我是研究道教的。我有时不得不跟他们说明，我不是专门研究道教的，我说我佛教的功底可能比道教还深呢！你看我讲佛教，讲得很好。

（六）

上面几段话体现了《楞严经》的核心精神，这也是佛法的核心精神。下面我们就回到第二部分，讲《楞严经》的实修法门——“耳根圆通法门”。

《楞严经》的整个纲要，可以分成三个大块。第一大块就是明心见性这一块，讲见地；第二大块讲修证法门；第三大块是讲修炼的各种阴魔、境界。这是全经核心的三大块。

修证法门方面，《楞严经》里面讲了修炼的二十五种菩萨入道的方便法门，也就有二十五种修法，这些各种各样的修法又可以相互搭配，适应不同的根基；但是最后《楞严经》给了我们一个明确的结论，就是“此方真教体，清净在音闻。欲取三摩地，实以闻中入”。这就是说，在我们这个世界，佛家所说的娑婆世界，这个世界的众生，他的根器最适应哪种法门呢？最合适的法门就是在“音闻”法门。因为从六根、六尘、六识，每一个门都可以进入，都可以修禅定，修观法，但是最后佛作了一个比较，就是赞成观音菩萨的观音法门，最适合我们这个世界的众生的根器。

为什么以观音的耳根圆通法门为主？《楞严经》里面也讲了这个理由，这不是一个抽象道理，而是现量的，是大家现在就可以去体会到的。我们的耳根，跟其他的五根都有所不同，耳根是最圆通的，从耳根入的法门是圆通法门。什么叫圆通？你看我们的眼睛，眼睛能看到前方，能不能看到后方？你说能看到后方，这不是一般人了。正常来讲，我们能看到前方，就看不到后方。斜着眼睛，可以看到两边，但是后边实在看不见。所以炼武的人，最怕后边有突然袭击，最难防守。另外，我们看东西，如果隔了一堵墙，我们能不能看见墙外呢？是不是空间上就有障碍了？不但方位上有限制，而且空间障碍能够把我们遮蔽掉。眼睛看的距离是有限的，近视的人要近了才能看清楚，远了看不清。这都是受很大的限制的。再看看你的耳朵，听声音就不受方位与空间的限制了。不是说，我站在前面讲，你就听得见，站在后面讲，你就听不见，没有这个道理。四面八方都可以听见，没有方位的限制。另外，这个墙都隔不住，隔墙有耳。不要以为墙挡住了，你讲什么话，隔墙是可以听得很清楚的。不要乱讲坏话，以为别人听不见。

另外，你用眼睛看的时候，你闭着眼睛看不见，要睁开眼才能看得见。但是我们有没有听说过，有人需要打开耳朵才能听到声音的？请大家把耳朵打开，请大家把耳朵关闭……你关都关不掉。所以这个耳朵是恒时在用。实际上你睡觉的时候，这个耳朵也在听，只不过你的意识不在上面，没有产生分别而已。打坐要出定的时候，我敲引磬了，你就知道要出定了。我没有说，让你出定的时候，我拿一朵鲜花，在你面前晃来晃去，告诉你开始出定了；你闭着眼睛，根本什么也看不见。

有的高僧真的入了大定的时候，很长时间一动不动，人们以为他已经圆寂了，有经验的老和尚就告诉你，先要在他耳边敲引磬，看他是不是入定，把他敲出定来。这就是利用耳根最灵敏、最圆通的特点，让他出定；你不要随便动两下没反应，就把人家火化了。

所以这个闻音是很特殊的。耳根的这些特点都跟我们做功夫有关，如果我们用眼睛来修，很多时候会受限制的。有的时候能看见，有的时候看不见，还要费力，就是我们看东西，总要有意地去看。耳朵是完全被动的，你不需要做什么，耳朵就在听，而且一直在听，另外耳朵听的声音，它是没有选择的。

我不能让大家现在只听我讲话，把其他声音都关掉，别的声音你也能听见。所以有时候，好像什么声音都没有，但是你还听见一个寂静的声音，像是天籁之音，就是在无声当中，你还在听一个东西。所以耳根确实具有圆通这个特点，大定一定要记住，从耳根入，就能够进入圆通的境界，这两者是相应的。因为耳根是圆通的，所以我们用耳根去修的时候，很容易进入圆通的境界。

我还要跟大家讲一下，在我接触到《楞严经》之前我练功的体会。我当年在大学里面站桩的时候，不是修这个耳根圆通，我就是修无为，修道家的境界，进入虚极静笃的状态。但是当我完全静下来以后，发现一个东西了，就是这个“闻性”，它是通达四面八方的，各种各样的声音很清楚，我不去分别这些声音，但是声音确实在。你可以排除各种各样的杂念，什么都不想，这都可以做到，就是声音一直在。这个时候，一种就是听声音，你产生了分别心，生起了杂念；一种就是清静地听着这个声音，而不去着相，不着在声音上，回转来找到自己的觉性。

从这里就讲到了关键点“返闻闻自性”了。怎么修炼耳根圆通法门？我们讲了耳根是圆通的，大家都理解，没问题了。那什么叫修耳根圆通？核心在哪里？原理还是我们前面讲的，要从音声入手，回到“闻性”上来。

我们的耳朵恒时能够听见声音，但是对于普通不练功的人有两种情况，或昏沉，或散乱。一种是我们心不在，充耳不闻，就

是我们虽然听了很多声音，但是我们心不在那个地方，它跟我们没有什么关系，你还在迷迷糊糊的。那你这样就不是修耳根圆通了，跟声音没什么关系了，这对应的是昏沉。第二种情况，我们一开始听了，用耳根来修行，听见这个声音就产生种种分别，这是什么声音？这个声音好听，这是乐音；那个声音难听，这是噪音。或者听见人家讲话，产生了联想，转来转去，转到天边去了，这叫什么？这叫胡思乱想，这对应的是散乱。

那我们要修耳根圆通，要把这两种状态去掉。第一，我们要听。我们要把意识放到耳根上来，要注意这个声音，不是这个声音跟我无关。第二，是在听到声音的同时，不被声音带走，要回到我们的能闻之性。什么叫能闻之性呢？就是我们能够听到声音的那个觉性，不是耳朵。要注意，耳朵是耳根，那是我们的感官工具，我们通过耳朵听见声音。但是你买一个猪耳朵，那个耳朵是不能听见声音的，它一定要跟猪连在一起才有功能。我们的耳朵也一样，光这个耳朵是听不见声音的，所以这里有一个“闻性”，那是我们的灵明自性，透过耳朵听见声音，是吧？那么我们现在“返闻闻自性”，回去，回到那个能闻的、能够听见声音的那个自性当中去，是谁在听见这个声音呢？是我们的闻性。这里面就有了核心的奥秘，就是要“返闻”，顺着声音往外走，就是生死流转；逆着声尘的方向回归于能闻之性，就是涅槃解脱。闻性本身是圆通的，是一直就在的，只是我们有时把它遗忘了而已。

老师：听到声音没有？（师父敲引磬）

学生答：听到了。

老师：那下面声音没有了，听到了什么？就是你能听声音的那个，是不是还在？这个声尘有生灭，对不对？一会儿有声音，一会儿没声音。但是你的能闻之性有没有生灭？这不是理论了，要体会。有没有？

学生答：没有。

对。没有。没有声音时，我知道没有声音，能闻之性在，对不对？如果我的能闻之性不在，没有声音，我就不知道没有声音。所以声尘有变化，这个声是无常，但是能闻之性跟它的生灭没有关系，它一直在。你现在能听见各种各样的声音，声音没有了，你也知道没有了，能闻之性一直是如如。回到这个"闻性"上来，就是修观音法门的核心；核心就是一句话，"返闻闻自性"。

在这个通过"返闻"而回归自性的过程当中，有一些不同的过程，或者不同的境界，不同的觉受，这在《楞严经》当中有一个清楚的描述。我们可以看到讲义里面有一段话：

> 初于闻中，入流忘所。所入既寂，动静二相，了然不生。如是渐增，闻所闻尽。尽闻不住，觉所觉空。空觉极圆，空所空灭。生灭灭已，寂灭现前。

"初于闻中"，我们开始来修炼这个观音法门，从闻声音入手的这个法门。一开始在听声音的这个过程当中，"入流忘所"。一开始有个能所相，能闻和所闻是很清楚的，我听见的声音就是"所"，但是仔细深入下去，就进入一个"流"。这个流是什么呢？就是一个现象之流，能、所是两岸，这个流就是中间的河流，就

打通了两岸。大家就可以去体会了，不是光讲道理。你进入了这个流以后，就忘掉了所，就把这两岸给忘掉了。就是你进入这个声音之流后，你就不再去分别，哪个是我，哪个是声音；哪个是能听的主体，哪个是所听的对象，两者就统一到“流”当中去了，浑然一体，就只有一个声音之流。你也没说是我在听，也没有分辨是什么声音，都没有了。没有能、所的两岸，进入声音的法流，忘掉了能所。“入流忘所”，真没有“所”也就没有“能”，但初步清寒只是“忘所”，保留了某种程度的“能”。当我们真正进入了声音的法流之后，这个进入的过程慢慢也没有了，所闻的客体也没有了。“所入既寂”，所，就是所闻的客体；入，就是入流的入，是进入音声法流的过程。当你真正进入那个音流的时候，那个所闻之相以及做功夫的功夫相都寂静下来了。因为这个“忘所”是我们的描述，在你的入流当中，其实也没有“所”的概念，也没有“入”的概念，这个时候，“动静二相，了然不生”。当我们有“所”的时候，就是你听见（师父敲引磬）这个声音的时候，当你的心着在所闻的声音的时候，一定是有动有静，对不对？声音的生灭就是动静之相，现在静下来了，刚才是动，对吧？但是当你超越了这个“所”和“入”，沉浸于这个法性之流的时候，它就是一个不间断的东西。动静的相是在声音这个层面，是在“所”的层面；你忘掉了所闻，那么一直是一个相续的流，有声音和没声音，这种分别性就没有了，“动静二相，了然不生”。就在你“返闻闻自性”的过程当中，忘掉了所闻的客体，进入这个法性之流、声音之流，不再有一个所闻的对象了。

继续深入。“如是渐增，闻所闻尽”，慢慢地境界再往深走，到达“闻所闻尽”。因为前面我们有个“流”，在这个“流”中虽然所听的声音和能闻的自性已经打成了一片，汇成了现象之河流而不再停留于能所之两岸，但是这个能闻和所闻之间还有一个微细的二元分别，虽然忘掉了“所”，但这个“能”还是隐隐约约地存在。当你继续深入的时候，“闻”“所闻”都消尽了，这种能闻和所闻的二元性完全没有了，没有了所，也就没有了能，超越了能所对立，只有寂静了。

这里的前提，就是我们在修观音法门的时候，已经把别的东西全都忘掉了，第一步是把其他的缘都抛开了，比如说别的挂碍、别的思考、别的分别心都没有了，只集中在这个声音上来观修，才有这后面一层一层的境界。前面的功夫先要做到，你不能在要修观音法门的时候，你还在想别的东西，那就谈不上这个了。第一步要听声音，要听见声音，清清楚楚，然后再进入这个声音之流，忘掉所闻，达到闻所闻尽的境界。

再下面一步是“尽闻不住”，只是纯粹地闻，什么都不着相，什么都不停留，只剩下一个明明朗朗的觉知、觉性，就是一切清清楚楚，但是没有能闻所闻。这个时候，就是开始进入一个很安静的状态，只有一个明朗的觉性，觉察着一切，但是这里面就有更深入的微细的二元性，隐约还是觉到一个东西，觉和所觉之间还有一点儿分别，要到“觉所觉空”，一切无住，觉与所觉都空了。

下面一步是“空觉极圆，空所空灭”。把这个觉和所觉空了以后，达到空的境界，这种空觉的境界达到了极点，达到圆明的状态，就是真正的空，又没有能空、所空之别。从概念上来讲，前面讲把“觉”与“所觉”都“空”掉了，这时似有一个能空、所空，好像隐隐约约地，是“空”把“觉、所觉”空掉了，好像有一个所空的东西和一个能空。那么一直深入这个能空、所空，这个二元分别性没有了，才达到“空所空灭”，能空与所空都灭掉了。这个时候，“生灭灭已，寂灭现前”，就是所有的二元性，微细的生灭心全部消失，就达到真正的寂灭现前。这个时候已经超越了所有微细的二元性，不能再说了。你不能说寂灭又有一个“能寂灭”和“所寂灭”的二元性，玩文字游戏，这么一直玩下去，没有意义了，到这个地方终止。真正的寂灭，就是“圆寂”，是圆满的寂灭、圆满的涅槃，就是我们要证的诸法实相的境界。

这段话是描述修观音法门的一层层境界，从闻声这个渠道，进入深层次的觉性、寂灭的境界的一个过程。但是我们要注意，这是讲原理，讲我们进入寂灭的过程当中不同阶段的觉受，不完全等同于我们修行的方法、程序，如果你完全按照这个程序去修，你还是贯通不起来。是不是有这个问题？你现在看这一段，你说怎么修？什么叫“闻所闻尽”呢？从理论上说，这中间任何一层做到底了，就没有后面的功夫了。闻，所闻；觉，所觉；空，所空……这可能是一步步深入，也可以一步到家，因为本质上都是“能、所”的二元性，一旦你真的破掉了这个二元性，就证入实相了。

所以这段话是从“能、所”上不断深入，告诉你要把一层一层微细的二元性去掉，达到真正的寂灭，这是一个原则性的方向。我常常讲，我们修行所达到的境界和觉受，跟我们用功的方法不完全一样。不是说一定按照这个步骤去修，是在你修的过程当中，出现这个状态的时候，你知道要往深走了，不能停留了。但是很多人把觉受和用功的方法混为一谈，好像这就是用功的诀窍、口诀，我们现在要把这个东西变成一个用功的方法、口诀，实际上不一定完全按照这个程序走。我知道这个原理，能够把握自己，能够不断地深入就行了。

从闻入手，到底怎么用功？一会儿我们要实修这个法门了，注意一点，就是它真正的口诀就一句话“返闻闻自性”，这是怎么用功的方法；那些能所二元性的一层层破除，是这个功夫一步步深入所显现的境界。就是我们听见声音，先把别的都忘掉。我们的心能够听见各种各样的声音，包括没有声音，也听见那个“没有声音”，你的心要集中在这声音上来。然后我们要不断地回到能闻的自性，心要回观，那个能听见声音的闻性在哪里？在这个返闻闻自性的过程当中，你可以达到“闻所闻尽”的境界，你可以达到“觉所觉空”的境界，达到“空所空灭”的境界。用功的时候，觉和所觉之间有一点点儿隔阂，有一点点二元性，那你就要继续深入，继续返闻闻自性，达到“觉所觉空”；继续彻底下去，达到“空觉极圆，空所空灭”。一直到完全回归到你寂灭的自性，彻底返回去，就是“寂灭现前”。

不知道大家听明白了没有？就是这一段告诉我们不断深入，有不同的微细的二元差别。好像我进入了某个状态，当你感觉到你进入这种状态，已经有一点点对立性了，包括我进入了一个觉的状态，还有一个能觉、所觉，或者你进入空的状态，有一个能空、所空，这都不够究竟。要不断地返闻闻自性，一直到你的自性现前，超越言说，超越分别，这些东西都没有了，都忘掉，就是一个大觉现前，那个时候又回到我们的总根本，就是第四层本体，离言说相，离文字相，离分别相，就是回归我们的自性明体，就是“自性庄严不动尊”，千言万语还是要回到那个真正的本性中去。

耳根圆通法门，就是我们从耳根返本还源、旧路还家的一个方法。为什么要用这个方法，就是因为耳根是圆通的，它有其特殊的性能。下面我们把《楞严经》的一些句子串连在一块，来对耳根圆通法门做一个总结。这些句子是从《楞严经》不同的地方选录的，我把它凑成一偈，来做一个圆满的总结：

归元性无二，方便有多门。
此方真教体，清净在音闻。
一根既返源，六根成解脱。
返闻闻自性，尘消觉圆净。

“归元性无二，方便有多门。”《楞严经》讲到二十五种菩萨入道的方便法门，但是回到本元、回到性体上，是无二的，是一个东西；方便有多门，进入自性本体的方便，有很多的方法，本经讲的二十五种法门都是方便法门。

“此方真教体，清净在音闻。”我们这个世界最好的方法，真正地适合众生根基的最清净的法门，是在音闻，在耳根圆通法门上。

“一根既返源，六根成解脱。”我们从耳根这一门，返本还源，回到自性，六根都解脱了。

“返闻闻自性，尘消觉圆净。”通过返闻闻自性的方法，一切尘垢都消除了，这些所有的遮蔽自性的尘埃，都消失了，你的觉悟圆满、清净了，圆满清净的觉性呈现出来了。

我们用了一个多小时，把《楞严经》做了一个核心要义的开示，下一堂课我们就要实修这个耳根圆通法门。我们先活动一下，然后站桩。

站桩中……

刚才这一场站桩，有没有人觉得站得比较舒服的，一点儿不费力的？看来我们大多数人还只是在完成任务，盼望着早点儿下课，这种感觉不好。要感觉怎么这么快啊！我还想站下去，有这种感觉就好了，当然这是一个过程。其实你要进入状态，身心是很协调的，整个是跟这个世界统一了，那种感觉非常美妙。我们修行一定要回到这种正向的一种能量或状态中，就是你修行是一种往上走，感觉越来越好，越来越美妙；不是说你因为有负面的压力，好像怕这个，怕那个，为了这个，为了那个，才强迫自己来修行。但一开始也有一个勉强的过程，就是你把时间先定好，不管有没有什么事，有没有什么收获，有没有什么受用，你先把每次修行的时间定好。比如说，这几天我们每堂实修课定 45 分钟，就要坚持到 45 分钟，这些是不打折的。上一次我们还有打折的，有的时候就半小时了，有的人实在站不住，我们一看，实在不好勉强了，但这次很好，大家都坚持下来了。由勉强到自然，这是一个过程。一开始可能要稍微勉强一点儿自己，但你坚持了一段时间，形成了一个正向的惯性，业力也是一个惯性，智慧也是一个惯性，然后你打坐，站桩，得到一种体会、一种享

受以后，那也会上瘾。这种上瘾是好事情，虽然最后也要把它破掉，但是在这个过程当中，我们还是可以享受一下这个。你一到站桩或静坐的时间了，就有感觉了，这个功夫就上身了，很享受，很美妙，到了这个阶段，就不需要别人再鞭策你，你自己会很自然地想要去多坐一会儿、多站一会儿。这三天是通过一个外面的压力鞭策大家养成一个新的习惯，如果在我们课程结束的时候，大家已经慢慢形成一个惯性，回家还想找回这个美妙，还想站，那再接着站，这才对了。如果大家都咬牙切齿，忍气吞声，总算熬过来了，总算可以回家了，那就麻烦了，我这个工作就没有完成。我看到你们很多人还是脸上压力重重，愁眉苦脸的还是比较多，因为大家在这个世间灰尘太多，一下子也放不下来。放下，放下，放不下，就要把它看破才能放下。看破靠什么？靠智慧，我们讲的这些道理，就是要让你看破。

二、《大乘起信论》论“一心开二门”

我们现在讲第二个主题：“《大乘起信论》论‘一心开二门’”。这个题目就指明了两点，一是我们是讲《大乘起信论》，二是我们讲《大乘起信论》里面的“一心开二门”，因为我们不可能在这里把《大乘起信论》全部讲一遍。

《大乘起信论》在佛教的经、律、论三藏当中属于“论藏”。经，是属于佛说的；论，是修行有成就的大德、大菩萨们写的论文。论的好处就是讲道理讲得很严密，因为写论文是很有条理的。佛讲经是应机说法，不一定是那么严密，他只是根据不同的人的问题来讲，应机而说法，但是“论”呢，有一个明确的主题，就像我们写博士论文、硕士论文，先选一个题目，然后围绕这个题目，来做有条理的论证。

《大乘起信论》它就把建立大乘的道理，要说清楚。因为在小乘发展到大乘的过程当中，有各种各样的疑问，有人对大乘佛法的道理不太相信，《大乘起信论》就是要让大家对大乘的道理生起信心，要对大乘生起信心，就要对大乘的道理加以概括，用最精炼的语言给它概括出来，这就是《大乘起信论》的目标。它对大乘的道理，说得很系统、很清楚。这是佛教里面很著名的一部论，马鸣菩萨所造。

我们这门课只是在这部论里面选讲最精要的一点点，尝一尝里面的味道，我们也就知道它核心的意义了。《大乘起信论》里面有一个核心，就是讲“一心开二门”。

佛学讲万法唯心，这个“心”是根本。唯的是什么心？凡夫的流转、轮回也是这颗心，你要走向解脱、走向觉悟也是这颗心，所以这颗心就包含了两个方面，一个叫“生灭门”，一个叫“真如门”。就是《大乘起信论》讲的“心生灭门”和“心真如门”，前面都是“心”，这就是“一心开二门”。二门也就两条路、两个方向、两个轨道，就是从这“一心”当中开展出来的两条路线。

从这里面，就把整个心法展现出来了，轮回法、涅槃法，轮涅一切法都是通过这一心展开出来的。生灭门就涵盖了一切的染法，真如门就涵盖了一切的净法，染净二法就是一切法。佛法里面就是这两个法：一个染法，一个净法。也就是我们在“宗教智慧”那门课里所讲的，首先我们要了解众生的问题和现状是什么，这个属于“生灭门”；我们解脱的境界以及通向解脱的道路是什么？这个属于“真如门”。这也就是佛法里面讲的四谛——苦集灭道，苦谛和集谛就是讲的生灭门，是轮回法、染法；灭谛和道谛就是讲的真如门，是涅槃法、净法。

前几天有学生对这个“苦谛”提出了质疑。他说佛教还是古老，不适合现代，怎么会苦呢？现代人不会接受这个观点，人生怎么会是苦呢？其实这不是佛教的苦谛有什么问题，还是看你怎么去理解它的问题。我们千万不要以为，讲苦谛，就是说现实人生一定要去过苦日子，要过苦的生活。实际上，语言文字都是有局限的，我一再强调，不要在语言文字里面找究竟真理。一种说法究竟不究竟，你要顺着它的语境去理解，就没有什么问题；但你要换个角度，换个思路，那任何表述都有问题，没有什么“法”是绝对的。当佛教讲苦谛的时候，大家注意，这是在一个特定的语境下来讲的，就是我们众生在无明这条线上，在生灭门这条线上，在迷妄之中，心不能做主，心随境转，这种人生总体上来说就是苦啊！你不要说，我喝一瓶啤酒，很高兴，怎么会苦呢？我唱歌、跳舞很快乐，苦谛不是讲你没有这种快乐的现象，不是说人生没有快乐，不是这个意思，而是说当我们总体上没有觉悟的时候，在这种心追逐外缘、迷外逐物的过程当中，你这种快乐是靠不住的，因为你是有所依赖的，而且苦乐相生，每一种快乐背后都有一个苦在等着你。只要我们的心在迷妄之中，这种人生的整个的轨道它就是苦的，这个苦就是我们人生处在迷中，迷失了自己，没有找到正确的方向，没有找到人生的安顿，这种人生的状态总体来说就是苦的。

佛教里面对这个苦的现象，有各种各样的具体的分析。比如说有“八苦”，有“三苦”，有各种不同的分类。其中有一种苦叫什么苦呢？就是这个快乐本身保持不住，这也是一种苦。不是你没有快乐，而是这种快乐本身是无常的，这就是一个视角，它导致了一种苦。你人生很美妙的时候，抓不住，马上烦人的事就来了，这也是一种苦。至于什么五蕴盛、求不得、爱别离、怨憎会，加上生、老、病、死，这都是现实的生活中必然要遇到的人生八苦，在这个意义上说“苦”是没有问题的。但是我们不是说人生当中就没有“乐”了，更不是说我们人生当中就应该去过苦日子，如果因为讲苦谛人生就要过苦日子，那就消极了。讲苦谛的目的，恰恰是为了灭苦。所以佛教的目标是什么？转苦为乐，转迷为悟，这才是学佛的目的。你不要因为佛教讲苦谛，好像人生就得过苦日子，就得很消极，那谁愿意学佛教啊？我首先就不学佛教了。所以讲苦谛，是为了认清楚人生的现状，找到一条能解脱苦难的道路。苦的原因是什么？就是“集谛”要解决的问题。分析这个苦，来源于什么？找到它的原因，我们就可以灭苦，所以才有后面的“灭谛”和“道谛”。“谛”就是真理，四谛就是四个方面的真理。灭谛就是说解脱了苦的境界，是一种寂灭。这种寂灭也不是消极的，是“生灭灭已，寂灭为乐”的那种寂灭。一切生灭的二元消失了，回到那个纯净的圆满的世界，那个叫寂灭。这一点儿都不消极，不要从文字表面上去看，好像寂灭是消极的，什么也没有。其实寂灭的是烦恼，而证得了一种解脱。道谛，就是讲解脱的方法和道路，通过“道”来证“灭”。

所以佛教的道理可以从四谛去理解，四谛归结起来就是二门：生灭门和真如门。苦谛与集谛，就是心生灭门；灭谛和道谛，就是心真如门。你看一个人学佛教，学得不好的时候，就变样了，就给人佛教是消极的印象；但真学佛教学得好的人，他不是愁眉苦脸的，他不是苦的，因为学了佛，他就不苦了。他在迷当中，他才苦；但是学佛就是让人转迷为悟，觉悟了人生的真相，知道了事情本来就是无常的，抓不住的，你就放下，你回归那个永恒的自性，回归那个安乐的家园，心回到这种寂灭解脱的境界，随时圆满，光明焕发，怎么会苦呢？

但是佛教又说，你也不能去追求乐；追求乐，本身又是一种苦。苦的分类里面，有一种苦，就是求不得。你要求快乐，就产生了苦。所以才要寂灭，把这种二元的东西都打消掉，安于当下的圆满，这是究竟的乐，是“生灭灭已，寂灭为乐”的那个乐，是“极乐”。极乐是超越了苦乐二元对立、二元分立的这种乐，严格地讲，就不能讲它是一种乐了。你讲乐就有苦，有苦就有乐，这都是二元对待。极乐就是没有苦乐，那种纯粹的清净、法性的光明、法性的自在。这就是灭谛，是灭掉了这种二元分别心，回归到你那个自性的家园。

一心二门，这里面是两条路。两条路的根本原理是什么呢？这里面就有几个关键词，在《大乘起信论》里面讲，一个叫“无明”，一个叫“真如”。无明是染法这条线上的总根源，从“心生灭门”追根，追到最后是那个无明，无明产生了我执和法执，然后不断地着相、攀缘、轮回六道，这整个是来源于无明。解脱法的根源是在哪里呢？源头在真如这方面，真如就代表了实相、真理，就是我们讲的本体世界、本体层面，这个东西是解脱的根本，而无明是生死流转的根本。

但是这无明和真如两个东西不是说平行分开的，它在源头上会归到“一心”当中来。就是从“一心”可以开展出两条线，不是平行线，源头都在“一心”。

一心如何展开，这要看无明和真如之间哪一种力量占据主导因素。我们凡夫的世界是“无明熏真如”。熏，就是“种子生现行，现行熏种子”的那个“熏”，这个“熏”是非常形象的一个字，我们所有的东西都是慢慢熏出来的，熏陶熏陶，熏成了习惯、业力。生灭门的人生道路，就是在无明之中，真如不断地被无明所熏陶，无明不断地熏真如，就把真如熏黑了，真如就没了，慢慢就完全被遮蔽了，只剩下无明的人生。在无明当中，就不觉，就没有智慧，就去造业，造业就受报，那么他这种人生当然就是苦的人生。哪怕他人生当中，他自以为有很多享受，其实本质上都是一种苦。就像我们有时候去吃一顿大餐，也是一种苦。吃了一肚子难受，或者把你灌醉了，这都是苦。这是无明熏真如的这条路。

无明熏真如，就是越来越不觉，觉性完全被遮蔽了，被掩盖了。没有觉性，就没有主动性，没有能动性，只是在业力轨道当中，被业力支配着走。我们现在要修行，就要“真如熏无明”。这条路就是不断地用明觉、智慧来转化、熏习无明，把无明慢慢熏没了，这就是我们学佛、修道走向觉悟的道路。

当我们回顾人生，想想我们的生活当中，有多少阅历是出于无明、业力，在没有做主的能力的情况下，它在向前发展？又有多少情况是我们在觉性当中，去自觉地发展出来的人生？你看看这个比重是多少，你就知道你的人生的境界有多高。完全地被无明熏习的人生，你是完全做不了主的。表面上是你做这个，做那个，其实都不是你在做，都是那个业力种子在支配着你，身不由己，身心不自由，不能做主。彻底的大觉者完全是真如做主，觉性做主，明觉自在，所以他生活中的一切发生都是在他的觉性光亮之中照耀下的人生。

当然，我不是一个大觉者，但是我可以举个例子，说明在某种程度上觉性做主的生活。我在很早的时候，在大学本科阶段就开始修炼了，每天睡前站桩，就有所体会了。在我大学毕业之后，我对我的人生就有一个很清晰的觉知和规划，也可以说我后来的人生，在我考研究生之前，这个发展的蓝图就已经形成了。包括我今天会坐到这里讲课，都在我当年的计划当中。这不是给大家吹牛，没必要，因为我就在那个自觉的状态当中来做事情。我知道我的人生要走什么样的路，要追求什么，我也知道人生的意义何在，当然这前面已经经历过很大的困惑，这种经历以前讲过多次了，我就不再去重复讲了。

经历过大的迷惑之后，我已经清醒过来了。我知道人生的意义何在，我知道我该走什么样的路，所以我不再研究物理，也不再想做一个教物理的老师，我要考研究生，考中国哲学方向，我要研究儒释道，要自觉觉他；将来有一天有机会，我会去跟大家分享，这些都在我当年的愿力当中，后来完全是按照我的愿力来发展的。也许这个事情的结果会有大有小，观虚书院的弘道事业有大有小，这个可以有变化，但是这个总的方向没有变化。因为有的事情，要看缘份，机缘小了，少度几个，机缘大了，多度几个，但是这个弘道之路是没有问题的。

我们的人生就是要走在这种觉性光明的道路上，要能够做主，能够自觉地有意识地去生活，安顿自己的人生，这种人生才是有意义的。如果我们像无头苍蝇一样乱飞，总是被外面推着走，老是身不由己，被别人拉着走，那这样的人是四分五裂的。我们到底是为谁活呢？你的家人对你有个期待，父母对你有个期待，兄弟对你有个期待，你的上级对你有个期待，你的下级对你有个期待，每个人都对你有个期待，如果你为他们活，你要怎么活？人生不就四分五裂了嘛！你的主轨道在哪里？

"一心开二门"的意义在哪里？就是在人生这个方向上你要分清楚。你具体的工作可以不同，每个人都可以干各种各样的工作，这属于你的职业。但是在人生的方向上，就是这两大类，你是走在"无明熏真如"的业力之路上，还是走在"真如熏无明"的觉悟之路上？先把这个大方向要定好。不是要改变你的工作，你在现有工作的基础之上，可以纳入到什么样的轨道上来，这是关键。

就像我以前讲的，你还可以照样做一个扫地的工人，看起来很卑贱，但是你要把它纳入到"真如熏无明"这种智慧的轨道上来，你可以成为一个扫地的开悟大师，这没有问题。反过来，哪怕你很聪明，但是你走在"无明熏真如"的这个"不觉"的道路上，你是博士，你是什么什么……不论你的头衔有多大，那无非是你造的业更大罢了。如果你没有觉性的智慧，从某种意义上说你还是傻瓜，你就是博士级别的傻瓜，比别人的傻瓜级别高一点儿而已。这些外相不重要，重要的是你这个心安住在哪里。

这个骗不了别人，你自己如人饮水，冷暖自知。你活在什么状态里面，这颗心有没有着落，有没有安顿？你骗别人没用，别人都说你是大师，但是你自己不是，没有用。反过来说你自己安顿了，别人怎么说你都没有关系，你可以自己“偷偷地乐”，享受智慧的清凉。

我们今天讲“一心开二门”，就是提醒大家在人生方向上，还是要有一个安定。要走在觉悟的道路上，把你的所作所为、你的工作、你的生活都纳入到这个轨道上来。这样你活得越来越清明，越来越开阔，就像我们一开始讲观虚书院的八字院训那样，你要活在那个轨道上，越来越清晰，越来越慈悲，越来越镇定，越来越优雅。这样的人生多好！否则的话，你这个大方向不明，像无头苍蝇一样飞来飞去，盲目地做这个，做那个，哪怕你事业做得很大，最后也就是造的业很大而已，对自己的人生没有真正的意义。

在这个“一心开二门”的过程当中，核心就是无明和真如，你是在无明的控制之下，还是在真如的觉醒之下，一切要回到这个“觉”上来。

在《大乘起信论》里面，对“觉”有一个概念，它分为三个觉：一个叫“本觉”，一个叫“始觉”，一个叫“究竟觉”，这个道理很重要。

本觉是什么呢？就是我们每个人都具有的第四层本体结构，它是一种“觉”，是大家每个人都有的本具的觉性，这也是我们成佛修道之所以能够有所成就的可能性所在，没有这个基础，你怎么修都不行。本觉虽然是有，但是它被无明熏久了以后，被遮蔽了，没有呈现出来，所以在这个过程当中，我们要开始修行，通过修行再把这个本觉呈现出来。这个去掉遮蔽的过程，让本觉再呈现出来，重新呈现出来的本觉就是始觉。就是修行要恢复本觉，找到始觉，找到了始觉之后，你这个无明、业力、习气还没有完全消化掉，后面还是要进入修道的过程，彻底转化你的习气，才能回到究竟觉。究竟觉就是消化了你的习气、业力的种子，达到究竟圆满的觉悟。

这三个概念解决了一个什么问题呢？它回答了我们修行成佛到底是怎么回事。有时候我们会说，既然人人都有佛性，人人都有本觉，那人人都是佛，还修什么呢？虽然有本觉，但是那个不够，它没有呈现出来，没有起作用。就像天上的月亮，虽然是一直在，但是乌云翻滚，你看不见，也找不到月亮的光明，还是一片黑暗，所以要把那个本觉现出来，这叫始觉。有了始觉，还要不断地修，用真如熏无明，把无明熏干净了，熏没有了，这才是究竟觉。

下面我用几句话来概括地解释一下这三种觉："心体离念，以无明而念起，故有心波相续；能悟无念，心相续灭，则为始觉；二障尽净，转识成智，是为究竟觉。"

"心体离念，以无明而念起，故有心波相续。"这一句是解释本觉的，本觉也是《大乘起信论》里面讲的"心体"，就是我们心的本体、本觉是离念的，是超越这些念头的，超越于四层结构的第三层；因为无明的缘故，而产生了念头，产生了分别心，这些分别的念头就像波浪一样，心波相续，一个接一个。这样慢慢地，在心波相续的过程当中，心波就把心体给遮蔽了，给遮盖住了。

“能悟无念，心相续灭，则为始觉。”要领悟我们的心体，找到我们的本觉，就要悟到“无念”。心体本来是离念的，因为无明而起念，现在我们要找到这个心体，就要回到无念的世界。无念就是没有第三层，离开了第三层的分别心，超越第三层这个信息结构层，才能进入明觉的世界、本觉的世界。所以悟到了无念，心相续灭，这个念念相续的心波灭掉了，这个时候叫始觉。

为什么讲“悟无念”呢？不是说你要去通过一种斗争或者一种强行的手段，把这个念头灭掉，只需要去领悟无念。也就是说，无念是本来的实相，心体本来就是无念的，只是因为在无明的状态之中，我们感觉到念念相续这样一个如梦如幻的“心相续”，而遗忘了心体。这里面就是智慧境界了，无念不是与念头做对，念头的当下本来就是无念的，它本来就是没有实体的，只是我们在无明当中把它执着了。你看破了，看清了，它本来就没有，这叫“空中花，水中月”，是幻化出来的。念头没有实体，也可以说念头本不生，本来就没有生，没有真的生起过。如果你用智慧眼透视一下，看透了，念头本来就没有。就像我们现在去体检做X光透视，经X光一透射，人体就空了，没有了。但是在无明当中，我们就看见实实在在的一个个东西，你要用智慧的X光一照，里面是空的，没有实体了。在无明之中，我们看见念头一个个地来，好像很难缠，但是我们用智慧之眼，去洞察它的本性的时候，念头本来不生，本来空寂，觅心了不可得，这个时候本觉就显现出来了。

“二障尽净，转识成智，是为究竟觉。”二障，就是烦恼障、所知障，把这个烦恼障和所知障全部转化干净了，所有的分别心都转成智慧了，这就是究竟觉。

下面再引用了《大乘起信论》里的两段话，进一步解释一下。

第一句：“如菩萨地尽，满足方便，一念相应，觉心初起，心无初相，以远离微细念故，得见心性，心即常住，名究竟觉。”

这是《大乘起信论》里面对究竟觉的一个说明。究竟觉不同于始觉了，始觉只是见道，究竟觉是成佛。菩萨地，是说在见道之后的修道的过程中一层层的境界，叫菩萨地。菩萨地尽，就是十地菩萨一地一地都修完了，叫菩萨地尽，到了十地，最后成佛了，就是菩萨地尽。

“满足方便”，就是机会到了，差不多各种条件都具合了，因缘具合了，这时候快到究竟觉了，突然之间“一念相应”。条件因缘具足了，一念相应，这个“一念”就不是第三层结构的一个念头了，这是指契入觉性的妙用之光，所以这“一念”的概念也有不同的意思。一念相应，其实就是进入无念，不是有个念头，就是突然进入了一种状态，叫一念相应，所以后面解释，叫“觉心初起”，第四层觉悟的心显现出来了，但是这个显现的时候，没有“初相”，没有“初、中、后”的时间相，没有初次显现出来的这样一个相可得，因为有了初相的话，就有时间分别，就有念头了，就有微细的念了。没有初相，远离了微细的念头，一点念头都没有，最微细的念头都没有了，彻底证入无念之心体，这个时候才“得见心性”，才得见我们心的本来面目，真正地呈现出第四层，就是我们的清净本性。这个本性显现出来以后，“心即常住”，一直安住在这个境界当中，不再被无明带走，不再会掉下去，不再会失落，这个时候才是究竟觉。

所以总的原则都是无念，但是无念里面，还要经过很长的过程，到菩萨地尽，慢慢地彻底得见心性，安住在里面才是究竟觉。

“是故修多罗说，若有众生能观无念者，则为向佛智故。”我们讲《大乘起信论》的核心就是要懂得这几个关键词，其中“无念”就是一个关键词。六祖《坛经》讲的“无念”，从哪里来的呢？就是从这里来的。《大乘起信论》告诉我们，我们要走“真如熏无明”这个轨道，要向佛的境界迈进，靠什么？就是“能观无念者，则为向佛智”，你要能观无念，就是向佛的境界迈进。反过来，不能观无念，就是妄念流转，念念不断，这就是凡夫境界。能观无念者，能够观这个念本无生，念本来就是空的，念本来就没有的，这样的人就可以不断地呈现出自己的佛性，就向佛智迈进。

最后，我们还是要用生命的四层结构理论来统摄一下，上面的道理都能统摄进来。这句话用四层结构理论要怎么讲呢？“能观无念”，就是能通过“观”的功夫离开第三层，“则为向佛智”，这就是向第四层迈进的道路。从四层结构理论来分析，这是很清楚的。观无念，就是破第三层；破了第三层就破了这个头脑，破了分别心，破了思维，也就破了语言，破了所有的二元分别心，都没了。这样就能“向佛智”，佛智是什么？就是第四层本体结构，呈现出我们清静圆满的自性。所以一念相应，就一念成佛。当然，无明没有消灭干净的时候，我们又掉下去了，还要继续观无念，不断地观无念，就能不断地向佛智迈进。所以千经万论，处处指归，佛法无多子，都是讲这根本的道理。

我们观无念，有可能又陷入另外一种理解，好像就断灭了。观无念，灭掉了什么？不灭的又是什么？下面这句话解释了一下："唯心相灭，非心体灭。"这说得很清楚，我们灭的是"心相"，心起现的各种各样的现象，着这个相，着那个相，这个生灭心被声带走，被色带走，被外缘带走，这种心的起起落落的泡沫，这些相要把它灭掉，无念就是无这个念，无这个心相，无这个泡沫，但是不是心体灭了。不着这个泡沫，不是这个大海没有了。如果心体灭了，就是断灭，那学佛修道干嘛去了？就像讲无我，如果无我，什么都没有了，那要这种无我干嘛呢？

我们再用四层结构理论来解释一下这句话，大家就会很清楚了。"唯心相灭，非心体灭"，我想大家慢慢自己就找到一条路子，你也会解释了。这是什么意思？我们是在回归第四层这个觉性的过程当中，离开第三层的种种波浪（心相），第三层（分别心）执着的各种"相"没有了，不是第四层这个本体没有了。本体是一直有的，没有这个本体就麻烦了，但是这个心体又是离言说相，离分别相的，又是不可思议的，要去证得这个境界。

后面引用的经文是对"心相灭，心体不灭"做进一步的解释。"如风依水而有动相"，就像风一吹水的时候，就显现了动相，就起了泡沫，起了波浪。"若水灭者，则风相断绝，无所依止。"这个泡沫、波浪就把我们的心给带走了，所以我们是要把这个风停下来，无明风停下来，让那个波浪不起，这叫无念，这叫心相灭，但是不是把这个水没有了。如果水都灭了，那这个就

是断绝，所有的风吹之相都没有所依的地方，念之波浪也就断绝了，无念就谈不上了。所以“以水不灭，风相相续”，因为有水，水是一直不灭的，所以才有风吹起波浪这么一回事。“唯风灭故，故动相随灭”，风停了，无明停了，这个动的相、造作的相没有了，不是水灭了，不是那个心体灭了，不是第四层灭了。

“无明亦尔”，无明也是这样。“依心体而动”，无明依心体而动，如果心体灭了，那众生断绝，那就谈不上轮回，也谈不上成佛。如果是这种断灭，那就不要修了，修什么也没有用，何苦呢？什么都没有了。所以，《金刚经》说佛“于法不说断灭相”。

“以体不灭，心得相续。”因为这个心体是不灭的，所以才有这个心的相续，有心相续的时候，才有无明，才有念念相续。

“唯痴灭故，心相随灭。”当我们的无明、愚痴灭了之后，“心相随灭”，这种心的躁动、分别相，这种波浪就灭了。“非心智灭”，不是心的智慧也灭了。这里又改了一个字，心体不灭改成了心智不灭，这是很重要的。“心体”是讲觉性的本体，“心智”是讲觉性的智慧，这个觉性的智慧不灭。有了“心智”，才有体有用，心体与心智是一而二、二而一的。

我们讲这个“心体”与“心智”，不是讲一个空的道理，是要指导我们修行的。大家在修行的时候，一定要注意，我们说不要胡思乱想，不要有妄想，不要有妄念，要去除的只是妄念，但是有一个东西是不能去除的，那个觉性要在，那个明觉的智慧要在。如果那个观照的觉性没有了，昏昏沉沉了，那就麻烦了，你就别修了，越修越麻烦，那是走向愚痴的道路，不是成佛的道路。人都成不了，不要说成佛了，没有智慧，那是走向畜牲的道路。你打坐也好，修行也好，一定要是正念分明，不昏沉，不妄想，但是有一个正念在，有一个觉性在，那个了了常知的觉性这个东西不能丢，丢了以后，你还修什么呢？因为修行就是要“觉”，没有了觉，修行就走错了路。

这段话就讲这个道理：灭的是心相，不是心体；灭的是分别心，不是智慧。

用我们的四层结构理论来概括，就是破掉前三层的障碍，进入第四层，不是第四层没有了。进入了第四层，反过来在觉性中利用前三层，大用现前，由体起用，智慧圆满。

三、《摩诃止观》论“圆顿止观”

大家已经到的，自己开始课前静心，我们九点钟正式开始上课。

我们可以复习一下耳根圆通法门，这个法门非常好！特别轻松，你不需要费力，只要把注意力集中到声音上来，然后慢慢往你的能闻自性上返观，回归你的中心，很直接，很轻松。声音一直就在，你的闻性也一直都在，只是你的心有时候不在，现在把心收回来。因为你的心追逐这个，追逐那个，所以有声音你也听不到，你忘掉了当下，你注意力不在这；现在把注意力先集中在声音上，然后往你的能闻自性上返观，回归你的清净、圆明的自性。

今天是我们三天集中学习的第二天，时间过得还是挺快的，希望大家抓住机会，珍惜每一个环节。话又说回来，在我们自性的天空当中，没有时间的概念，没有快也没有慢的概念，它总是永恒如此。时间的观念，只是因为我们有了头脑的分别心之后，在这个相对的世界才有，但明觉的天空打破了时间相，就是当下，就是永恒，就是如如，就是这个样子。过去相不可得，现在相不可得，将来相不可得，所以就没有昨天、今天和明天。住在这自性的天空当中，这也是我们所要去回归的那个精神的家园。

在开课之前，我们还是要提一下大家的神，大家一起要念诵一下“观虚斋歌诀”。在念的时候，同时就融入这个自性的天空。大家一起跟我念：

法性广大虚空界，普现轮涅一切法。
诸法如幻无实性，自生自解本清净。
自性庄严不动尊，明空妙觉离戏论。
本来解脱无造作，三身佛果任运成。

我们这三天课的核心就在这歌诀里面了，大圆满的要诀也都在里面。你念的时候，就进入那个境界。

下面大家在自性明觉的天空当中，来静静地聆听，无选择地倾听。我们的学员可能每个人的基础都不太一样，有的人没有基础，一些概念听起来可能有点累，不容易接爱。如果你某个概念听不清楚，就让它听不清楚，就这样永远驻在当下，不要去追逐过去，刚才那个概念是怎么回事？你越纠结过去的话语，你就越来越跟不上，那就麻烦了。你听课就随缘，在这三天当中，总有你能够听进去、听明白的那部分，这就够了。听不明白的部分就让它过去，不要纠结，要随时跟上我的步伐。因为这三天我们讲的是一个“圆”的法门，是圆教的圆融无碍法门，讲来讲去，都是直指核心；你不适应这个，可能就适应那个，总有合适你的法门。这也是我们这门课程的特色，希望能够广泛地适应各种根基、各种兴趣的学员。

（一）

我们现在进入主题，还是在“佛教智慧”的这一板块，今天我们要讲《摩诃止观》的“圆顿止观”。

大家知道天台宗，是中国佛教成立的第一个宗派。它虽然时间上成立得比较早，但是天台圆教的意义，我认为是最究竟、最透彻的，后面成立的宗派没有超过它的。天台宗的实际创立者是智顗（公元538—597），智者大师是我最心仪的中国佛教的一位大师，他的风格就是理论和实践的圆融不二，这也是成为了“观虚宗风”，观虚斋教学继承了天台宗这种定慧兼美、教观并重的作风。天台宗提倡“定慧兼美，教观并重”，“教”是指教理，“观”是指观行，就是修行的实践。今天不管是学佛、学道，学哪一家，教观并重都是真修行的一条必经之路，这也是我们一再强调的。

天台宗的佛学理论当然是非常广大的，我们今天也是从实修的角度，来直指要害，讲一些对实修来讲最核心、最关键的内容。天台宗的佛学比较繁复，大家不要太纠缠在概念上，但是希望你能了解概念后面所要表达的那一层意思，这个意思是可以用心去通的，也许那个名词你不懂，但是你把这个意思心通了，能体会其实修的意义，就可以了。

“圆教”的观念出自于天台宗的“判教”理论，天台智者大师用“五时八教”判释佛陀的整个教法体系，把整个佛法做了一个系统的规类、判摄与整理。“五时”是佛陀说法的五个时期即“华严时、阿含时、方等时、般若时和法华涅槃时”，“八教”则是对佛陀教法的分类，包括“化法四教”即“藏、通、别、圆”四教和“化仪四教”即“顿、渐、秘密、不定”四教。天台的判教思想很深刻也很复杂，这里我们不去讲详细的判教，而是重点讲讲“圆教”是什么意思，因为这与我们修“圆顿止观”密切相关。

天台宗把整个佛法这套教义、教法依据其义理的高低圆妙归纳为藏通别圆四教，即藏教、通教、别教和圆教。如果要细讲四教，可能太麻烦，我们就用以前讲过天台的“一心三观”的道理，来讲一讲这四教的分别就够了。

大家还记不记得，我们讲一心三观的时候，讲过四个层次即“假、空、假、中”，前面的“假”是“空前假”，由假到空，就是“从假入空观”；然后是“从空出假”的“假观”，后面的“假”是“空后假”；再“从假入中”，就是“中观”。三观里有四层，即假、空、假、中四个层次，这四个层次就可以来对应地说明这“藏、通、别、圆”四教的道理。

藏教针对的是第一个“假”，是空前假、凡夫假，它是来破凡夫的问题，所以它是生灭宛然的，有苦，有集，有灭，有道，藏教的四谛称为“生灭四谛”。对治凡夫，解决的是怎么“从假入空”的问题，这是藏教。藏教就是三藏教，基本上是指佛教里面的小乘教。

通教，就是讲“空”了，第一个“假”后面的“空”，就是讲缘起性空的道理，这是佛教基础的道理，通一切乘，不管是哪个乘，这都是一个基础。用今天的话来讲，就是一个基础课，不管你是读本科、硕士、博士，这都是一个基础。通教讲的是“无生四谛”，苦集灭道四谛的每一谛，都是空性的，都是无生的。

别教，就是讲“从空出假”的“假”了。这是第二个假，是空后假，这就是别教的义理重心。讲空是一个根本的道理，但是空之后，还有事情，还有问题。空，说明了万法的一个普遍性的道理，大家知道这个是空了，但这个还不够，还要从空出假，你还要知道这个缘起法的各别的道理，明白缘起法的差别性。缘起法有各种各样的差别相，别教就是在这个层次上，来展开菩萨的教法。别教讲的是“无量四谛”，苦集灭道四谛的每一谛，都有无量差别义。

圆教是什么？就对应着“假、空、假、中”四层里的“中”一层面，这就是直接相应于佛的层次来讲法。我们前面讲了，“中”相对于佛的智慧，“中”前面的“假”，相当于菩萨的智慧，“空”是相对于罗汉的智慧。圆教讲的“无作四谛”，这时候的四谛的每一谛都对应于佛的圆满智慧，都是在“中”的层次上“空假圆融”的智慧。

四教我们重点讲圆教的意义，我们怎么理解圆教的概念呢？

圆教，就是指佛的真实圆满的教化。佛在整个说法的过程当中，讲了各种各样的法，对应着各种各样的众生，每个众生的根器都不一样，他要应机说法，根据学生的不同的程度、根器，讲

不同的法。就像我昨天讲的，有的大菩萨根器比较高，你不要先跟他去讲戒，把他吓跑了。佛有这个智慧，以佛眼观察众生，观察他的根器，看这个人需要讲什么。为了更好地利益众生，佛并不是一开始就讲他究竟圆满的法；有的时候，众生的根器可能不适应讲圆教的法，所以佛随着众生的根器不同，就讲出了不同层次的法。

藏、通、别、圆这四教的法都是佛说的，但是在不同的时候，根据不同的人的根器来讲的，所以从整个佛说法的系统来讲，它们并不是完全一致的，而是有层次性的。因为你一说法的时候，不能一时把话说尽，一下子全部说清楚，说的总是一个片断，讲的都是有限的法。每次说法，是针对特定的一帮人，讲的是某些应机的话，他不能一时把所有的话都说完，这样就产生了一个问题，佛的真实本意是什么？佛要讲的心里话到底是什么？哪些是他的方便说法，哪些是他的究竟说法？这个问题就是追问佛的圆教是什么？什么是佛的真实本怀？什么是佛真实圆满的教化？本来佛想直接说圆教的，但是因为众生的根器不够，他没办法，有时他先骗骗你，就是“黄叶止儿啼”啊！为了骗小孩子，就说你别哭了，拿一片黄叶，就说这是黄金，小孩子一看黄金来了，就笑了。很多是这样的方便说法，这些属于“权教”，不是佛的圆教。

天台宗就说，佛的真实圆满的教化，佛的本怀在哪里体现呢？天台宗认为佛的圆教体现在《法华经》。一个宗派要成立的自己独特的判教体系，都有一部特别相应、特殊认可的经典，用这部经典来说明它对圆教的一个理解。华严宗是以《华严经》为本，天台宗是以《法华经》为本。对华严宗来讲，《华严经》讲的境界非常高妙圆融，讲的是佛的法身境界的广大无边的智慧，认为这是佛最圆满的教法。但是为什么天台宗会选择《法华经》呢？如果详细讲佛学，有很多道理可讲，这里我们要强调的是其中最重要的一点，这个是在智者大师的《法华玄义》里面讲的。

《法华玄义》是天台宗智者大师对《法华经》的一个整体诠释，就是综合性的讲解。智者大师还有一部《法华文句》，是对《法华经》一字一句的逐句的讲解，这两部解释《法华经》的著作，再加上《摩诃止观》，称为"天台三大部"，是天台宗佛学的主要著作。

智者大师在《法华玄义》当中，就对《法华经》的特殊面目做了一个概括：

> 凡此诸经皆是逗会他意，令他得益，不谈佛意意趣何之，今经不尔，絓［guà］是法门纲目，大小观法十力无畏种种规矩皆所不说，为前经已说故，但说如来布教之元始，中间取兴渐顿适时，大事因缘究竟终讫，说教之纲格，大化之筌蹄。①

"凡此诸经，皆是逗会他意"，他说前面也讲得很圆、很妙，《般若经》《涅槃经》《华严经》《维摩诘经》等都讲了得多圆融的道理，但是这些经讲的圆融的道理，还是"逗会他意"，是根据

① 《大正藏》卷33，《法华玄义》卷十，第800页。

学生的情况来讲的，是为了帮助学生觉悟，是对那些根器高的人所讲的圆满的教法。天台宗之所以把《法华经》作为它的宗经，是有它特殊的道理的。其他经典中虽然也讲了圆满的法，但是那个圆满是对着某些高层次的学生，所讲的圆满的法，为了让学生得益。这里面缺了一个关键的东西没有谈，没有谈什么呢？没有谈“佛意意趣何之”，没有讲佛本身的意趣是什么，佛的本怀是什么，佛真正的心意是什么，而只是为了让众生得到相应的利益。“今经不尔”“今经”，就是讲《法华经》了，《法华经》不是这样。“絓是法门纲目，大小观法十力无畏种种规矩皆所不说”，各种各样的法门，各种各样的教学大纲，各种各样的观法，各种各样的规矩、道理，这些在《法华经》里面都没有讲，好像《法华经》里面讲的很平淡，没有讲什么特别高深的东西，“为前经已说故”，因为这是佛在别的经里面已说过的，佛在《法华经》里不说这些东西了。

那么《法华经》说什么呢？“但说如来布教之元始，中间取兴渐顿适时，大事因缘究竟终讫，说教之纲格，大化之筌蹄。”这是讲《法华经》的核心是在哪里呢？它不是讲第一层次的各种各样的法、各种各样玄妙的法，都没有讲。佛在《法华经》中讲的是第二层次上的法，第一层次的法是针对众生的需要来讲的，第二层次的法是讲佛自己的“心里话”，讲佛的“本怀”，讲佛的真实“意趣”。佛讲他为什么要来讲佛法？佛是从哪里来、到哪里去的？这里的因缘何在？中间说法经过哪些变化？为什么有的时候讲渐教，有的时候讲顿教？佛出现在这个娑婆世间来讲佛法，大事因缘是什么？这才是《法华经》的特殊面目之所在。

这很有道理啊！这就好比我前面开讲了无数的课，都是根据众生的根器来讲的，有的时候讲得低一些，有的时候讲得高一些，有的时候讲很圆满的法，那都是针对学生讲的。最后我要讲一堂“大课”，这堂课里面我就不再讲这些了，这些法学员都已经学过了，这个时候我就掏心掏肺地说，观虚斋教学为什么要出现在这个世间；我们为什么要搞这套教学；我教学的真正的意义是什么；为什么有的时候讲这个，有的时候讲那个；我真实想讲的是什么……

在《法华经》里面，佛说其实我以前讲的那些东西都不是目标，我最后的心愿是让大家都成佛，但有的时候为什么要讲小乘法呢？那是因为那些学生是小乘根器，没办法。所以《法华经》是佛最后所讲的心里话，是掏心窝子的话，佛说我来这个世间为了什么，就是为一“大事因缘”，是为了让众生都“开、示、悟、入”佛性。为什么讲三乘佛法，讲三乘不是目的，讲三乘都是为了讲一乘，要“会三归一”。三乘是方便，一乘是真实。

也就是说，其他的经典，包括《华严经》所讲的种种教法，都是根据众生不同的根器、不同的需要来讲的法，是在第一个层次、第一序上的铺排。那个时候，也谈到圆顿的法门，谈到圆教的意义，但那是相应于上根菩萨而开示的一种法门，没有谈到佛的意趣、佛的本怀。所以《法华经》确实有它特殊的面目，把整个佛出世的因缘，讲法的目标，真实的意义何在，把佛的“心声”吐露出来，是讲第二层次的法。

《法华经》为什么是圆教的根本经典，它的核心意义在哪里？可以用八个字来概括，叫“开权显实，会三归一”。权，就是方便的、暂时的。权教就是一时的方便说法，为应当时的众生之机而权且如此说。到了《法华经》，佛就要“开权显实”，把佛当时为什么讲那些权教，讲那些方便法门的真实意义指点出来，然后显露他的真实的本怀，把三乘的佛法归于一乘，佛真实的意趣是只有一乘法，三乘是方便。

所以天台宗就说，《法华经》所讲的这个圆教的规模，它是有特殊的情况、特殊的意义的。这里就有智者大师卓越的智慧，他把《法华经》的独特义理显发出来了。

这个圆教的义理并不是只有理论的意义，实际上圆教真正的精神与我们的修证有关，它对应于某种“大圆满”的修持境界。我们一般讲圆满，总是对应着某种不圆满，就像大乘经，很多时候它讲小乘如何如何不够，由此来指点出大乘的优越性，这样它是有一个对待的。高是对应着下，圆是对应着偏，顿是对应着渐，理想对应着现实，层次高对应着层次低……总之，是相对于“低”来讲“高”，相对于“偏”来讲“圆”，它是有一个对待的。有对待的讲法，就不是终极的圆满的法，《法华经》圆教所讲的“圆”，恰恰不是这种“对待之圆”了，它不是排斥下一层的，而是包含了下一层，并且把下一层也点化为上一层，整个“圆”和“不圆”都在那个“大圆满”里面。

我们是借用“大圆满”这个词来讲圆教的道理，当然从理论上说这与密宗宁玛派的“大圆满”教法也是相通的，但我们这里不讲密宗。就是一般讲圆，是相对于不圆来说的，你说某个人厉害，是相对于那个不厉害来讲的，但是只要你是相对于某个不厉害的人的那种厉害，就不是真正的圆教的教法。所以，我们观虚斋教学要趋向一个什么目标呢？不是要显示我怎么怎么厉害，而是我要把整个智慧全展露出来，最后让那些不厉害的人，学了以后，也和我一样厉害，让一切不圆满也都圆满。不是说要去跟别人去做比较，而是超越了比较，超越了大与小，超越了圆满和不圆满……就是同归真实，回归佛性的大海，全部都成就。这就是《法华经》里面讲的，“举手合掌，咸成佛因；一声一色，无非中道”，这是真正的大圆满。

也就是说，你这个教学的圆满呢，不是把自己分离出来，不是从低层次一直往高走，走到那个最高，不是那种最高。大家注意，走到最高很容易往下掉，有高就有低，对不对？这种高是不圆满的。那真正的圆满呢，把整个高和低都包含在里面，都包括了，所以真正的圆教是把下面的几层教法都提升为圆满之教。我们懂得了真正的圆教的道理以后，就没有对待之心，不是说小乘不好，其实小乘是佛的方便教，小乘在佛的本怀里面，最终也是为了成佛的，这样小乘也就升华成了圆教，同理大乘也是圆教，一切教皆是圆教。这也就是我们讲的“一切都是，一切都好”，这是真正的大圆满。

所以从佛的本怀这个地方出发，从佛性的根本意义上出发，所有的教法、所有的方便教法都提升了，因为从佛的本意来说，都是一样的，都是为了度众生成佛，这个把高下的相就给破掉了。

（二）

这里面有很深的佛学的道理，但是我们要回到修行上来讲。

从修行上来讲，它就是一种最圆满的智慧。假如我们要追求一种非常高的完美的境界的时候，这就着相了，这也就是不圆融、不圆满。真正的智慧要落地，非常地平实，它不是在高高的天上，在天上就有往下掉的可能性。

我们在求法、在修行的过程当中，追求各种各样的玄妙的境界，这本身就会制造出障碍。今天很舒服，明天又不舒服了；今天很厉害，明天又不厉害了。这些境界都是变化的，局限于这种“比较”层次的都不是最终的智慧。最终的智慧是什么？全都在，一切都超越，一切都圆满，连那个不圆满的也圆满了，缺憾即是圆满。不是追求一种完美的境界，不是要去符合一个完美的标准。拿一个标准往那一放，然后去追求符合那个标准，这样的修行，是永远也达不到那个目标的。即使你终有一天达到了那个目标，那也是悬在空中的，也是随时可以掉下来的，不是平平落地的。

禅家为什么把我们的本心叫“平常心”？只有平平常常的东西才是永恒的，才是踏实的，它不是你去造作出来的一个东西，它是原本就如此的一个东西，我们只要觉悟它就行了。平常心的境界，没有高下，没有得失，一切平等，一切如如，这才是真正超越的境界。

要注意，在修行的过程当中，任何你造出来的一个东西，任何你追寻的特殊的状态、特殊的境界，都是一种造作，都不是本来如此的真实。你觉得很美妙的时候，那就很危险了。比如说，有的学员可能有时候练功状态非常好，感觉特别美，下次打坐的时候就拼命往里面追寻那种感觉，“我要进入那个境界”！完了，怎么不行了，求而不得就很痛苦了，这就成了问题了。然后就非常灰心丧气，觉得自己曾经到了什么美妙的境界，现在掉了，找也找不回来。你拼命去找，越找越找不着。

这里面就要提升到圆教的终极圆满的智慧，我们的修行不是追求一种特殊的状态、特殊的境界，而是不管什么样的境界，不管什么样的觉受，不管什么样的状态，你都能够回归本具的觉性，回归存在的中心，那个东西才是平平常常的，是踏实落地的。好、坏这是两边，在好、坏之后，有一个平常心能够觉知到你的好和坏，它是如如不动的，本来如此的，是掉不了的东西。会掉的东西，它就不值钱。找到这个不会掉的，不会丢失的，这就是我们说的永恒、超越。超越是什么呢？超越高和低，超越圆满和不圆满，超越一切的对待、比较。真正的圆教就是没有对待，没有分别相，没有高下，缺憾即是圆满，一切法本自圆满。

这既是修行的道理，也是一种生活智慧。一个人在生活中，如果事事都追求一种完美的境界，这个要达到什么标准，那个要达到什么状态，处处去追求完美，凡是带有这样的人生观的人，他的一生是不会踏实的，他会总觉得不满意。因为你这一生追求不到这种完美，就算追求到了，你真的达到了当时规划的完美的目标，你也会觉得没意思了，然后你开始追求“更完美”了。那就麻烦了，你永远是在追寻当中，永远得不到真正的满足。

人生也要回到这种大圆满、大智慧的境界。你不是追求“完美”，你只是活出一种“完整”，完整地接受，完整地安顿在当下，这是一种“全然”的生活态度。现实生活总是有缺憾的，有这样的问题，有那样的问题。有的人很有钱，但是除了钱他没有别的，他也不满足。你有“这个”，就没有“那个”，没有绝对的完美。人生不可能寻求到完美，都有所缺憾。那究竟的智慧是什么呢？不是追求什么都事事如意的这种完美，而是能够安于当下，无住生心，接受一切的对立面，这种完整的接受就是一种超越，就是大智慧。

就像我当年在北大读研究生的时候，我们家是农村的，父母没有钱给我，我自己也没有钱，我也没有去打工赚钱，只有学校一个月发的两百多块钱生活费。我在校食堂吃饭就要花一百多块，还剩五十多块，每个月再买二两茶叶，有剩下的钱再买两本书，好像别的开销就没有了，这些钱对我也够了。那时候我没有为钱操心过，这是真心话。我的心就在修道上，你们可以看我那时的日记，我没有为钱发过愁，没有追求过将来要发大财，没有这些东西；里面只看见我怎么样发愿成佛度众生，我的心全在修道上。

你能够接受当下，当下所需求的东西，确实不多，而欲望是永远无法得到真正的满足的，你有了这个还想那个，对吧？但我不是说钱不好，我一直要大家正确理解，钱是好东西，只是你要安于当下。如果你有钱，你就享受有钱的幸福；如果你没钱，你就安于没钱，在没钱当中也幸福，这样才对。

但是一般的人往往是与此相反的。有钱人他为别的犯愁，他没有享受他的钱财；没钱的人当然更犯愁，为钱犯愁。每个人都很愁，都在追这个，追那个，一生永远都在追，追到大难快要临头的时候，完了，这一生没有着落，你追到什么东西了呢？

不管是修行，还是我们平常的生活，我们都要享受生活中的每一刻，安顿在当下的每一个处境，接受当下的现实，同时积极地耕耘。这不是消极的，不是一切都在等待，什么也不干，要积极地去做，同时又安然于当下的一切。

这是把圆教的精神，用到我们的生活中来。

一个人千万不要自寻烦恼，明明已经很好了，但是又跟人家比，一比就容易起烦恼。好比你本来有一辆车，开的也挺舒服的，但是因为它只是十万块钱的车，而旁边的邻居老是开着宝马，一看见他开着宝马，你心里就烦，就生气，凭什么他开宝马，自己就开这破车！人总是这样在不断地自寻烦恼。所以我总是很高兴地开着我的小车，比他们开宝马的还要开得高兴，因为我总是享受生活里的一切，这就是一种人生的境界和智慧。

这是我们第一部分讲圆教的意义，而且是其中最核心的意义。真要讲道理、讲佛学，那可以讲好几天。我们只是讲了最精要的部分，下面我们要回归实修了。

（三）

相对于圆教的修行方法是什么？就是“圆顿止观”。天台宗讲止观讲了很多种，比如渐次止观、不定止观和圆顿止观，还有“三止”“三观”等不同的分类方法，包含各种各样的止与观。跟圆教的修行方法最相应的，叫圆顿止观，这是天台宗里面最究竟、最高妙的修法。我们现在不管你能不能接受，有没有这个根器，直接采用圆顿止观来修。因为它这种智慧能够通一切法，修行的智慧不光是打坐的时候用，这种智慧它可以指导你的生活。

怎么讲圆顿止观呢？有一个最直接的办法，《摩诃止观》对圆顿止观有清晰的概述，我们现在就对《摩诃止观》里面讲“圆顿止观”的这段话来做一个阐释，就可以窥见圆顿止观的纲要。后面的修行，也是根据这段话来修的，我们现在所讲的并不是纯粹的理论，这个就是修行的心法、诀窍。

《摩诃止观》论圆顿止观说：

> 圆顿者，初缘实相，造境即中，无不真实。系缘法界，一念法界，一色一香，无非中道。己界及佛界，众生界亦然。阴入皆如，无苦可舍；无明尘劳即是菩提，无集可断；边邪皆中正，无道可修；生死即涅槃，无灭可证。无苦无集，故无世间；无道无灭，故无出世间。纯一实相，实相外更无别法。法性寂然名止，寂而常照名观，虽言初后，无二无别，是名圆顿止观。①

“圆顿者”，什么叫圆顿？下面一大段都是解释这个圆顿了。怎么进行圆顿止观呢？“初缘实相，造境即中”，这叫不等待的智慧，单刀直入，没有旁枝末节。你不要说我今天修这个，等到十年以后，再来修那个，圆顿止观没有这些迂回曲折，一开始就把“实相”作为我们的“所缘”，所缘就是我们所观的境界，直接奔那个“诸法实相”去了。我们这里的教学，就学智者大师的圆顿法门，一开始就直奔主题，直指根本，以实相为所缘，为我们所观的对象。我们观什么？观实相。“造境即中”，“造境”就是

---

① 《大正藏》卷 46，《摩诃止观》卷一，第 1 页。

我们观想出一个境界出来，当我们修观的时候有一个所观境，对圆顿止观来说，一观就进入“中”的境界。“中”是什么？就是“空、假、中”的那个“中”的境界，就是佛的境界，就是实相境界。一开始以实相为所缘，一造镜就是中的境界。“无不真实”，没有不真实的。不是说这个地方真实，那个地方不真实，是所有的地方都真实，一切都真实。你这样一观的时候，马上境界就不一样了，无不真实，没有在实相之外的。

前面是总说，下面是分说，要进一步解释清楚了。这个实相是讲万事万物的根本真实，“诸法实相”是一个哲理的概念，你可能还不知道实相是什么，不好观，下面要讲“法界”了，法界是观实相的一个意象，观诸法实相呈现出来的境界是什么？就是法界。法界是什么？法，指所有的一切法；界，就是界限、分界，某某界就是某某法的总集。法界是最大的共名，就是一切法都属于法界，法界之外没有别的法，如果法界之外还有一个别法，只要是法那还是属于法界，而不是法即等于不存在。我们有众生界、有佛界，再小一点有文艺界，不同的界别，每个地方都有不同的界，那个界都是小界；最完满的、圆满的界就是法界，是诸法共名的那个世界。法界无外，法界之外就没有任何别的东西，一切时空，一切物，所有的万法都在法界之中。

我们修圆顿止观，系缘在哪里呢？前面讲“初缘实相”，后面讲“系缘法界”，法界就是把实相换成一个你可以观想的对象，讲实相的道理，你可能不知道怎么起观，现在用法界来代表那个实相。系缘法界，就是我们把心拴在法界上面，这里面其实就与陈健民上师讲的“法界大定”相似，但这里不是修定，实际上是定慧一体的实相观。你一上座，就把你的心放在法界上，没有别的，一切都是法界。“一念法界”，就是你的心一念当下就是法界，跟法界是完全贯通的，你所观的、所念的那个就是法界，你这个能念之心本身也属于法界，所以法界无能所。

我们一般讲观，都是有能观、所观，我们用心观出一个境界来，这就有一个能观之心，有一个所观之境。但是这个“系缘法界”是很奇妙的东西，就是你一观法界的时候，法界似乎是所观之境，但法界又无所不包，连你这个能观之心也在法界当中，这样能观与所观是分不开的，都是法界。假如说法界是你的所观，同时你还有一个能观的话，那这个所观的法界就是不全的法界，因为这个能观就在所观的法界之外了。刚才讲了“法界无外”，开始观法界的时候似乎有一个能所，你再观一个法界，好像是一个有相的法界了；但是这个法界是无外的，是没有能、所二元的，真正观法界的时候，能观之心本身就融进去了。所以当你能系缘法界的时候，一入法界，能观之心当下就消融了。这个比《楞严经》的“耳根圆通”又更快了，耳根圆通的修法还是一步一步的，这个就是“一念法界”，融进法界就超越能所了。

“一色一香，无非中道。”一色、一香都是一个代表，就是所有的东西都在法界当中，都是中道，都是实相，就是“造境即中，无不真实”。在这个法界里面，一切都是，一切都好。任何事物，任何事情，不管怎么样，不管是什么，都是法界，无分别，无对待。

“己界即佛界，众生界亦然。”前面讲法界，已经说了一切都是法界，都是中道，所以“己界、佛界、众生界”也都是法界，心、佛、众生三无差别，这三界都在法界当中打成一片，无二无别。

“阴入皆如，无苦可舍。”阴，是“五蕴”，即色、受、想、行、识。入，是十二入，就是六尘（色、声、香、味、触、法）加上六根（眼、耳、鼻、舌、身、意）。“阴入皆如”就是我们的身心一切“皆如”，“如”就是实相的一个表达，就是原本如此，如如，就是如其本然，事物的本来的样子就是“如”。你的身心的一切都是如是、如如，不增不减。这个时候，就“无苦可舍”了。你要去断苦，要去证灭，这都是前面的小乘的事，是藏教的教法，才有“生灭四谛”。圆教是“无生”的，找不到苦，苦本身是空性的，灭什么呢？无苦可舍。能苦所苦都没有了，是谁在苦呢？都是在法界里面，所以不需要去舍什么。

“无明尘劳即是菩提，无集可断。”这是我们前面讲的，在圆教当中，在明觉当中，一切都是菩提。无明尘劳即是菩提，你还有什么无明呢？还有什么尘劳呢？都在法界当中圆满，所以“无集可断”。一般讲要断集，集是苦的原因，要把这个集断掉。但是在圆顿止观中，直接进入法界实相，就没有“苦”也没有“集”，自然不需要“断集”了。

“边邪皆中正，无道可修。”我们要去修道，是说已经有一个地方偏了，离开了正道，走入了歧途，才要去修正过来。但在圆顿止观中，你融入了整个法界，在整个法界大海之中，是没有“边”“邪”的，“边、邪”是在我们原来的有限的视野里边才有的，进入法界之中，就没有边，也没有邪。在法界的视野里，没有边界，没有正邪，故“边邪皆中正”；因为一切对待都不存在了，所以“无道可修”。不要去修什么道啊！那都是在别的地方、别的视野、别的境界里面方便讲的，在实相、在法界当中，是无道可修的。

“生死即涅槃，无灭可证。”有生有死，都是在你离开了法界之后，在有限的身心世界中才有生死；当你进入法界观之后，一切都在这个法界当中，无生死可得。“生死即涅槃”，不需要去证什么“灭”，因为法界本身就是涅槃，生死与涅槃了无差别，总体的一切都在法界里面“如如”，如其所是。

这就将“苦、集、灭、道”四谛的分别相全破了。四谛破了，一切相对性的方便权教就都破了，因为四谛就是整个佛法的基本理论。四谛包括世间法的“苦、集”两谛与出世间法的“灭、道”两谛，破了四谛也就破了世间与出世间的差别想。“无苦无集，故无世间”，我们世间就是有苦有集，所以才要去修道，但是在实相法界当中，没有苦，没有集，所以没有世间；“无道无灭，故无出世间”，没有道，没有灭，就没有出世间，世间法和出世间法的这种区分消失了，没有意义了。

前面我们讲了“一心开二门”，在这里没有“二门”了，只有“一门”了，就是大圆满的实相，所以讲“纯一实相”，就只有这个实相。“实相外更无别法”，一开始就有“初缘实相”，现在又回到实相了，也等于“法界外更无别法”，就是个“实相法界”或“法界实相”，讲法界讲实相到这里都是统一了。一切圆满，实相之外，没有任何别的之外的东西。

在这个境界当中，止观是同时的，是完全圆通的，这时讲修止、修观，乃至止观双运，在这里都讲不通了，因为它就是一个东西，是一个整体的实相。这个整体的实相同时包含了止与观的境界，从法性寂然的方面来讲，我们可以说它是止；从寂而常照的角度来讲，它是观。进入这个法界的境界之后，它是法性寂然，一念不生，这就是止；但是觉性常在，观照常在，所以这就是观。止与观完全都融摄在这个法界实相之中。

“虽言初后，无二无别”，我们一开始讲“初缘实相，造境即中”，一开始我们要进入实相观，然后系缘法界，表面上好像有个“初”，有个“后”似的，但是在这个实相当中没有初、后的分别，当下即是永恒，一念即是法界，“是名圆顿止观”，这个叫圆顿止观。

《摩诃止观》中的这段话，把最究竟的佛法的道理，也把大圆满直接成佛的修法，都完全地呈现出来了。

刚才我们是一句句作了讲解，这种讲法类似于天台宗讲经时的“文句”，即文本诠释；天台宗讲经的方法除了“文句”之外，还有“玄义”，是对经文做综合的整体诠释。下面我们再综合地讲讲这段话的意义，相当于讲这段话的“玄义”了。

一般初学佛法的人，可能觉理解起来有点困难。前面一直讲怎么样解决烦恼证得涅槃，怎么样断集、灭苦，怎么样修道、证灭；现在突然来个无苦无集，无灭无道，是怎么回事呢？既然没有苦集灭道，为什么又要讲苦集灭道？这不是前后矛盾吗？

我要跟大家交待一下，这就是佛法不同层次的道理，也是天台宗所讲的藏、通、别、圆四教的道理，对四谛本身四教即有四个层次的理解。

在“宗教智慧”那门课里，我们一再强调，所有的修行可以

分为“因、道、果”三个阶位。因位是起点，道位是路上，果位是成果，这三位就有三种不同的修道的见解，针对这三个层次谈修行，用的表达、诠释的语言都不一样。在因位上来讲，就是对普通的凡夫而言，你直接讲什么无苦无集、无灭无道，对他没有帮助，他会以为他不用修行就是解脱了。这个时候因位的语言就比较平实了，要指出你的烦恼就是这么多，你的问题在哪里，有这么多苦，现在要去学习佛法，要去了解四谛的道理，然后要教你修行的方法，去证得解脱的境界。在这个层次，“苦、集、灭、道”是很清楚的，烦恼就是烦恼，菩提就是菩提，不能说“烦恼就是菩提”。对一般的凡夫讲烦恼就是菩提，一个是他自己不承认，他说我烦恼很多，怎么可能是菩提呢？第二，既然烦恼就是菩提，那我就这样了，什么也不用学了。所以对凡夫要引诱他去进入修行的世界，不能说无苦无集无灭无道，这一套高层次有道理不能跟他说，就要说有苦可舍，有集可断，有道可修，有灭可证。

在道位上的人，就是修行有一定水平了，有一定的层次的人了，他已经走上了修行的道路，就不用再去引导他进入。这个时候，他还是有烦恼现行，那么就要随时随地用止观去对治它，关键就是怎么“转烦恼为菩提”，变染污为清静，对在修行路上的人是这样讲的。

从果位的见地上来讲，就是证到了觉性，证到了法界，证到了实相，安住在这个境界里面的时候，这个时候你就可以跟他讲果位的见地了。对果位来讲，就是烦恼本空，妄念无实，烦恼不可得，菩提也是假名，都是空性的。烦恼即菩提，生死即涅槃，无苦可舍，无集可断，无道可修，无灭可证，直接进入不可思议的离开文字相、分别相的那个实相法界。

这是因、道、果三个层次的不同的见地，那圆顿止观是什么意思呢？就是直接以果位的见地来修。所以密宗把自己叫做“果乘”，把显教叫做“因乘”，密宗的大圆满、大手印都是“果乘”。但我要特别指出，在天台宗的“圆教”里面就是讲果乘的道理，如果把它归为显教的话，那么显教里面也不全是因乘，天台圆教属于果乘。既然天台宗讲的圆教就是果乘的道理，按照这个方法去修，就相当于密宗的修法，这是讲的义理上的密宗，不是讲教派分类上的密宗。天台宗虽然是汉传佛教的宗派，按照密宗的分类一般把它归类为显教，但是这个圆顿止观，就属于密法。另外，禅宗顿悟自性，顿悟佛性，也是属于果乘，是直接从果位上修行的，从法义上来讲，从义理上来讲，它就属于果位修行，所以它也是密宗。

我们判教的时候，有的时候会搞混了，好像有的时候讲大乘佛教，天台、禅宗都是大乘佛教，按密宗的观点都是显教，是因乘，而密宗是果乘。但是我们不去从教相上来分而是从义理上来讲的话，天台圆教的修法、禅宗的修法都是果乘，都是最上一乘。这个观点不光是我说的了，其实很多密宗大德，包括诺那活佛、贡噶上师等都承认禅宗是“大密宗”，是比一般的密宗还要高的密宗，甚至比大圆满还要直截了当。因为诸法实相的境界、最圆满的境界就是这个东西，不能说密宗有显教没有，所以圆教恰恰就是追问这个东西，就是成佛、觉悟的境界是什么，那个实相是什么。

直接契入实相，直接修行成佛如何可能？这里面有一个逻辑。如果最初一个佛都没有，没有一个成功的范例，那我们修行的时候，我们就必须一步一步地摸索，就没有捷径可走；但有了一个佛之后，他已经证到了一个圆满境界之后，这个佛就有他的“果位方便”。他就可以让一些有大根器的人不再走这个冤枉路，就直接把佛修行的果位的境界告诉你，呈现给你，或者直接点化你悟入这个境界。所以才有顿悟自性、见性成佛的法门，这就是禅宗。因为烦恼本来就是空性的，是因为我们被它骗了，执着了；你看清楚了诸法实相，当下就是，所以这里就有顿悟的可能性。

再用一个比较浅显的比方来讲。我们正常的学习，必须从小学、中学再到大学，再到硕士、博士，这样按部就班地读下去；但等我博士毕业成了教授以后，我已经成为某个领域的权威专家，这时候我带学生的时候，有的东西就不一定让他按照我已经经历的步骤一步一步地学了。我看见某个学生根器比较高，我可以直接传授他高层的知识与方法，把我最后的经验与常识传给他，这样他可以越过本科、硕士，直接攻读博士学位。这个就相当于果位的传授，直接把心性的本来面目，通过一种方法，让你去体会到了，这个时候你抓住根本了，你就不用再走那么多冤枉路了。

《摩诃止观》这段讲圆顿止观的道理，我们还可以从它的表达方式上来理解它。这段话里面的表达方式可以分成两个层次，一个叫“作用层”，一个叫“实有层”，一种是否定的语言，一种是肯定的语言，在这段话里同时包含这两种表达的语言。你要把这两种表达方式搞清楚了，很多佛经你就能读懂了。

什么叫“作用层”？作用层就是从做功夫的角度来讲，怎么起作用，它的目的不是得出一个结论，而是对你做功夫能起作用，这个时候是用完全否定的语言。全部都否定，什么都没有，叫“非则全非”，就是从否定方面把它彻底否定掉。这个否定原则是作用层，是一种下功夫的语言，就是引导你怎么去做。所以“无苦无集，无道无灭，无世间，无出世间”，这是讲“无”的一方面。这个“无”，也就通于般若之“无”，就是彻底破执、否定、打消，最终就让你回归空、空性，包括无住、无执，这都是讲“无”的一面。这些“无”并不是价值层面的否定一切，不是虚无主义，而是有其功夫、境界式的微妙义。

佛经里面另外一方面的表达，是“实有层”的表达，用的又是肯定句式了。光从语言表达的形式上来讲，你会觉得这两者比较矛盾，佛经一会说空，一会说有。实际上讲“有”是另外一层次的语言，就是实有层的语言，实有层不是讲你做工夫时怎么起作用，而是讲真实的存在这一面，存在的本体这一面，那这个时候是肯定的原则。像前面我们讲过的“心相灭，非心体灭”，“心相灭”就一切相都没有了，这是否定，“非心体灭”则肯定这个心体是存在的。

空和有的道理把它搞通了以后，才能把否定句式与肯定句式统一起来。你看《摩诃止观》这段话里面，虽然一大堆的否定，但最后也有很多肯定句。比如“无不真实”，肯定一切都是真实；“无非中道”，肯定一切都是中道。这就是全盘肯定的态度，叫“是则全是”，它讲的是诸法实相，是最后的万法平实、万法如如、一切都如实存在的大真实相。所以“非则全非”，否定的是你的执着、你的概念心、你的分别心、你的挂碍，把这些一层层地破掉，最后呈现出来的是“无不真实”的世界：一色一香，无非中道；一沙一世界，一叶一如来。所以要从“非则全非”翻过来成为“是则全是”，找到全盘肯定的世界，我们才有大圆满，我们修行才有意义。

很多对佛教不太了解的人，总觉得佛教有点儿消极。否定这个，否定那个；不让我们干这个，不让我们干那个……他光看到否定这个层次，他不知道否定的是什么！否定的是我们“无明”的这条线，一心二门里面的染污的这条线（心生灭门），这条线是要破执着的，所以要否定。无、无……无完了以后，剩下的是什么？诸法的真实相，万法的真实，故“无不真实”“无非中道”。进入这个世界，这才叫“无上正等正觉”。无上，就是没有更高的；正等，是全等，法界的每一个点都是平等，一切分别相都没有了。当你得到无上正等正觉以后，你还会有这个问题、那个问题吗？也不需要一天到晚断这个、断那个了，既然无不真实了，你还要断个啥呢？这时候就不需要否定了，一切对待都消失了，一切分别相都没有了，显示出最后的真实。

这个“真实”“实相”实际上是超越言说的。我们现在可以“说”，这是一种方便，帮助你理解；但是“说”了之后，你要是去“抓住”它，把言说执为实相，又有问题了。当你抓住了一个“实相”，就有一个“非实相”与之对立，语言总是带有它的局限性。所以《法华经》里面说：“诸法寂灭相，不可以言宣”，“第一义”不可言说，这一点在佛经里面处处都有指示。说完了以后，要把语言的局限性告诉大家，你不要再抓住我的语言，今天晚上小参交流时你再来批我一通，语言表达是永远有局限性的。我们要通过表达寻找里面的心法，来进入状态，来觉悟实相，这是我们的目标。

这个圆顿止观，跟我讲的“观虚斋四句教”也可以会通。四句教的第一句“见则无能无所”，就是真正见道了，彻底的见地没有能所二元，没有能见与所见。第二句“修则无真无妄”，真正的修没有真妄的对待，不是要舍妄归真，那是不究竟的，舍来舍去，何时是个头。第三句“行则无取无舍”，修行如果分开来讲，一个是专修，一个是生活修，是在日常生活当中的行持，怎么做人做事，在“行”的时候是“无取无舍”。取这个，舍这个，都是不圆满的。从“证”来讲，第四句“证则无得无失”，如果有一天你证得了一个东西，很高兴；得了一个东西，将来就会失一个东西。有得必有失，那个无得无失的东西才是平常之心，才是如如，才是最后的真实。

（四）

我们开始行禅，作为课间休息的法门。这堂行禅，我们配合念佛，要把声音发出来。念佛本身也是回归圆满的一种方法，“阿弥陀佛”就是圆满的一个代号，你念阿弥陀佛，就是走向圆满。

大家念“南无阿弥陀佛”……

啪！……大家体验这个心的能空能有，念佛是谁念的？刚才我拍下行板的这一瞬间，啪地就停了，一片空寂。念佛，就是念我们的自性，阿弥陀佛就是我们自性的代号，念佛就是回归自性，是念自己的真佛、法身佛。我们讲的念佛就是大圆满的念佛，是实相念佛。在你念佛的时候，心就回来了，安住在阿弥陀佛无量寿、无量光的怀抱之中。所以念佛也是一种简单、圆顿的法门，这在我们以前的课里讲了很多，所以这堂课不再强调，现在复习一下念佛法门。

啪！……这一瞬间就能进入，当下即是，一念不生，万法如如。念佛也是一个很好的静心的方法，如果你自己在家里读书，或者干活累了，都可以自己念。环境允许，就大声念；环境不允许，就默念。

刚才念佛的那个调子，就是五会念佛的调子。据说是一个菩萨入定，到了西方的极乐世界，听到这个佛调回来后记录下来的，音调很清静。所以“一声佛号清心海，胜似几曲流行歌”，这是我写的打油诗的两句，比唱那些乱七八糟的流行歌强。

听课的时候，大家的坐姿可以随便一点儿，但是在专修里面，希望大家严格要求自己，要按质按量完成任务。时间要到，质量也要到，要提高质量。“此是选佛场，心空及第归”，能不能摘到果子，要看你下的功夫了。

刚才一堂课，我们讲了圆顿止观，道理和观法我们都讲了，下面我们就要实修圆顿止观了。

实修的时候，要把前面讲的那些道理会归一下，归结为实修的口诀。在你实修的时候，你不可能再去想那么多的道理，这里面还是要抓几个关键点，就是“初缘实相”“系念法界”，把你的心融进那个法界，进入法界之后，就“无不真实”。什么都没有了，你的心也是法界，没有能，没有所，一切分别对待都没有了，只剩下的法界的真实，无边无际，这就是《心经》讲的“不生不灭，不垢不净，不增不减”，法界的真实里面就是这个“诸法空相”。

法界有生灭吗？有生灭，就不叫法界了。昨天我讲到永恒的问题，不生不灭的是什么东西？这就是法界不生不灭。个别的现象是有生有灭的，但是法界本身是不生不灭的，没有增减，一切都在法界里面，哪有增减？也没有垢净，垢净是一个有限的观念，在无限的法界里面，没有垢净。所以法界是关键词，圆顿止观就是观修法界，进入法界，法界当中一切圆满，所以圆顿止观就是直接进入法界。

静坐中……

刚才的静坐，时间上我们可能达标了，但是质量上，可能只有一小部分人能够初步达标。如果我们觉得静坐或者站桩是一种难熬的事情，是要坚持的事情，这就还没有上路。直到有一天，你在静坐的过程当中，在禅定、站桩的过程当中，感觉是一种享受，你就开始上路了。虽然我们说过修行不追求这种快乐，但它应该是一种自然的很轻松、很喜悦的一种觉受才对。严格来讲，修行不是苦，而是灭苦之道。如果你把修行当作一种苦差事的话，那就基本上还没有上路，没有入门。

也许有人说，不是要“苦修”吗？这个苦行、苦修它是有很特殊的含义的。相对于我们常人原来的生活惯性来讲，我们要转轨道，那么这个时候修行看起来就有点苦了，就像我们这几天突然到这里来听课，原来那种散漫的生活一下子要收回来，一开始确实有点苦，或者有点累。在家可以随便睡觉，看看电视，觉得很轻松的。所以这个苦呢，是站在这种比较的参照系中，跟常人

这种追逐欲望的享乐的生活比，到山里面去清修，好像是一种清净的苦，这个叫苦行，是从俗人的眼光来看叫苦行，但是从修行的本质来讲，不应该是苦行。米拉日巴苦吗？如果你看过他的道歌，米拉日巴真的是一无所有，最后连裤子都没有了，但是在他的道歌里面，他是天天在快乐地歌唱，他的道歌里面，基本上都在讲他的喜悦。你不要说禅定不能执着于快乐，因而修行就没有喜悦，这是不妥的。他在那个法界当中，融入了法性之海，这个小我已经没有了，不会执着于快乐了，但自然会有一种洋溢的法喜。肉体上看是什么都没有，没有衣服，也没有吃的，但是他在这山洞里面，天天是大乐充满。你说他孤独吗？他一点儿都不孤独。他在那个世界里面，跟整个法界都是相通的，怎么会孤独！

我们修行一定要走向一条正向的道路，一开始看起来好苦，真上道了一定要感受到法喜。好比你原来喜欢抽烟，突然不抽了，这是很苦的；但是你到了一定的时候，修行一定是很享受的，你就觉得抽烟是苦，现在不抽才是很快乐。所以苦是相对于你原来的那种模式，在转型的过程当中有苦。天天看手机，看习惯了，让你不看也是一种苦。但是你慢慢少看一点儿，习惯了，找到了更多的快乐，就发现原来看手机其实也很辛苦。

我常常讲，现在每个人天天都在做皇帝，每个人都在批阅奏折，看看朋友圈有什么消息，点评几个字。一天批阅的“奏章”真不少，这个有道理，这个不行，批示几个字，转发一下，享受着帝王的待遇，各种信息，天下的大事小事你都要管一下。但这也是一个过程，最后才慢慢从这里面跳出来，就是我们要在无量的信息大海中，找到我们所要的信息。你什么都关注，但你也帮不了这些你关注的世界，你自己的时间大量地消耗了，也伤脑伤眼，伤精神。

但是我也反对那种绝对不用手机，不看手机，或者绝对不看微信的，这个也不一定好，因为任何东西都可以变成我们的工具，是我们要做它的主人，要用它。如果没有微信，我们生活可能不方便，包括组织课程的时候，要与学员们沟通，微信也比较方便。关键是它要为我们所用，为我们服务，而不是我们被迷失在其中，浪费了大量的时间。

四、心性直指

我们现在讲佛教板块的最后一个主题，叫“心性直指”。我比较“贪”，总希望这几天把好东西都给你们，希望在“这里”没明白的，就在“那里”能明白，总有能让你明白的地方。其实我们一直在直指，“心性直指”就是再来一次直截根源的指示。

整个学佛，核心就是“明心见性”，就是明白心性，就是回家，找到你的精神的本体世界——那个本来面目。在这个过程当中，有很多消业的对治法门，这也是必要的，但随时随地我们要回到核心。

（一）虚斋直指

首先借用观虚斋的两首偈子来作为“心性直指”的说明。这是我在微信发过的两首偈子。

先看第一首：

无明风起，念波翻涌；
智觉清净，性海非动。
念本无生，空不生花；
相续心灭，万化玄通。

“无明风起，念波翻涌”，这个“无明”是怎么来的？无明就是佛教里面解释业力、染污这一面，追踪到最后，就是无明；而无明本身又是无始的，你不能说无明又从别的地方来的，如果有产生无明的东西，那么那个东西才是无明了。无明就是最后的一念不觉，就出问题了。这个无明就是对心性的不明白，对本具的明觉自性没有了悟。在这个状况下，就像心海上起风了，有风就起浪，这个心就开始起波浪了。我们的起心动念，就是心海中的浪花，一波一波地相续不已，念波不断地翻涌，由此产生各种各样的烦恼挂碍。这一句是讲“心生灭门”的。

下一句“智觉清净，性海非动”，我们一念了悟，“智觉清净”，就是智慧的觉性显现的时候，那个世界是纯净的、平静的，“波”是在念头这个层次上来讲，而“觉”是在性体、本性这个层次上来讲，它是清净的。“性海非动”，这就是对比：念波是在不断地翻涌，杂念纷飞；而“性海”是没有什么动也没有什么静的，不是动静对立，所以讲它“非动”。讲非动，比直接讲静还好，讲静就是跟动相对应的。非动，它不是动，但是它一定是静吗？因为有静就有动，念波是动的，念头暂停了就是静，所以念的层次是有动有静的，而性海是超越动静的，是本无动摇的。

到了这个性海的世界，再回过头来看，你就可以了悟到“念本无生”，看起来是念波汹涌，但实际上它是无生的。在这里要有“决定见”，就是一定要认识到这个“念”是“无生”的，这才是真正的智慧。我们修行的人经常会讲，我静不下来，我总是有那么多念头，对吧？你的见地要进一步，不要想方设法怎么样把念头给它消灭掉，你想消灭掉念头的本身，就是念头！这叫“贼喊捉贼”，他自己就是贼，然后他说贼来了，贼来了，那你能把贼赶跑吗？他本身就是贼，这就是引狼入室了。所以我们在修行的时候，千万不要说，我要把念头除掉，才能回到一个清净的、没有杂念的世界。“没有杂念”那是一个描述，是一个结果，但是你去做功夫的时候，不是这样去除掉杂念。做功夫的时候，怎么做呢？就是正观念头，念本无生，这个时候就不是贼喊捉贼了，而是保持着主人在看着，主人一在家，这个贼就跑了。小偷肯定是在你不注意的时候，才偷你东西；一看主人在，眼睛睁得大大的，他还敢进来吗？所以你看清楚这个念头，它本身是无生的，这时候自然就没有杂念了。

你现在就可以做实验，看你的念头在哪里？它有没有一个真正的念头在某个地方，在哪个空间？在哪个时间？你找出来。你把它找出来给我，我来帮你灭，不要你自己灭。你回过头来找，找不到——“念本无生”。念头自生自灭，本自清净，生灭也是假象，念头无实体，本质上是无生。这又回到我们一开始“观虚斋歌诀”里面讲的“自生自解本清净”，它是本来就清净的，本来就是无生的。你们要把这个智慧掌握了，领悟了，你就不用担心怎么把这个念头消灭的问题了。

一觉即是，这个念头本身是无生的，它没有实体，所以叫

“空不生花”，我们这个念头就像空中花一样是幻化出来的，实际上空中没有这个花，是你眼花了，显现了空中的花。所以只要你眼睛不花，回到觉性当中来，这就是“空不生花”。

“相续心灭，万化玄通”。“相续心”是什么呢？那个念波翻涌，一念一念接着来的，好像永远没完没了，一个接一个，这个就是“相续心”。当你安住在这个自觉的世界，看见了念头本不生的时候，那这个相续心就没有了，就回到清净了。这个时候“心灭”是一个结果，不是你去“灭”这个“相续心”。到了相续心灭的时候，所有的分别心就没有了，分别也是一个念头。没有这个、那个，没有这里、那里的区别，一切回归于“一”，法界一体，所以叫“万化玄通”。整个世界，包括这个世界一切的东西、一切的变化，这个千变万化的世界都在深层次相通为一，回归到法界一体的世界当中来，无差别相可得，这也就是回到本体清净界，这就是“万化玄通”。这也就是进入了我们前面讲的“圆顿止观”，进入了一念法界相应的世界。

第二首偈子：

诸幻从他幻，知幻即远离。
虚空无动摇，白云任去来。
言语皆寂灭，妄想本不生。
清净本觉性，圆明照大千。

这里面都有很多高层的心法，大家用心去体会，去相应。

“诸幻从他幻”，“诸幻”是诸法皆是如梦如幻，包括我们有各种各样的念头也是个“幻”，自我也是个“幻”，是变来变去的东西，没有实体。我们不需要怎么样去跟它作对，怎么样把它消灭，它本来就是幻的，就让它幻，这叫“从他幻”。就让它自生自灭，不用管它，不用去排除，不用去对抗，但是要做什么功夫呢？——“知幻即远离”，只要有一个了知就够了。一知道这是幻，这本身就离开了幻，就远离了诸幻。你觉得又杂念纷飞起来了，一知道，就行了。一散乱，知道自己散乱了，就行了；一昏沉，知道自己昏沉了，就行了。这一“知”就够了，不需要另外再下功夫，把它怎么样消灭。

“虚空无动摇，白云任去来。”这是一个隐喻性的描述，虚空，它就是我们本性的一个隐喻，它不是前面《楞严经》讲的“虚空、山河大地”的虚空，那是有相的物理学、天文学意义上的虚空，我们这里讲的虚空是指代那个本体世界，它跟虚空很相似，可以用虚空来比喻。我们这个虚空有没有动摇呢？没有动摇，但是虚空中的云彩可以飘来飘去，我们让它飘来飘去，但是我们的虚空本无动摇。也就是说，念头的云彩自由地来去，你只要回到虚空的世界，就不动摇了，就安住在虚空当中，所以不需要在云彩这个层次上，去让云彩别动，或者让它永远没有云彩，这种压制念头的方法都是不究竟的。只要知道念头像云彩一样自由地来去，但是虚空本身是不动摇的，念头的云彩不妨碍你本觉的虚空。

“言语皆寂灭，妄想本不生”。当你领悟了虚空不动摇的世界以后，安住在虚空的境界当中，一切语言、文字、分别心都寂灭下来了，慢慢地这个妄想也彻底远离了。远离不是压制，是它本不生。真正的智慧说来说去，也都是一个意思，前一首偈子讲“念本无生”，这里讲“妄想本不生”，一切妄想都是念头，它不是一个真正的实体，觅之了不可得。

了悟了“妄想本不生”，没有妄想可得，功夫到家了，就可以证得“清净本觉性，圆明照大千”。像虚空一样的清净本觉，那个本性的世界就开始照天照地，智慧之光通彻法界，无量无边，和整个法界合一，所以说“圆明照大千”，整个大千世界都在智觉当中呈现。

这是我们讲“心性直指”的第一部分，是关于观虚斋的两个偈子的讲解，下面我们要讲一些禅宗大师的直指法要。

（二）《六祖坛经》直指

第二部分，讲《六祖坛经》里的一些心性直指。

《六祖坛经》是中国佛教经典里面唯一一部不是佛说的而又被尊称为“经”的著作。在佛学里面，只有佛说的经典才叫“经”，其余高僧大德讲的作品都叫作“论”，不能叫“经”。这个意思就是说，我们中国佛教认可六祖慧能大师跟佛是一样的，有佛一样的地位，所以把六祖开坛讲法的结集叫《六祖坛经》。六祖本身不是搞学问的，他就是要让大家明心见性，来实实在在的，是直指心性的教法。因为他这种背景，所以他的讲法特别亲切，是大白话，很生动，适合我们每一个人去看。你不需要很多的佛学基础，也不需要很多的理论基础，因为六祖本身自己都没有多少文化，他也不会讲概念逻辑、哲学分析，而是直来直去地讲直指心性的东西，所以很适合我们去学习。而且他这个教法是

“三根普被”，也就是说你水平高的，你也不能说看不起他，好像他没文化。你水平再高，你能高过佛吗？人家已经是佛的境界了，对不对？不管你学了多少年，不管你到了什么境界都可以学《六祖坛经》。你如果是没有水平的，没有文化的，没怎么学过佛学，《楞严经》《楞伽经》和《法华经》等根本看不懂，那你也可以看《六祖坛经》。因为《六祖坛经》跟我们特别相应，这个也不是六祖写的书，而是他当年开示的一个记录，所以说很生动，很亲切。大家如果没有看过这部经的，回去可以把这部经好好看看。上完我们这个课，再去看《六祖坛经》，就可以心心相印，更容易了解。

我们这门课也只是选《六祖坛经》里面的几段重点看一下。

> 心量广大，犹如虚空。无有边畔，亦无方圆大小。亦非青黄赤白，亦无上下长短。亦无嗔无喜，无是无非，无善无恶，无有头尾。诸佛刹土，尽同虚空。世人妙性本空，无有一法可得。自性真空，亦复如是。

“心量广大，犹如虚空”，这一句话，就是用虚空来比喻我们的心量之广大。我们一般的人就是容易把自己限制在一个小框框里，要么框在自己的肉体里面，要么框在自己的家庭里面、国家里面，都打不开心量；要认识到你的心量广大，犹如虚空，无边无际。“无有边畔，亦无方圆大小”，你不能说它是方的，还是圆的；有多大，有多小；它没有大小之分，它是无边无际的。“亦非青黄赤白”，也没有颜色。“亦无上下长短，亦无嗔无喜，无是无非，无善无恶，无有头尾。”这都讲“无”的一方面，就是它没有这些有限的诸相，没有是非、善恶、头尾、得失。无善无恶，讲的是心量广大的本性无善无恶，这跟为善去恶并不矛盾，就是在体上是不能用善恶来讲的，用善恶的对待观来看它，是不究竟的。因为在心量广大的这个体性上，是没有善恶对待的，勉强可以说是“至善”，它不是一般的与“恶”相对的“善”。

“诸佛刹土，尽同虚空”。中方的毗卢遮那佛世界，西方的阿弥陀佛世界，东方的阿閦佛世界，南方的宝生佛世界，北方的不空成就佛世界，五方如来，诸佛世间，诸佛的刹土，也同虚空一样，都在这个虚空里面，也都在我们心性的虚空里面。如果你是学净土宗的，你说西方极乐世界离我这么远，要从这里飞过去，怎么飞呀？好多人有这个问题，我们要往生，那要怎么飞过去呢？我们的宇宙飞船还没有探到，相距十亿国土，那需要多少时间来飞？这就是没有了解到“心量广大，犹如虚空”，你的心性的虚空跟那个世界是相通的，都是同于虚空，是没有来去的；你回归到你的自性虚空，当下就是净土现前。所以你不要认为你只要念佛了，真到临终的时候，然后开始飞向极乐世界。你要飞多快？超过宇宙飞船，飞半个月？这样理解就麻烦了，半个月你不知道到哪里去了。其实，真正的往生是当下现前。有，当下就有；现，当下就现。

“世人妙性本空”，虚空一样的本觉妙性，不是六祖慧能有，别人没有，而是世人都有；而这个虚空一样的妙性是本空的，“无有一法可得”，都是如幻的缘起现象，没有一法有其实体。“自性真空，亦复如是”，自性，就是我们的本性、本体，它的真空状态也是这样，无有一法可得。

禅宗里面讲的“自性”的概念，就是讲的本性、本体、真如这一层面，与般若学讲的“诸法无自性”里的“自性”是不同层次的概念，“诸法无自性”里的“自性”是指一个孤立的、不变的实体，一切法都是缘起性空的，缘起法本身没有一个不变的自性。

如果从文字上来讲，你会天天有问题。一会儿讲“无自性”，一会儿又讲“自性”，两种表述方式好像在打架。这个语言是我们来用的，看你怎么用它，它是灵活的。正是因为无自性，缘起性空，所以我们才有广大的自性，这就是真空妙有。因为一切法都没有自性，是空的，所以整个世界是广大无边，法通为一，都在法界上相通，这个广大无边的体性，就是禅宗所讲的“自性”。

这是对心性的一个直指，下面是禅宗的一个纲要：

> 我此法门从上以来，先立无念为宗，无相为体，无住为本。无相者，于相而离相。无念者，于念而无念。无住者，人之本性。

这是《六祖坛经》的一个纲要。“我此法门从上以来，先立无念为宗，无相为体，无住为本”，这三句话：“无念为宗，无相为体，无住为本”就是禅宗的纲要。“宗”是什么意思？就是我们根本的方向，参禅的宗旨。“体”，就是它的体性是什么；“本”，就是我们的根本是在哪里。这三个字都是相通的，讲的都是一个究竟的层面。无念、无相、无住其实三个东西都是相通的，就是

“一体三面”，它是一种圆融互摄的关系，而不是分成三个东西，来讲三个层次，或者三种境界。它是觉性本体的三个面向，三个角度，就是从三个方向来讲，讲的是一个东西。

什么叫无相？“无相者，于相而离相”。这里讲的不是断灭，不是一切相都没有了，而是这个相本身就是无相的。这就是见地的问题了，禅宗最根本的是见地，而且这个见地是直接体现在证量上的，不是一种概念的了解。是要把什么东西都拿掉，剩下的那个东西才叫“无相”吗？非也！当下这个相的本身就是无相的，在这个相上就离相，它本来就是空的，不着它，这个叫无相。你说要把这个“相”打碎掉，扔掉它，这样子才叫无相的话，那就麻烦了，那就是见地错了，永远无法见性开悟的。

借用这个观点，我们可以仿照说，什么叫出家？“出家者，于家而离家”。非要说离开这个家，然后到另外一个地方去，叫出家，那是从这里出到那里，还在家里，还没有出家。所以真正的出家，当下你的心出离了，不着相了，不着这个家的相，就是出家了，这就是《维摩经》讲的维摩诘菩萨的境界，虽然在家，他是出家的境界。

“无念着，于念而无念。”真正的无念是什么？不是我要把念头消灭掉，去追求这个无念，没有念头这个意义上的无念也是一种定的境界，但是真正智慧的无念，不是去除掉念头，而是这个念头的当下就是空的，就是不着它。念起念落，跟你的空性是相通的，念头本身就是空性的，所以起心动念，本身就是法性，当下就是空，这才是真正的无念。“念本无生，空不生花”，“妄想本不生”，我们前边也讲了这个道理。

“无住者，人之本性。”无住，不是说去寻找一个世界，叫“无住的世界”，我们要从这里去到那个世界；而是我们本来就是无住的，我们这颗心本来就抓不住什么东西，本来就不着在什么地方的。只是因为我们的无明，我们的迷惑，我们自己去抓这个、抓那个，去患得患失，去造作各种各样的世界，才导致我们“有住”；但是在我们的本性当中，本来就是无住的。所以“应无住而生其心”，就是要回到我们本来无住的世界里面去，要相应于本来无住，而去“生其心”，不是硬要制造出一个“无住”来。诸法本空，本来就是无住的，我们的执着把它抓住了，放下执着，还它一个无住的本来面目，这就是无住的意义。

下一段，还是接着前面讲“无住为本，无相为体，无念为本”：

> 若前念今念后念，念念相续不断，名为系缚。于诸法上，念念不住，即无缚也。此是以无住为本。善知识。外离一切相，名为无相。能离于相，即法体清净。此是以无相为体。善知识。于诸境上心不染，曰无念。于自念上，常离诸境，不于境上生心。若只百物不思。念尽除却。一念绝即死。别处受生。是为大错。

“若前念今念后念，念念相续不断，名为系缚。”前面都讲过了，这就是“相续心”，一个念接着一个念，在那个圈子里面出不来了。你早上一起来，就开始了；甚至不是一起来才开始，你晚上还在做梦，也是念念相续，纠缠不休。一个一个东西去抓

住，这就是轮回。你说轮回有没有？观察你的念头相续，这不就是轮回吗？一会儿想天上的境界，一会儿想地上的境界，一会儿特别善良，一会儿特别坏，那个心里面起心动念，一天到晚都在六道轮回。有智慧的人，根本不存在有没有轮回的问题，观你自己的心，这种念念流转的状态，就是轮回，就是系缚；回到本觉，超越这种流转的状态，就是涅槃，就是解脱系缚。

“于诸法上，念念不住，即无缚也。”历缘对境，于诸法上念念有住，念念着相，就是凡夫；反过来，你于诸法上念念都是无住的，都看清楚它是空的，不着相，就是解脱，这就是“无住为本”。

“外离一切相，名为无相。能离于相，即法体清净。此是以无相为体。”无相是“于相而离相”，离相就是不着一切相，能离相就是“法体清净”。“若见诸相非相，即见如来”，这是《金刚经》讲的，如果你能随时随地做到无相，离开了相，回到了法体清净，就是你本来的清净自性显现。“此是以无相为体”，我们清净本性不着任何相的时候，就回到了清净的法体，这就是以无相为体。

“于诸境上心不染，曰无念。”就是各种各样的对境，各种各样的相出来了以后，你心不染着，不着在上面，不起挂碍，不起种种染着之念，这就是无念。

“于自念上，常离诸境，不于境上生心。”在你自己的心念上，离开诸境，不在诸境上起心动念，生分别心，回归你的心性本体，这就是无念。

“若只百物不思，念尽除却，一念绝即死，别处受生，是为大错。”六祖说的无念，不是说绝对地不能起心动念，什么都不想，一个念头都不能有，这样压制念头，把所有的念头都压住了，等你真正压住了，那就完了，你这个人也差不多等于死了，与死人差不多了。“一念绝即死，别处受生”，真的“一念绝”了，人就死了，就到别处去受生了，你的业力还在，并没有得到解脱。这种“绝念”的修行方法，“是为大错”。

我们灵性的生命就靠这个起心动念的能量，这个智慧也在这里面起用。如果我天天修，到时候一个念头都起不来，彻底绝念了，我跑到这里给大家上课，啪！我“无念”了，啥也说不出来了，我就看着你们这些人，本来说想给你们分享一下，这下完了，不知道说啥了，脑子里啥也没有。这就是愚人一个，毫无智慧可言。你把这个念头全管住了，不起念了，到时候你就不能起用，那智慧从哪里来？到时候你们都造反了，说把我把你们骗来这里上课，却什么也不讲，这就麻烦了。如果绝对地一念不生，什么念头都不能起，就变成一个死人了。这不是我们修行的境界。所以要注意，无念就是不在境上着相，不因为外境而喜怒哀乐，不是看到一个事情，马上被它带走，而是我这个心回到我的自性本体，然后念念无住，念念无相，那还有妙用，虽起心动念，却毫无挂碍，这才是智慧。该起心动念，照样起心动念，起心动念的当下就是无念，觉性在就 OK 了。

我以前也讲过，活在当下真正的意义是什么。如果以为把过去忘掉，把将来也全部忘掉，以为这样就是活在当下，那到时候就麻烦了，你又成了傻瓜了。昨天借人家的钱，你说你活在当下，过去的不管了，欠钱不还，那就麻烦了。明天要去上课了，已经报名了，但你要活在当下，明天的事情不管，票也不买，到时候一看，人家都开始上课了，你人还没来，就麻烦了。所以说活在当下不是这个意思，不是你不去管过去和未来的事情，把过去、未来切断，然后死死抓住一个“当下”。活在当下，就是觉醒在当下，过去相、未来相、现在相其实都没有，没有这个相，都是统一的当下，一切过去、未来的事情都在当下呈现。你照样可以回顾过去，也可以展望未来，但都在当下的觉性当中显现。你不回顾过去，怎么会有进步呢？怎么忏悔业障呢？你不展望未来，怎么会有愿力呢？还是要有愿力。所以学佛要学究竟的东西，要学智慧，学坏了，就学成了一个半途而废的傻瓜，学成半瓶水，一知半解，还不如人家不学佛的。

下一段：

> 无者无何事，念者念何物？无者无二相，无诸尘劳之心；念者，念真如本性。真如即是念之体，念即是真如之用。真如自性起念，非眼耳鼻舌能念。真如有性，所以起念；真如若无，眼耳色声当时即坏。

“无者无何事，念者念何物？这句是《六祖坛经》对“无念”的一个创造性的诠释，它把“无念”两个字分开来解，这是一种成就者的说法自在。因为《坛经》本来就是讲六祖自己的东西，因为智慧到了，他怎么讲都可以，这不是做学问。但是我们要区分开来，如果你是一个大师，你有究竟的成就，你可以这样讲；但当你讲某部经典的时候，你就不能这样随便按照自己的意思来讲，明明佛经里面是这个意思，你随便做另外一种解释，那就乱套了。所以六祖这里讲“无念”，是一种方便说法，他讲的是实相之理本身，他讲的道理本身绝对没有问题，但这种对“无念”的解释未必是佛经里的原意。大师说：“无者无何事，念者念何物”，把“无”和“念”分开解释。按照“无念”本来的意思，是要“无”掉那个“念”，不是这样分开两个字来解释的；但他这样解释是一种方便，最后把“无念”真正的道理讲清楚就行了。本来“无念”只是一种否定，是般若学的讲法，并不直接肯定什么；但否定只是一种手段，最后还是有肯定的，只是怕众生执着，就不去说破。六祖就直截了当，把这两方面的意思都给点破，以解众生之惑，这样更契机。六祖说“无念”里面有两个方面，从“无”的一方面来讲，是“无者无二相，无尘劳之心”，“无”是没有二相，没有分别心，没有对立之相，没有尘劳之心，就是没有挂碍这个、挂碍那个，没有操心这个、操心那个，缚着在尘劳中的心没有了。但是为了说明这个“无”不是绝对的无，不是顽空，六祖说还有另外一方面，从“念”的一方面来讲，是“念者念真如本性”。就是我们这个“念”，是有正念，虽无尘劳之心，但有正觉在，要时时记得我们的真如本性，这个心还要时时在本性上。“无”和“念”两个方面齐全了，就是真空妙有。

我们前面讲圆顿止观时也讲了，一个是“无”，一个是“有”，这两个方面都要融通兼具。无的是什么？有的是什么？简言之，就是“无分别而有觉性”，这是标准。如果说无分别，什么都无了，稀里糊涂，昏睡了，那不对。要有觉性在，要念这个真如本性，念真如本性的意思，就是我们要记得它，要觉知，要回来，回到真如本性当中去。

“真如即是念之体，念即是真如之用。”这是讲智慧的境界了。真如是体，但是体是有妙用的。起心动念都是从真如起念，起心动念又回归于真如自性，所以念即真如，念就是真如的妙用。这里面就讲清楚了，真如自性回归以后，它是能够起念的，这个念是真如的妙用。不要把这个念当作敌人，要认清楚这个念头本身是空性的，不被这个念头带走，不挂碍它。

“真如自性起念，非眼耳鼻舌能念。”眼耳鼻舌只是我们的工具，它是不会起念的，它是我们的一个硬件，它不是软件，是真如本性让它这个东西产生功能。“真如有性，所以起念”，你之所以能够起心动念，是因为你有真如，有本性，有觉性在。如果真正没有念头了，那就不是活的东西了，那就是死水一潭。所以这个“念”要认识清楚，从真如起用，它就是妙用，只要你无住、无挂碍，起心动念皆是道场。但你不识真如，不悟自性，你的念就是“挂念”的“念”，就有牵挂，有执着。

“真如若无，眼耳色声当时即坏。”当然你如果这个本性没有了，离开了这个本性，我们的生命就没有体了，没有主人，那你的眼耳鼻舌身意也就没用了，整个“操作系统”都坏了，那些什么“显示器”之类的硬件都没有用了。

禅宗就是这样，直指心性，讲的是最根本的东西。到后来才有参话头，有很多方便，这个东西讲清楚了之后，大家又去分析道理去了，所以又要采取新的方法。一开始就是直指人心，见性成佛；唯论见性，不论禅定解脱。就是直指根本，直奔主题，把见性这个根本问题解决了，不谈禅定解脱等功夫了，或者说超越了禅定解脱。所以禅家讲，“戒定慧都是闲家具”，戒定慧都是“教下”讲的玩具，我们“宗门”不管这些，只管明心见性，就管这一条，就解脱了，见性就成佛了。由此可见禅宗的境界有多高，直抓根本。

但是我们要注意，不论禅定解脱，不是反对禅定解脱；戒定慧都是闲家具，不是不要戒定慧，这是两个概念。禅宗是在见性这个层次上超越了禅定解脱这个层面，超越了戒定慧的层次，也可以说真正地见性了，真正的戒、真正的定、真正的慧就都在里面，不用再分开讲戒定慧了。反过来说，如果你没有明心见性，那更需要修戒定慧，“宗”和“教”是统一的。如果我们做学问，光去看禅宗的一些语录，认为禅宗是佛教里面的异类，它否定了教门里的“戒、定、慧”，这样写论文就糟糕了。认为佛教一般讲戒，而禅宗不要戒，反对戒，那就讲错了；一句话讲错了，将来麻烦了，果报很严重！

（三）百丈怀海禅师

下面再看百丈怀海禅师的直指。我这里所选的都是在禅宗里面非常有名的一些语录，都是直指心性的。直指是什么意思？你看懂了，明白了，你就明心见性了，就成佛了。

灵光独耀，迥脱根尘。
体露真常，不拘文字。
心性无染，本自圆成。
但离妄缘，即如如佛。

百丈禅师这首偈子，就直接讲开悟的境界，指示跟佛一样觉悟的境界是什么样的。第一句就讲现量境界，就是真正明心见性了，觉悟的境界是什么？——“灵光独耀，迥脱根尘”。“灵光独耀”，就是一灵独存，觉性的光辉在照天照地；“迥脱根尘”，这个时候，六根六尘、一切身心的尘劳挂碍都完全脱去了。一丝不挂，自性的明灯普照一切，不再陷落在这个根尘缠绕的世界。

“体露真常”，就是把这个真常的境界呈现出来。真是真如，一切虚假的幻象都消失了；常是恒常，也是平常，这个真如的境界是本来如此的。这个真常的本体世界是一种呈现，它不是任何的语言文字所能框定的，你只能去亲证这个境界，所以它是“不拘文字”，是超越文字的。用文字讲它是什么，这都是我们引导的一个方便，不要执着这些文字表述。什么是真如，什么是常，做哲学的分析，都是一种方便，你要超越文字去悟入，就是这个！你进去以后，悟入这个境界，就把这个文字相破掉了。破掉文字相，就是没有分别，没有思维，没有语言，没有概念，“心相”灭了，但“心体”不灭。

你起心动念都离不开文字，离不开语言，文字相、语言相破掉了以后，一切妄想也就破掉了，所以“心性无染，本自圆成”。离开了这些文字相，离开了分别相，你清净的本性本来是无染的，本来就是圆成的，本来就是圆满的，当下就是如如，只是因为有各种各样的攀缘、虚妄分别，把这个境界给遮蔽了。这个境界本来就在那里，心性的明镜本来就在，照天照地，但是我们的虚妄攀心处处着相，攀缘心一个一个地抓，一层一层的污垢把这个明镜给遮盖住了，然后它就不再放光、照天照地了。“但离妄缘，即如如佛”，只要把这一切破掉，离开了这一切的妄缘，离开这些虚妄分别心、着相攀缘心，当下回归你的自性、本来面目，这就是佛的境界。

学佛不是搞迷信，不要把这个佛当成某种特异的存在，真正的佛是什么，自性即佛！回到你的自性，回归你的本来面目，你就跟佛一样，所以一念觉悟，一念即佛，但这个一念觉悟的佛，不是究竟成佛。如果你觉悟了以后，又被尘劳给遮盖了，又起了妄念了，那你又不是佛了。所以说你是佛，说你不是佛，都是没有矛盾的。只有当你的妄缘破干净了，你的无明业力完全消净了，你不再有妄想了，那个叫究竟成佛。这个一念成佛或者当下成佛，是禅宗的观念，它表明顿悟是随时可能的，它让你有成佛的勇气；但一念成佛与究竟成佛，这两者要结合起来，作辩证的理解。只有通过一念成佛，才有究竟成佛的种子，才有究竟成佛的可能性。

（四）临济传法偈

临济是一个大禅师，他临终时有一个最后的留言，这个传法偈也是直指的：

> 沿流不止问如何，真照无边说似他。
> 离相离名人不禀，吹毛用了急须磨。

这个偈子就把禅的工夫与境界都讲完了。

“沿流不止问如何”，我们最大问题，就是妄念之流不能停

止，这个攀缘心不断地向外抓取，这个虚妄相续心、生灭心不能息灭，它一直在生生不已，一个接一个的念头不断地往外抓，往外追。这个时候怎么办？在我们凡夫的这种妄念流转的境界当中，要怎么办？——“真照无边说似他”。这就不是讲具体的戒定慧了，这是讲根本的方法。对待这些妄想之流，最好的、最根本的办法是什么？就是一个“照”字，而且不是一般的观照，是“真照”。真照，就是“真性的观照”，或者叫“本质的直观”，是用你的自性的光明去观照诸法实相。一般的观照，有能观与所观，而真照是重在观实相，诸法的实相即是空相，实相无相，此时能观与所观皆统一于空性。统一于空性，即无二元之相，此时没有局限，不着一相，即是“无边”的。不要去除念，不要去切断这个妄想之流，不要去跟它对抗，只是用真性的智慧去观它。这个真性的观照是无量无边的，妄想就让它自生自灭，让一切去自然呈现。当你用真性正观它的时候，妄念本空，念头无实，妄念的本质即是法性，这个时候妄想已经没有了。“说似他”，妄念自然地空了，能观所观皆空，本觉无量无边，这个地方就跟我们明心见性的境界差不多，很接近了。

你说禅宗的明心见性太高了，我搞不懂怎么办？你只要能真正观照，就差不多了。为什么说差不多，还没有说就是它呢？这是因为在观照中还有很多微细的二元分别心，不能一下子全体呈现。初步去观，总是有能观、所观的，你观这个妄想，虽然妄想本空，好像没有了，这还有一些微细的能观所观之分，但是已经差不多了。如果你能把这个微细的二元分别再打掉，真正地回到观照的本性，本性自在，这个时候“离相离名人不禀”。“离相”，离开一切诸相，见诸相非相，一切相都不着了；“离名”，名就是名言概念、文字相。离一切诸相，离一切名相，所有的二元对立相就没有了，所有的分别心也就没有了，这个本性就呈现出来了。但是一般的人不愿回到这个世界，意念是向外抓，根深蒂固地要抓取，分别心破不掉，所以无法理解这个“离相离名”的清净本觉！这里提醒我们要回到离相、离名的世界，也就是进入自性光明的世界。

有的人说，有一瞬间我离相、离名了，确实很清净，但是只有一会儿，这个业力还在，习气还在，很快又起心动念，着相了，怎么办？所以要“吹毛用了急须磨”。“真照”的智慧像“吹毛剑”一样，这是一把无上的宝剑，它是能够迅猛斩断一切烦恼之丝，但是你不能用一下就完了，照了一次，就结束了，以后又开始胡思乱想。宝剑用了一次，要马上磨剑使之锋利无比，随时准备第二次用。这里的意思就是功夫要相续，要精进，要随时随地提起这个观照，提起警觉之心。有的人一开始学佛很精进，想很快就成佛，过了两天好像没成佛，他就慢慢懈怠了。所以说学佛永远是当下用功夫的，智慧之剑用完一次就得磨一次，就得马上提起，还要去用，要不断地准备下一次去用。因为你的业力无边，所以你要不断地去消业，才能把无边的业力，变成无边的智慧。众生业力不可思议，诸佛愿力不可思议，真照的智慧不可思议，要把智慧的不可思议，去抵消业力的不可思议，业力净尽，只剩下智慧，才是究竟成佛。

你看临济禅师讲得多平实，老老实实告诉你，要怎么用功。你不要以为一顿悟成佛了，就了不得了；你当下顿悟了，那只是用了一下，“吹毛用了急须磨”，这个才是真正的功夫。这也是禅宗讲的“牧牛”的功夫，像放牛一样，你找到了本性之后怎么办呢，要“牧牛”啊！它到旁边吃人家的草了，吃人家的庄稼了，又起心动念了，马上又着相了，这个时候要用功夫——真照！要回到真性的观照上来。

（五）永明妙旨

我们再讲一首永明禅师的偈子，这个偈子直指永明大师的心法妙旨。永明禅师的开示，写得很平实，文字和义理都很深妙。永明大师是一个大禅师，同时也是一个大理论家。《宗镜录》是各宗各派佛学的一个总结与整理，《宗镜录》的“序”写得特别精彩，有时间可以把它多读几遍。我们这门课只选讲体现他宗旨的一首传法偈：

欲识永明旨，门前一湖水。
日照光明生，风来波浪起。

“欲识永明旨”，永明禅师说，你们想知道我的禅风，或者说禅的境界、宗旨是什么，我来打个比方给你听吧！

这就是禅师的水平了，你看这首偈子文字很浅显，通俗易懂，还琅琅上口，跟打油诗也差不多；但是人家的文字般若就是高不可攀，妙不可言，把禅宗的境界给讲清楚了。

“门前一湖水”，永明禅师说，我来打个比方，就好像我门前的一湖水一样，这一湖水就是讲我们的“心湖”了，实际上是心性的隐喻。

“日照光明生”，“日照”是指什么呢？“日”是“智慧的大日”，“照”就是临济偈里面“真照无边”的“照”。

所以禅师说来说去，根本都是一样的。不能说永明讲一个东西，临济讲了一个东西，百丈讲的又是另外一个东西，我们这里又讲一个东西，有许多的“东西”就麻烦了，真正的“东西”就是一个“东西”，都是同一个味道。

永明讲的是，智慧像太阳一样，太阳一照，这个智慧的光明就起来了。心如明镜，时时要有“照”的功夫，才能生起智慧之光明。这一句就是讲“心真如门”，我们进入佛的境界，向真如靠拢，就产生智慧光明。

“风来波浪起”，风，指无明风。无明风一来，就起波浪。起心动念就是起心湖起了波浪，波浪翻滚，念念相续，生死流转就是这个了，这一句就讲了“心生灭门”。

我们前面讲了《大乘起信论》的“一心开二门”，永明就用几个字就把“一心二门”的道理讲清楚了。

怎么修这个“照”的功夫呢？当你不照的时候，就起风、起波、起浪；同时，这个波浪也是水，波浪本身也是跟湖是合一的，不是说把波浪灭掉，波浪就是水，水就是波浪，全波即水，全水即波。只是说你在“风来波浪起”的时候，不要跟着波浪走，去追逐它，流转不已，而忘掉了湖水的本来、本体。所以在波浪之中，要有“照”的功夫，照见波浪的本体，回归“水”的本体状态。

念头的波浪回归法性的海洋，全波即水，全水即波，体用一如，显微无间。圆满的智慧是，“波”和“水”是统一的，这样可以随波逐浪，就在这个法界大海当中，湖、水、波都在里面，无二无别，当下圆满，这就是禅师的境界。

我们这里面讲的几首偈子，都是禅宗里面很有名、很重要的。大家回去都得把它背下来，有事没事就琢磨，摇头晃脑念几遍，念到有一天说你突然明白了，大叫一声“好”，我就要祝福你了！

附录一

人生中非常有意义的时刻（答疑篇之一）

晚上是小参答疑。在这之前，还是先做一个简短的课前静心。

这段时间，大家可以复习我们下午学过的法，再练习一下“耳根圆通”的法门，因为明天又有新的法了。这几天，天天都有“法”给你们，大家多学几种，从中找到自己最切身、最用得上的法门，每一次课前的静心时间，正好可以用来复习自己最喜欢的法门。

晚上的课前静心时间，我们不做太严格的要求，大家自己复习一下功课，或者看看讲义都可以，但是不看手机，不能散乱，你把这个心还是要用在道上。

你们要慢慢适应，把这种静心、打坐、站桩变成一种很愉悦、很舒服的事情。不是感觉到做功夫是一个负担，要完全地放松下来，宁静地倾听，回到你的闻性当中去，这是一个很美的享受。

我们一般常常会认为我们在做事情、做事业，那是人生有意义的时光；但有时候正相反，恰恰是闲暇的时间，安安静静地呆着的时间，回归自己本心的时间，那才是你生命中精神得以成长的时间。那些忙忙碌碌的时间，等到将来你回头一看，可能不一定有什么意义。有时候只是生计的需要，你迫不得已去做，忙这忙那，但是真正闲下来，把心收回来，体会那种宁静、那种安详，那才是人生中非常有意义的时刻。

大家收功，活动一下，然后我们就开始今天晚上的小参。

一天的课程又快结束了，大家辛苦了！你们今天表现得都不错，每一堂课都很认真。今天晚上，应该稍微轻松一点，活泼一点，这也是我们观虚斋教学课程当中一个非常有特色的环节。在这两小时当中，大家自由地提问，我们把它叫“小参”。

小参的意思包括几个方面。一个就是在我们听课的过程当中，把理论上的疑惑，道理不明白的地方，拿出来参问。第二个方面就是在我们实修的过程当中，出现了什么景象，还有什么不明白的地方，或者有什么好的境界，或者有什么偏差的地方，需要拿出来参问，帮助我们实修的，包括你的感受，你出现了什么现象，有什么困惑。第三个方面就不光是我们这个课程当中涉及的，你在修行的过程当中，在你的人生当中所遇到的任何困惑，都可以拿来讨论，但是都是跟修道智慧有关的。我们不讨论那些无聊的事情，或者跟我们的修行没有关系的、特别宏大的事情，包括政治、世界局势等，这不是我们要讨论的。我们讨论我们人生当中跟宗教智慧、生命智慧有关的问题。

大家可能也参加过一些其他的课程，你会发现像这样即兴问答的环节一般很少。一般讲课的人不敢进入这个环节，他上课可以做准备，可以准备一些材料、PPT 等；但是现在我不知道你们要问什么，我没法准备什么答案，这是要考验一个人真实的智慧水平的。

闲话少叙，现在进入正题，欢迎大家提问。

问：我们这里讲的“明心见性”的“性”，还有这个“真如”“心体”“本觉”或“自性”等，应该说都是同一个东西，因为我还没有深刻的体会，老师能不能通俗地讲得更明白一些？

答：这个问题很切题，也是修行当中非常重要的问题。从概念上来讲，本体层面有很多的名字，你刚才举了一些，还不止这些。其实我们在后面的课程中，还要从道家和儒家来讲这个本体的问题，这也是我们这次讲课的中心，我们一直在诠释这个东西，也在思考要怎么讲才能讲清楚。从概念上来讲有很多不同的表达，包括儒、释、道三家都有不同的概念。

我们一开始就给了大家一个理论框架，为我们理解不同系统的概念做好了准备，你说的这些概念都是指明那个生命的“本体结构”。现在你的问题就变成了生命的本体结构到底又是什么？你简单说“本体结构”，我们也不知道是怎么回事，是这样吧？

我们在上一门“宗教智慧”课里面，对四层结构也做了一个比较详细的分解，但是可能你还是不明白。其实这个“不明白”就对了，大家都明白了，就不用来上课了；而且如果我能够用几句话就把它说明白了，大家都听明白了，那也不对，这个问题不是那么简单。

真正明白心性的奥秘，这恰恰是我们来学习的目的；不仅仅是要明白这些概念，更要去参悟这个东西，要对它有体会才行。事实上，我一直在用各种方法去指明这个东西，你说你还是不知道，那你就要继续去参悟，我也会再想办法。我的办法，这几天都给你了，后面这两天我还会用各种办法点化你。

既然你问了这个问题，我现在还是要尽量讲清楚。

大家要知道，一讲概念，我们很容易就被它抓住，容易纠结这些概念。讲“真如”，就被“真如”带走了；讲“心体”“本觉”，我们就往这些概念里面去找一个什么东西。

其实这些概念都是一个指引，都是指向月亮的手指，不是要从这些概念里找到一个什么东西，往外找是找不着的；它是让你往内在找，要返观自己的心。

所以在"宗教智慧与大道养生"课程里面，有一堂课就是参"我是谁"，自己要回归自己的心，去找一个东西，把那个本来的觉性呈现出来。但是我们平时的心恰恰是向外走，对不对？这就是攀缘心。抓这个，抓那个，这是我们通常的无明的思维方式。当我们要找这个真如、找自性、找本体的时候，我们也容易用这种方式去找，那这样就是南辕北辙，背道而驰。你想在某个地方找到一个本体，眼睛往外看的时候，永远看不见。

第一点，我们讲的这个本体结构，永远不可能作为一个认识的对象，出现在我们的认识当中。它不是我们所看到或听到的对象，也不是说我们所分析、所观察到的东西，但是无明恰恰就是我们通常的思维方式，它总是向外找某个对象化的客体。我要讲"道"了，你就在找那个"道"到底哪里，好像有一个能被你找到的东西，这恰恰是一种无明的方式。你想要寻找它的时候，你就失落了它；当你追寻它的时候，你的心向外寻找的时候，你就已经离开了它。

我们要怎么办呢？我一直在讲"返本还原"，要万缘放下，不向外追，要"返闻闻自性"，回到自己。不向外追的时候，当第三层"信息结构"被排除了，一切杂念、分别心都没有了，离开了第三层达到"无念"的时候，剩下的是什么？这个时候无论我再用什么语言来表达，我说是你的自性或本觉，都只是一个代号；你不要再向外抓，你就是理解并进入那个"无念而有觉"的状态。

我现在再描述一下。当我们无念，一念不生的时候，没有昏沉，没有睡着了，也没有分别心，也没有杂念，也不向外追的时候，当下是什么呢？首先有个“明”，明觉、明朗，甚至有光明，但它不是有相的光明。就在这个当下，呈现出一个境界，是很明朗的清醒的状态，但是不昏沉，没有分别心。第二，你是一个空寂的状态，空空如也，里面没有什么东西，什么也抓不住，无色、声、香、味、触、法，无眼、耳、鼻、舌、身、意……你说那里有什么颜色或者有什么香味，有的人说我证到了一个什么东西，能看见一个什么光，或者看见一个什么圣相，“凡所有相，皆是虚妄，若见诸相非相，即见如来”，没有这些相，是“诸法空相”，空相才是实相。但是你执着于空，也不是真的。你以为是绝对的空，什么都没有，那就是顽空了。所以我们前面讲过，灭的是“心相”，不是“心体”。是各种各样的“相”没有了，见诸相非相。但是剩下的这个东西，是“有”，“有”是什么样的“有”？不是一个具体的、有形有色的东西，而是空寂明朗的整体的存在状态，而且它不是你之外的某个东西，也不是你这个现有的身体，它空空如也，但是又广阔无垠，无量无边。你说它清静，什么都没有；但是它又妙用无边，一切东西都从这里面显化出来。

如果你要用概念或用什么办法去抓它，你抓不住；但是你一放下，它就在，明明朗朗，是“平常心”，是平平常常的东西。你不要以为要惊天动地，好像你开悟了，这下是百鸟衔花，仙乐齐鸣，天上的佛菩萨全出来向你祝贺，没有这个事情。甚至“虚空粉碎，大地平沉”也不准确，也只是个比喻；没有什么粉碎不粉碎，粉碎的只是你的概念心、分别心而已。

这个明朗平静的看起来不算很稀奇的东西、平常的东西，那就是你的“本体结构”，是你的本来面目。但是说是“你的”本体结构，又不对了，这句话又有毛病了，因为它就是“你”，不是“你的……”，如果说是你的本体结构，好像“你”又成了本体之外一个东西了。这就是语言的局限性。不要“你的”里面的“的”，那就是你，“那就是你”这又有个“那”，有个“你”，又有了二元性了，那最后怎么办？这需要超出语言之外的领悟。啪！当下明白了，就祝贺你。

问：非常受益。您刚才讲的这个东西，国外的科学家，我觉得他们可能会很严谨地去研究一些细节性的东西，也研究一些案例，比如那些濒临死亡又活回来的案例。不知道您对这个事情有什么看法？

答：这个问题也非常好。我前面只讲了心性奥秘的一面，另一面正要补充的时候，正好你就问了这个问题。

这里面有一个重要的区分，我们要搞清楚。我刚才讲的是本体结构、本性，但是我没有讲它跟灵魂、阿赖耶识的关系。刚刚讲的是本性的那一面，本性那一面是空寂的，又是明朗的，这是智慧光明的那个层面，是法身的层面。但是我们一般讲的灵魂，或者这个作为轮回主体的阿赖耶识，还不是那个层面。

我们不是讲过“一心开二门”吗？这个阿赖耶识或者这个

灵魂就相当于“一心开二门”里的“一心”，这里面有无明的一面，也有真如的一面。前面所讲的本体层面讲的是“心真如门”，搞清楚了吧？就是心的本性和阿赖耶识两者要分开，不能混为一谈。

阿赖耶识是这个心的总体，在唯识学里属于“第八识”。阿赖耶识的清净觉性的那一面是属于本体，阿赖耶识这个“识”是能分别的功能，前七识都属于四层结构里的第三层，严格地说第三层和第四层都包括在阿赖耶识里面，但一般地说阿赖耶识主要是指“第八识”而不是指“觉性”本体。轮回的主体是这个阿赖耶识，它包含了染净一切的种子，种子生现行，现行熏种子，这个相续不断的过程就是轮回。但是我们修行的目的是要回归真如门，是要转识成智，觉悟本性。

你刚才讲的西方世界一些科学家的意识研究，比如从现代科学、量子力学等最新的科学成果，怎么解释我们的意识现象；包括濒死现象，人死了以后，灵魂离开了肉体，这个人的重量都减少了，然后以此算出灵魂的重量是多少；还有灵魂的回溯现象，有的人一生下来，他就知道自己的前世，还能找到他前世所在的地方。这一类的研究，它说明的是我们意识的流转现象是存在的。也就是说生命不仅仅是这个肉体结构，它有四层，死亡只是肉体结构的死亡。死亡是什么呢？死亡是我们的第三、第四层和第一、第二层的分离，身心分离就像是硬件和软件的分离，但不是软件的消亡。甚至硬件也不是真正的消亡，也是在流转变化，你这个肉体化为腐朽，化为尘土，这也是在流转，也是在变化，并不是真正地消失了。那么你这个精神的现象，包括你的分别识和本性的那个集合体，也是在流转。刚才吃饭的时候，有人问到六道轮回是不是存在呢？我们从原理上来讲，这种变化流转的现象就是轮回，流转的不同的境界就是六道，从这个意义说当然存在天堂的境界，也存在地狱的境界。

进一步说这个六道的境界在我们这一生当中就有体现，它就是你人生中不同境界的体现。心的生灭门这个方向，精神主体相续流转的不同境界，就是轮回。

要搞清楚，我们为什么讲“一心开二门”？流转相续这个现象存不存在是一回事，但是我们修道不是去修这个，重点还是在“心真如门”。去研究生命怎么流转、轮回，是研究修道原理所涉及的一部分内容，你作为一个课题来研究也可以，但这不是修道的重心。我们修道讲的是如何从生灭门进入真如门，如何用真如来熏习无明，而不是用无明来熏习真如。前面一个问题我讲的是这个真如门，就是那个觉性的存在，那个智慧的光明，要领悟的是那个东西，但那个东西还不等于灵魂，也不等于阿赖耶识。

我们这个心可以迷，可以悟；可以入生灭门，也可以入真如门。有的时候大家搞混淆了，把这两者熬成一锅粥，好像我们悟的就是阿赖耶识，或者悟的就是灵魂，这是有问题的。灵魂谁都有，不需要你去悟的，我们是要从里面找到真如，认知这个觉性、平常心，证悟本来面目，也就是要明心见性，见的是这个性、性体、本性。为什么科学家不能开悟？科学家的研究，他研究的那个思维方式是什么呢？就是我们讲的那个无明的方式，还是向外走，它是一种对象化的研究。他研究的肯定是一个对象，无论是灵魂还是意识现象，都是被作为研究的对象来研究的，对象化的研究就是向外求，这就是属于“心生灭门”。

明心见性是要往回走，回到源头上去，这个时候没有能所二元的对立，科学研究的方式已经不能成立了。你去问科学家，离开了能所二元，如何去分析、去研究？他一听就懵了，怎么可能呢！科学家写文章，搞计算，做实验，哪一个地方没有能所二元？要做这种没有能所二元的实验，要在哪里做呢？要在我们这里做，要去禅堂里面做。我们现在也是在做科学实验，懂了吧？“返闻闻自性”的实验，今天下午大家已经做过这个科学实验了。我们现在做的是最尖端的生命科学研究，但是我们的工具是不一样的，方法是不一样的。

如果不能搞清楚这个区分，以为我们可以拿科学方式，什么量子力学之类，拿现代仪器去做实验，就能把这个东西搞清楚，这个从方向上就是背离于“道”的。不是说现在科学还不够发达，将来有一天我们就能搞清楚；用这种能所二元分裂的方式，是永远研究不出佛的境界的，是永远达不到佛的境界的。

你可以用科学的方式，去观测佛的境界里面有些什么指标，这是可以的；这是两个概念。你可以检测在禅定当中有些什么体现，有什么反应，脑波有什么变化，生理指标有什么变化，这个可以从外围去观测，然后写报告，做实验得出数据，这些都是可以的，这也可以帮助我们理解生命是怎么回事。但是要讲觉悟，要想进入真如门，这种向外追寻，把心性的奥秘作为一个客观对象来研究的方式，是背道而驰的。

佛在菩提树下悟道了，这是内向性的一个智慧的探寻，与科学家探寻的方式是不同的。不管你是多大的科学家，不管你多聪明，用多先进的仪器，永远不会有一天你通过这种科学研究的方式就觉悟了。最多科学家通过研究，发现这里面奥妙无穷，然后醒悟到，看来我这一套不行了，我得换个路子，于是就去找大师，找神秘家去学习，这样才有可能悟道。所以牛顿、爱因斯坦等大科学家最后要走向上帝，通过宗教去寻找答案；上帝就是超越能所二元的，一般的科学都是在能所二元的范围之内。

问：我曾经问过盲人一个问题，我问他你做梦的时候，你的里面有没有图像？他说没有。今天我们学习了观音菩萨的耳根圆通法门，我们学习了“闻性”，我想问师父的是天生的盲人有闻性吗？

答：你刚才那个问题可能是盲人有没有“能见之性”？你举的例子是盲人，而你问的应该是聋哑人有没有“能闻之性”，是吧？

这个可以很清楚地说，不管是盲人还是聋人，盲人有“见性”（能见之性，非“明心见性”之“见性”），聋哑人有“闻性”，这个是没有问题的。盲人只是眼根坏了，相当于显示器坏了，但他能见的功能本身并没有丢失。所谓看不见，就是我们这个后天之身的眼根坏了，眼根就是我们的一个仪器，就是硬件出了故障，软件本身还是正常的。

为什么盲人做梦没有图像呢？这并不是他的见性不存在，而是因为如果他的眼根是先天性损坏的话，它就没有看见东西的这种印象，没有这个种子，他不是后天才眼睛坏了的话，一开始他就没有见过图像。

梦是什么呢？梦是潜在种子的呈现。他没有接触过这个图像，没有产生图像的种子，所以他做的梦也就没有图像。其实梦就是白天形成的种子存在于潜意识之中，在晚上再度以梦的形式呈现而已。你白天有什么体验，晚上通过另外一种方式呈现出来了。盲人他没有见过颜色，没有见过图像，当然做梦的时候也就没有图像了。

现在问题来了。你刚才说的盲人，他的回答是说他自己的记忆当中没有出现过图像，但事实上不意味着他就真的在梦中从来没有出现过图像，但因为他根本就不知道图像是什么，他也没法表达。即使出现了图像，他也不知道那是图像。他的见性是存在的，而且从他的阿赖耶识来讲，他前世不一定就是盲人，他并不是生生世世永远是盲人，所以这个图像的种子还是有的。只不过即使有了，因为他这一世没有现行过，所以他从来就没有这个图像的概念，你问他有没有图像，他不知道怎么回答你，他首先要问你什么是图像？

问：是不是自性是无别的，看见或听见只是自性在起作用？

答：“一根既返源，六根成解脱”，从这里就可以了解两者的关系。六根是六个门，都可以通向自性本体，那个本性是一个，能见能闻都是自性透过眼根、耳根所起的作用。从六根生起六种感官的功能，从每一个门都可以进去，进到根源的地方是一样的。并不是说这个自性里面包含了六个门，而是自性通过这六个门呈现出来。我们的见性也是那个自性的功能，闻性也是自性的功能，自性通过眼根呈现出能见的功能，就叫“见性”；自性通过耳根体现出能闻的功能，就叫“闻性”。但是体性上无二，是一个东西，如果有两个东西，那你就不能“一根既返源，六根成解脱”了；因为透过一根返源回归自性以后，六根就都解脱了。所以任从一根起修都可以返本还原，只不过耳根是我们这个世界的众生最相应或者最契合的一个圆通法门。

问：佛在《金刚经》里面说，于法不说常、不说断，但是佛在《解深密经》里面说，如来藏是永恒的。要请师父开示的是，阿赖耶识跟如来藏有什么区别？如来藏为什么是永恒的？

答：首先，这也是一个语言表达的问题。在佛法里面讲中观正见，常见与断见，都偏于一边，都是外道见，或说是俗人之见。常，就是一个东西永远存在；断，就是一个东西彻底消失。缘起法一定是非常非断的，它不是一个不变的东西，但是也不是彻底断灭，它是一个相续的存在，是一个缘起的相续。

阿赖耶识是种子与现行之间的相续变化，它也是缘起性空的，是非常非断的。

这是讲现象世界的缘起法，在现象世界诸法不是常，也不是断；那么本体世界呢？也可以用“非常非断”这个概念来讲。我们讲的如来藏或佛性、本体，它也不是一个跟别的东西没有任何缘起关联的独立的存在，所以它不是“常”；本体恒常在起作用，当然更不是“断”。前面讲《大乘起信论》的时候讲过，是“心相灭，心体不灭”，那个时候我们就讲过，为什么讲心体是恒常不灭的，因为它是永恒的相续存在。所以，讲本体存在是“常”或“非常”，都是有其特定的意义的。

这也是大乘佛教里面非常关键的概念。有些学者认为大乘走样了，不是纯正的佛法，因为佛法讲非常非断，怎么又搞出一个永恒不灭的东西来了呢？那不就是“真常唯心论”吗？这就不是“中观见”了。他们有这种观点，是因为他们没有真正理解大乘佛法所讲的这个“真常”，有其深妙的意义，与“缘起性空”并不是同一个层次，两者也不构成对立。

我有一篇文章专门谈过这个问题，为天台宗等中国大乘佛教的本体论做辩护。因为日本曾经有一股“批判佛教”的思潮，认为中国大乘佛教离开了原始佛法“缘起性空”的根本见地，不是正宗的佛法。我那篇文章做了一些说明，现在我就直接讲结论，不去讲那些外围的东西。

讲恒常不变是什么意义呢？一切现象都是缘起性空的，这是没有问题的；虽然诸法都是缘起性空的，但是在这个缘起性空的世界当中，有一种本体性的存在（佛性，如来藏），佛性虽然也是缘起性空的，但是它又是万德庄严的，妙有功能都存在于其中，这种功能的相续是永恒的，是不断灭的，这恰恰是我们成佛的基础。

我在那篇文章里面，也借用现代科学的概念来做一个解释。现代科学认为这个世界都是万物相互关联的统一体，那么在这个

统一体当中，有没有一种作为万物统一相关的基础的“本体场”或“统一场”？这种“场”跟万事万物都是缘起相关的，所以它不是一个独立不变的东西，但它也是不会消失的，是“非常非断”的，遵守缘起性空的基本原理；但是这个场在功能相续上又是永恒不灭的，它是法界万有一切奥秘的根源，是万事万物相对相关又全息统一的整体场域，是一切神通妙用之所以可能的根本依据。仅仅说空，只是从否定的意义上来破除执着，但成佛还有正面的万德庄严与神通妙用。我们要理解中国的大乘佛学，除了讲这个缘起性空之外，一定要从缘起性空里面发展出“圆教”的观念，也就是从“般若”通向“佛性”，诸法不仅是“性空”的，而且是“妙有”的。

牟宗三先生有一本佛学专著，叫《佛性与般若》。般若讲缘起性空，这是大智慧；但是大智慧最后要归结到这个佛性上来，这个佛性它不违背缘起性空，但是它有另外一层的意义，不仅仅是缘起性空。这些思想，在天台宗里面，其实已经做了一个非常圆融、透彻的理论建构与理论解释。缘起性空，这是佛教的基本教理，天台宗把它归为“通教”，即共通于大小乘、共通于显密教的一个基础性的教法；但是通教不是圆教，通教只是一个基础。

要讲到圆教，一定要从“性空”讲到这个“性具”的观念，就是“性具妙有”。正因为万法都是通过缘起联系，成了一个有机的统一体，所以任何一法都含摄所有的万法，在这整个的缘起世界当中，有一种本体性的关联、根源性的关联，而作为这种关联统一的基础，正是佛性本体所代表的“全息统一场”。这种根源性的本体存在，它是诸佛的神通妙用所以可能的依据。它不违背缘起性空之理，但是它又不简单是缘起性空，它是从“性空”到“性具”，从“真空”到“妙有”。

我最近还在读一个物理学家写的一本书，叫《自我实现的宇宙》，在这本书里面作者就讲整个存在其实可分为两个世界，一个就是这个普通的世界，是显化出来的世界；还有另外一个世界，是潜在的无相的世界，但是整个显现的世界都在那个无相的世界里实现了根源的统一，这个无相的世界就是“基础场”，显现出来的世界都通过那个基础场关联在一起并达成了统一。

这个基础场是“不生不灭，不垢不净，不增不减”，遍及宇宙，没有时空的局限性，但是它也是空的，你抓不住它，所以讲“非常非断”也可以，讲“永恒相续”也可以，有这么一个本体性的存在。这个本体性的存在，从客观的一面讲即是“法性”，从主体的一面讲即是“佛性”，它是空，同时也是不空。从空这一方面来讲，它是缘起性空的；从不空的那一面来讲，它有无穷的妙用、无穷的实德，是一切神通智慧的根源。

实际上，那个东西我们不能用常、断去描述它，一切语言的描述都是有局限的，勉强说为“非常非断”。从某个意义上来讲，我们不能说它永恒不变，它可以说是“永恒”，但不能说“不变”。它是变化的永恒、永恒的变化，是永恒的相续、相续的永恒。从这个意义上来讲，我们人的生命也是永恒的，因为它是无穷相续的，而且跟法界是一体的。它是随时变化的，所以“非常”，但它又是相续不灭的，所以“非断”，所以生命也是“非常非断”的。

这个问题有点高深了，要讲清楚比较费力，因为这是一个非常重大的理论问题。

问:《大乘起信论》里面讲“一心开二门”，是不是一心就是阿赖耶识，二门里面的清净心就是清净识？

答：这个也是佛学里面比较麻烦的问题。我们首先要对阿赖耶识做一个理解，阿赖耶识本身就有两种理解，一种理解是把它看作是妄识、妄心，就是说阿赖耶识是虚妄的，是属于“心生灭门”，不包括“心真如门”。这个阿赖耶识就是我们生死流转的一个主体，那么这个阿赖耶识要转化之后，要转识成智之后，那个才是清净的真如门，才能谈佛性，谈如来藏。这是一种理解，但是唯识学另外一个学派，把阿赖耶识看作是“一心”，真妄都包含在里面，生灭门和真如门都包括了，这就是一个大的阿赖耶识了，里面还可以分出“第九识”，叫“阿摩罗识”，第九识就是清净识，又称为“无垢识”，是属于真如门的。

我们把这个概念性的东西去掉之后，就其实质而言，我们这个“一心”是一个总体的心，这个“一心”可以“开二门”：一个是生灭门，代表虚妄的生死流转；一个是真如门，代表觉性光明与涅槃解脱。

“如来藏”就比较清楚了，它肯定不是讲一个虚妄的东西，它是讲我们成佛了，成了如来了，这是到达果位了；但是在众生心中，在还没有成佛之前，他也有一个根基，或者说有一个“胚胎”藏于其中，这就是如来藏。如来藏是一个胎藏的概念，就是有一个圣胎在里面，我们每个众生都有这样一个成佛的胚胎，它还没有发育、发展完成，所以把它叫如来藏，也就是我们都是一个潜在的佛的意思。

中国佛教的天台宗、华严宗、禅宗都不属于“虚妄唯识”的系统，不是一般的唯识学的系统，不是玄奘法师的这个唯识学的系统。中国佛教讲的就是这个如来藏的系统，讲的真心的系统，所以唯识学的一派，往往对中国佛教有所非议，说这个好像不是印度佛教的原本的意思。

如果讲整个佛学的体系，一个是虚妄唯识的系统，一个是真心的系统，但是这个真心的系统如果再区分一下，那么天台宗的真心系统，还是有所不同，天台宗的圆教就讲得更加圆融透彻。所以智者大师说，这个真心系和妄心系都是各有一偏，而圆教的“性具”系统，才是圆融无碍的。

妄心系统、阿赖耶识缘起，能够很好地解释这个生死流转的世界，但是成佛怎么成这个问题，它解释不太清楚。因为对于阿赖耶识这个缘起系统来讲，成佛靠的是什么？靠的是无漏种子，通过“缘理断九”，以真如理来转化这些佛法界之外的其余九法界虚妄的种子，用无漏种子慢慢来熏习，最后得到解脱。但是这个无漏种子怎么来？是先天本有的还是后天才有的？如果是先天本有，这个阿赖耶识就不是纯粹虚妄的；如果是后天才有的，这个对成佛原理的解释就不圆满，这样成佛就没有必然性。按照这个系统来讲，我们每个人能不能成佛都没有保证，因为它是以虚妄为主，真心的种子就比较弱势了。

真心系统，它的长处是解释这个真如门比较方便，因为我本来就是真心，之所以有这个生死流转，是因为我们后天的无明，无明是外来的，烦恼是客尘，烦恼是外来的。我们本来是清净的，但是后来由于无明客尘把我们沾染了，我们把它去掉，恢复我们的本来面目，就成佛了。智者大师说这一派解释怎么成佛，解释得比较好，但是对于这个生死流转的这一门，它解释得又不够充分。为什么会有生死流转？这个外来的东西怎么跟里面的本有的东西相结合，这个佛学的道理就很多了。

智者大师的观点就是“一念三千”，这个既不是真也不是妄，它是“即真即妄”“非真非妄”的一个观念。智者说无明就像冰一样，智慧就像水一样，无明就是水变成冰，觉了就是这个冰变成水，但实际上是一个东西，这个东西本即含具万法，染和净都在里面。用天台宗的理论解释“一心开二门”，就比较圆融。这个比较偏于理论思辨，我们就不讲太多了，大家可能不一定能听得清楚。

问：我们的本心、本性本来是湛然清净的，但是我们为什么后来又被业风吹拂，流转生死。现在科学家在寻找宇宙的第一推力，我现在寻找业风的第一推力．确实不一样，业风也没有第一推力，他怎么突然掀起个业风呢？

答：其实这个问题跟前面的问题又是连在一块的。我刚才已经讲了，就是如果我们认为是本来清净的，那么后面这个无明风又是怎么起来的呢？这就是智者大师所说的，那个真心系统对这个无明是怎么起的，对无明缘起这一套是说不透彻的。而唯识学的那个妄心系统，对怎么成佛这一套是说不清楚的，两套系统各有所长，亦各有不足。按照智者大师的观点，这个无明与法性，都是无住的，无明无住，无明即法性，法性无住，法性即无明，就用这样一个机制把这个问题解决了。就这两个东西本来是“相即”的，是分不开的，你要区分真与妄，把真妄对立起来，就会有困难。无明无住，就是无明没有一个实体，无明也是性空的，所以无明的本性就是法性。法性是怎么来的？这个问题也就解决了。法性无住，法性也不是一个实体，法性也是缘起的，法性在缘起的过程中就会生起无明，这样无明怎么来的也就解决了。法性与无明都是无住的，最后都是“从无住本立一切法”，这是《维摩诘经》里面的话，就是从一切无住里面就生起了万法。所以从缘起性空里面就可以展开圆教，这两者相通，都是缘起法，在缘起法里面没有怎么开始的问题，都是在一个“圆”里面无始无终。

在天台佛学当中对这些道理都进行了各方面的探讨。

如果要彻底去搞清楚，在理论上每一种说法都会有一定的局限性，即使说得很透彻，也都有问题。因为语言都是有限的，你说到这方面，那方面也就有漏了；那方面说尽了，这方面就漏了。我们就回到自己自性上来讲，无明无始，不是从什么地方开始的，无明怎么来的这个问题，是不需要去追问的，它就是这样。有时候我们追问到一个东西，然后把那个东西作为解释这个东西的一个起点，那你可以接着问，那个东西又怎么来的？那我再告诉你那个东西是这么、这么来的，你接着问那个东西又怎么来的？妈妈是外婆生的，外婆是谁生的？外婆是外婆的妈妈生的……你一直问，什么时候是个头呢？还不如一开始就不问，一开始就没有答案。修行要面对的问题是，现在已经生下来了，要怎么办？

所以哲学的分析与答案，它是有问题的，是不能真正解决生命的困惑的。如果讲上帝创造世界，则上帝就是最后的根据。你们还要再问上帝是怎么回事，上帝怎么来的？这个问题是无意义的，上帝不能再问是怎么来的。如果上帝又是从什么地方来的，那个地方就是上帝了，这个上帝又成了假上帝了，因为从那个东西产生了上帝嘛，那个地方比上帝还高一层。如果说“道生万物”，道怎么来的？道不能再问怎么来的，道就是道了，道法自然，那你要问道怎么来的？好，那个比道还厉害了，那个东西怎么来的，这个东西麻烦了！

问：戈老师好！刚才这个问题，我的感觉是经上有讲。经上说“圆明照生所，所立照性亡”，“自性本自清净，为何能生山河大地”，其实就是说这个业力的起源。我个人的感觉是说我们产生宇宙万有的东西，第一推动力，这东西是特别圆满、明亮，光明极致，这个光明不是用我们有相的光来解释的，在它照到极至的时候，形成了一种妄念，而我们把这个妄念作为一个常有的东西，追逐着一个一个的妄念，形成相续，就形成了后天的东西。所以说解决不了第一念是怎么来的，我觉得它不是圆满。

答：我的意思是这样的，在大乘经典里面，对于真与妄的起源，很多经典都有它的答案，不是说佛学解答、解释不了这个问题；但是任何一种解释，都是一个相对的或者暂时的解释，严格追究起来，一定有一个无法再去解释的“点”。比如说《楞严经》讲的“圆明照生所，所立照性亡”的问题，这是一种现象的描述。从圆明的境界起了“照”的作用，照的过程中形成了“所照”，有了“所”就有“能所二元”，清净圆明的“照性”就被遮蔽了。那么这个圆明的照性为什么会“生所”呢？还是由于“一念无明”啊！无明又是怎么来的呢？这又回到了根本的问题。我前面讲的意思是，如果从哲学上去追问的话，这不是答案，这是一种提示，是一种理解，目的还是帮助我们明心见性，而不是一种标准的哲学答案。不同的理论体系都有不同的理解，在这些理解当中，并没有最终级的一个东西。所以最终佛对这种形而上的问题，是不回答的，是不愿意回答的，但是他还要因不同的根器、因不同的境况给予不同的回答。

《楞严经》的这个回答，是照应《楞严经》的主题，就是如何回归这个性体的问题，那么性体当时是怎么产生这个二元性的？能所是怎么产生的？是从这个思路来讲。但是从整个理论体系上来讲，那并不是一个理论上的系统的回答。理论上系统的回答就要建立一个系统的世界观，这就属于佛学中不同的缘起论。从小乘的业感缘起到大乘的阿赖耶识缘起，还有华严宗的法界缘起，天台宗的性具缘起，等等。我讲的是对整个世界包括对这个心性、对整个生命的系统圆满的解答，这就形成了佛学中的不同学派的缘起学说。不是说对世界的终极问题不能解答，但是每一种解答都是有一定的局限性的，最终就是要回到一个“觉”和

"迷"的问题，只有这个才是根本。生命不是要去得到"解答"的一个哲学问题，而是要去得到"证悟"的存在的奥秘。

你不断地寻找哲学的问题、哲学的回答，回答了又怎么样？不回答又怎么样？但是这个"觉"与"迷"是我们可以现量去证得的东西，这才是核心。佛法这个地方是可以去实证的，不是说佛法可以在理论上、在形而上学上解决了所有的问题，佛法恰恰是站在觉悟的立场上要破除文字、思想层次上的障碍，不超越二元的思维方式，就无法证悟。无明怎么来，不是关键；佛法可以解决你的无明，可以断你的无明，这才是关键。怎么样破无明，回归自性，这才是修行的关键；而你对无明再如何分析它的起源，最终也还是无明，我说的是这个意思。

问：一旦迷了，都是问题；一旦醒了，这些问题都不存在了。

答：是。追问这些问题，是一个起点，但是最终要回到这个觉悟上来；在觉悟当中，本来就没有问题。本无迷悟，无明也没有了；没有了无明，这个觉悟也不谈了。这就是超越，超越言说相，超言绝象，最后就是如人饮水、冷暖自知的一个证量、一个觉悟。这是我们要去追的，那么这个理论上的东西，可以探讨，但是我刚才讲的这个无穷递推的问题，这是一个哲学上的大问题。如果你要终极解释这个"事件"，不是说你不能建立一个理论的解释系统，哲学家都可以啊！每个哲学家都试图解释这个"事件"，但是它是最后的解释吗？别的哲学家又要推翻他的解释，对不对？所以我跟大家讲，如果你建立一个东西来解释世界，你把这个“道”作为世界最后的根源，那这个“道”就不能再去追；你要再问这个“道”是怎么来的？那意味着这个道又往后推了，这样就会没完没了。不管你叫它什么名字，最后一个东西就是要去领悟或者去觉悟的东西。

如果上帝也可以再往后推，那上帝也不是最后的东西了。对基督教来讲，到上帝为止，你不要再问上帝是怎么来的，这个问题是不存在的。对道教来说，这个道你也不能问道是怎么来的，这个问题也是没有意义的。

世界的本源最后是一个东西，你要去理解它，更要去实证它。但是这种哲学的思辨分析，要适可而止。我们要走智慧之路，不是去走学问追究之路，否则你把头发追白了，也没有用。

问：道怎么来的不能说，道法自然。

答：对，不能说道是怎么来的。说不存在这个话题，是因为已经停到这地方了，这种不断去追究怎么来的这个思维方式，本身就有问题。最后的那个形而上的本体，到那个地方就要止步的，你再问是没有意义的。因为那个东西，本来就是用它来解释一切，如果别的东西可以用来解释它的话，那说明这个东西已经不是道了。最后就是一个心性的迷与悟，要回归自性，不是去做哲学的思辨。

问：我看讲义里您讲到“无者无妄念”和“念者念真

如”的关系，我不知道您在这里表达的无色界的状态是“无妄念、念真如”的状态，还是说“无妄念、念真如”，其实在当下就可显现出来？

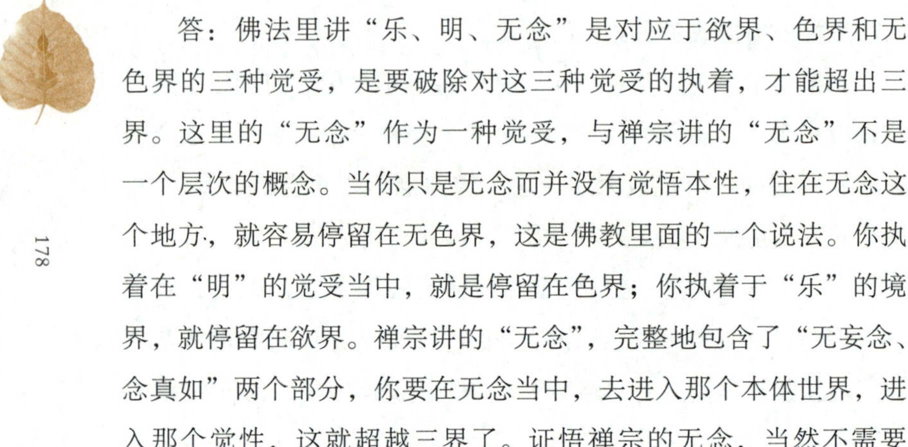

答：佛法里讲“乐、明、无念”是对应于欲界、色界和无色界的三种觉受，是要破除对这三种觉受的执着，才能超出三界。这里的“无念”作为一种觉受，与禅宗讲的“无念”不是一个层次的概念。当你只是无念而并没有觉悟本性，住在无念这个地方，就容易停留在无色界，这是佛教里面的一个说法。你执着在“明”的觉受当中，就是停留在色界；你执着于“乐”的境界，就停留在欲界。禅宗讲的“无念”，完整地包含了“无妄念、念真如”两个部分，你要在无念当中，去进入那个本体世界，进入那个觉性，这就超越三界了。证悟禅宗的无念，当然不需要去到无色界，是当下可以显现的，因为本性是本自具足，当下可证的。

问：我们下午学的“返闻闻自性”，从一开始去返闻闻自性的时候，完全只是用这个闻性，只是去认知这个闻性，是吗？

答：我们讲了几个步骤。首先是要“闻”，通过这个闻，切断别的念头，你把注意力集中到闻上来。你听到各种各样的声音，在这个听当中，把其他的全放掉了，万缘集中到这一缘上，这是第一步。

当你听见各种声音的时候，如果你跟着声音带走了，起了分别心，起了念头，你就是在追逐这个“所”，忘掉了“能”，追逐声尘，而忘了“闻性”了，这就是凡夫认知的路线；这个时候要马上返回来，就是要回归你这个闻性。当你听见声音的时候，一定有个闻性在那呈现出来，你知道这个闻性在，觉知这个闻性，不去注意声音了。这个时候声音还在，但是你不跟着声音走了，你反转过来觉知你的闻性。所谓觉知你的闻性也就是闻性的自觉，闻性就通向觉性，当能所二元消失的时候，觉性就呈现了。

在这个完全回归闻性的过程当中，不断有微细的二元对立，所以要一步一步往里深入，彻底回到闻性上来，进入那个完全的超越能所、超越二元的境界，就是“生灭灭已、寂灭现前”的那个境界。前面有“闻、所闻；觉、所觉；空、所空”这样几个阶段，但这几个阶段，你修炼的时候不需要去搞这些阶段，你只是深入做功夫，在你出现了这些微妙的二元境界的时候，你才要注意到并去破除这些微细的分别相。

比如说，你出了一个空的境界。当你觉得你空了的时候，这就是有“空、所空”了，没有“空、所空尽”了。真正的空是没有空的概念的，对不对？一旦你觉得自己“空”了，就有了能所了。或者你觉了这个“空、所空”，然后你又觉得你觉了，觉中有个觉了，就有个“觉、所觉”出来了。你对觉的那个觉，又分成两个了，又有了更细微的能所了。

最终那个东西是绝待，绝一切对待。没有对待，没有二元，非二元，觉性当下呈现出来，就行了。这个时候就已经不能用语言去表达了，一表达又是能所了。就是这样不断地回到闻性上来，最后回到一个状态，你自己没有任何的概念心，没有任何分别，但是清清楚楚，明明朗朗，就安住在那里。当这个状态走了，你起心动念了，马上要回到这个，又根据那个路线，首先要回到声音上来，然后从声音再回到你的闻性上来，慢慢这个路线比较熟了以后，就可以顿入了，啪！直接进入闻性，进入绝待之纯粹觉性。

问：除了平时在座上，或者站桩的时候，做这方面的训练，其实平时生活中也可以用？

答：对，可以。此法是“圆通法门”，圆通它就是没有时空的限制，恒时在闻，不拘方位。因为你这个闻，不是要你去特别下功夫，它一直就在闻，自然而然就在闻，包括你听我上课也在闻，但闻的时候，你能够守住你的闻性，不完全向外走，这就是有意识的存在、觉知的存在。

问：另外一个就是对于闻性，因为我们平常还没有证得这个东西，所以我们能不能采取一种养性的态度，用这个方法去养性、养生？

答：在没有证悟之前，也要有信心，不断深入做功夫，才会有证悟的契机。

有两种根器：一种叫“信根”，比如说你听了我的课，你确实相信它的存在，然后你向这方面迈进，这没问题；另一种是

“法根”，这种根器的人，他开始是什么都不信的，只求法理。不能说你讲个道理，他就信你，他一定要彻底证到了才信。这种人也没问题，但是他必须采取一个开放的态度，对一个未知的东西，你不能说它不存在，因为你说它不存在的时候，也是迷信。虽然你不一定要相信它存在，但是你不能说它不存在，这就是一开放探寻的态度。这样去实证，去追寻，这是可以的。

这两种人都有救，都有希望，只有一种人是没有办法的，他没什么理由，就是不信——你这个东西不可能，是歪理邪说，是骗人的，他直接把你否定掉，就与法无缘了。实际上他也没有证据，只不过他就是绝对不信。如果绝对不信，他就没有机会了，没有机缘了。你既然不信，你就不会去修道，也不去“闻、思”，没有闻、思，后面也就没有“修”。没有“见”，后面也就没有“修”、没有“行”，自然也就没有“证”。所以至少要有一个开放的态度，这一切都有可能，然后去探寻生命的奥秘。我们讲的这个东西，也许你现在不一定完全信，这也没问题；但是你不要去说这个东西绝对不可能，绝对不信，这就是迷信了，你怎么知道一定没有？

好比说六道轮回，到底是有还是没有呢？你可以不信，但也不能下结论说它绝对没有，要保留开放的可能性。假设有六道轮回，你绝对不信，最后你的损失很大，你就完全迷掉了。万一最后没有六道轮回，你信了，反正也没失去什么。如果说你死后本来就一切断灭，那不管你信不信，你又丢了什么呢？既然什么也没有，那你也没有损失什么。

这个在西方宗教里面有一个著名的对信仰必要性的一种论

证，就是“打赌式论证”。你就赌上帝存在，你可能“盈利”很大；即使上帝不存在，你也不损失什么，因为你本来就没有什么。假设上帝是存在的，我们不信上帝，那我们损失很大，对不对？假设上帝真的不存在，我们信上帝，也没什么损失。当然，这不是严格的证明，这就是帮助你去建立一种开放的眼光，每个人都不要太武断。

道教的葛洪在《抱朴子内篇》里面，就一再讲这个东西。世人所见所闻，都是很有限的一个事情，你就把这个东西执着为真实，你看不见，听不着，摸不着的东西，你就认为它不存在，这就自己把自己限定了。所以人生要打开视野，进入多重世界，这样的话你才有发展的机会，要不就没有机会了。

问：在修道的过程中有“明”的体验，这个出现的时候，就是觉性吗？

答：这个时候，要区分这个“明”，是“明的觉受”还是那个“明觉”的觉性，要把两者区分开来，“觉受”不是“觉性”。觉受是道位的体验，觉性是果位的证量。觉性也可以用“明”这个字去表达，但“乐、明、无念”讲的“明”不是指明觉，而是讲“明的觉受”。这只是我们修道的过程当中的一种光明的体验，如果你停留在这个体验上，就陷在里面了。

你入定到一定的时候，确实能看见光明。道家讲“虚室生白”，就是一片光明。这个跟别人没有关系，不是电灯发出的那种外在的光，而是你的一种体验，你体验到一种光明的境界。在你的内景现象里面确实就看见了光明，感觉到一片光明存在。但这只是“明”的觉受，并不是明白觉性。

问：我在练功过程中，也有快乐的感受，这是禅悦吗？

答：关于“乐”，又得区分道位的觉受与果位的境界了，“乐、明、无念”的“乐”也只是一种“乐受”，就是快乐的感受，不是真正的禅悦法喜。真正的禅悦法喜是什么？是指禅悟之后的清净之乐，它超越了通常的乐与不乐，是一种无分别、无对待的进入本体状态的天然的喜悦，这个叫禅悦。

这里的“乐受”是在炼精化气的时候，身体感觉到的一种乐的感受，甚至如醉如痴，令人陶醉。初禅、二禅、三禅、四禅，每一禅都有不同的乐。

问：我想问一下采药，采药要采几年？

答：这个后面道教板块会讲。这不是采几年的问题，首先是你什么时候有药产之景象了，才能采药；没有药，你采什么药？我们要知道修道的目标在什么地方，采药不是目的。

问：采药不是目的，不采白不采。

答：是，你要向前走。

问：所以就采了，采了以后就往前走。

答：对。你要从这个精化气，到气化神，到神还虚，要了解整个修道的程序。不是说你采多久的问题，也不是采几年的问题，这个问题是不成立的。这不是简单的采多长时间的问题，前面的框架还没有建立，这个不好说。

问：师父，我打坐的时候，怎么才能知道自己的境界是对的还是不对的？比如说，打坐的时候进入一种境界，就像切换一个画面一样，这是一个比喻，但是你再也进不去了。

答：我们讲的这些见地，都是帮助你认识自己的；包括我们对这个心性的直指、描述，都是帮助你理解。最后那个东西对不对，你首先要把它描述清楚，我看看到底对不对，这就是找人印证。你先讲清楚，你那个境界是什么境界？

问：就是一开始比较紧，忽然间就进入像是没有声音的那个感觉，其他都没了。

答：首先你这个境界肯定还谈不上觉性，它是一种体会、一种感受。有可能是一个刹那定，就是那个瞬间你进入了定境。但是你要观察这个境界，一定是要有意识的，而不是昏沉的；同时又没有概念，没有分别心，那么这个可能是一种刹那定，在某个瞬间进入了定境。等你对这个东西进行反观，分别这是什么境界，对它进行选择、判断，这个念头起来了，你就从那个定里面出来了。

问：就是还没到真正定？专业的定力。

答：就是瞎猫碰到死耗子，偶尔定一下而已。要注意我前面讲过的，就是觉性跟觉受是完全不一样的。你的觉受可以是好的，也可以是坏的；可以是光明、快乐，也可以是痛苦……有各种各样的觉受，坏的觉受当然不是觉性，好的觉受也不是觉性。觉性不是觉受，而是在任何觉受之下，觉性都存在的。要体会到那个本具的觉性，它能够觉知一切，而不为一切所带走。修行不是追求某种觉受，而是要认知觉性，你这几天的修行，包括以后的修行道路，都要往这个方向走。

那个觉性的中心，它是台风之眼；外面转来转去，但它如如不动。要回到那个觉性上去，觉性是超越禅定的，是超越觉受的。我们一开始不知道什么是觉性的时候，我们修习禅定，是有帮助的。禅定还好说，它是有指标的，对吧？一个是念头不动，像一条线一样，不起波澜；一个是有意识，没有昏沉，有意识，而无分别，这就是禅定。佛学称为“心一境性”，就是心停留在这个境界上不动，入定了。但是觉性不是禅定，觉性是不管你定不定，也不管你有没有觉受，有没有看见什么，听见什么，这都没关系，它是本具的平常心，是能对一切的觉受状态都保持观照的觉知中心，要在这方面多体会。

问：老师刚才讲耳根圆通法门，如果环境上确实比较空的话，那时候听的时候，就没有太多心的参照，它会有点空空的这种感觉，就很容易跟着跑。如果加上自己念咒，或者自己发些声音，再去听自己的声音，这样行吗？

答：不同的修法，我们最好不要掺杂在一块。我们讲的这个耳根圆通法门，就是去听自然的声音，不是你自己去念什么声音来听，造出什么声音来听。自己念咒自己听，也可以，但那是另外一种修法。就是我们念咒的时候，在听自己念咒的声音，或者念佛的时候在听自己念佛的声音，这也是一种修法；但不要掺在一块，我们修什么就按什么法来修。你念一个咒，然后自己返闻自己念咒的声音，这也是一种入定的方法，但是不如这个耳根圆通法门究竟、透彻，这个东西很自然，很容易一门深入，很容易明心见性的。这是一个大法。

问：今天实修过程中，联想到戈老师《丹道今诠》这块，就是元精、元气、元神合而为一，从道家角度来看，心气不二，我就是一种猜想，我们这个心性本体是一种很精微、很特殊的气的存在。

答：这是属于概念的分疏和通达的问题。当元精、元气、元神分开来讲的时候，它就相当于我们生命的四层结构中三个不同的层面。当然元神不是第三层，元神已经是第四层。与元神相对的，还有一个识神，识神是第三层，元气是第二层。精相当于物质结构了，气是能量结构，识神是第三层，元神第四层，这是分开讲。

有时候又讲这个元精、元气、元神，分之则为三，合之则为一，其实本质上是一个东西，这一个东西即一即三,三位一体。这是讲这个本体层面本身就具有另外三个层面的三个面向。我们前面也讲过这四层的每一层又相对地包含了其他几层，它们是全息对应的一个关系。如此一来，我们讲本体层面，也可以分别从元精、元气或元神的不同面向来讲，比如从气的面向来讲，本体层面可以说是“真一之气”，这当然与分开讲的气是不同的层面。

讲心气不二，有两层意思。第一，心和气之间相互关联，相互影响。心动气动，气动心动，心对气有影响，有作用，气对心有反作用，这是心气不二的一个意思。第二，在我们的明体境界当中，明体这个本体结构层面，它是有神有气的，神是它的意识觉知的一面，气是它的一个能量基础。明体或者本性当然不是一个空的东西，它一定有它的能量基础，有它的气的一面，只不过我们强调它的本体的一面而已。在这个层面讲心气不二是就明体本身来讲它的心气不二，它是即心即气的，心与气是完全统一在明体之中的。

像我们讲这个阿赖耶识，好像是讲心的这一面，但你要追究阿赖耶识它的基础是什么，它的能量基础、物质基础到底是什么？它当然有气的作用。用我们现在这个电脑的语言来比喻一下，就是软件虽然是软件，软件本身又有它的硬件基础。软件存在什么地方？绝对的软件是没有的，软件都是有它的载体的。这个软件可以从电脑里面分开，但是分开后这个软件存在软盘或光盘里面，它还是有存贮软件的一个硬件在。这样，软件与硬件好比是心与气，软件与硬件不可分就是心气无二。一方面这个软件本身的存贮有它的硬件基础，同时软件与硬件又共同组成电脑的作用，这就是不同层面的心气合一。

生命的四层结构这是从大的层面分，继续细分到更小的层面，每个层面又可以分为四层，不知道大家听清楚了没有？四层再这样全息细分下去，就是十六层……所以生命它才奥秘无穷！如果真是绝对的四层，每一层都固化，好像没有什么关系的，那就麻烦了。

问：就是说心性本体，它是气的一种面向、一种体证？

答：当然不是说本体就是气了，是说在本体层蕴含了心与气，所以讲心气不二，不二就是它不是分开的两个东西，但是不二也不一，你不能说它就是一个东西，不是心就等同于气。

问：师父，我在找这个感觉，就是“返闻闻自性”的时候，师父讲既要放松，又要警觉，要把智慧提起来；就跟今天下午讲四层结构是一样的，我不要局限在自己的感受、思想上面，要去找那个本体。我就觉得这个东西特别难，不知道怎么操练？

答：我没有说让你紧张，紧张是永远不需要的，所以说要放松，就是要不紧张；但是要警觉，警觉不是紧张。今天下午讲过，就是要警觉，不要紧张；要放松，不要松懈。一放松，好像松松垮垮，就进入胡思乱想当中去了。放松，就说你很自然，很轻松，不要造作，不要很痛苦地去抓一个什么东西；要警觉，就是要提起精神来，要清醒、清明，不能昏昏沉沉的。一个方面是无分别、无造作、无执着，另一个方面是有觉性，有觉知，有精神，这两个方面结合，就是我们要找的状态。你一放松，不能把这个警觉也放掉了，没有觉性了；你警觉，不是说让你拼命去抓一个什么东西，这不是紧张。

问：戈老师好！对于佛教徒受戒这个方面，您怎么样看？

答：佛教的“戒、定、慧”三学是相互关联的。戒是定的基础，定是慧的基础，这是由戒生定，由定发慧的路线，“戒→定→慧”是顺行次第；反过来也是成立的，有了慧，才能真正得定，有了定，才能真正持戒，“慧→定→戒”是逆行次第。

戒有戒相和戒体之分。戒相，就是形式上遵守一些什么规矩，但是一开始是很勉强的，如果没有定和慧的基础，这种有相的戒不究竟。戒体是戒的真正内涵做到了，不需要从表面上去勉强自己持戒，所以要得戒体，一定在定慧上下功夫。戒定慧三学是要相互增上、相互影响的，不能孤立起来看。你把定慧拿掉，光是去遵守一些规矩，对自己是一种造作、一种压抑或者一种控制，那可能会导致很多新的烦恼。

问：前期要对治一些烦恼的时候，可以直接采取守戒的办法？

答：对。前面就是“戒→定→慧”这条路线。你先戒了以后，才好修定。你这个人喜欢赌博，喜欢喝酒，喜欢乱七八糟的事情，那怎么有时间来入定？怎么有办法入定？这时候你先要把坏的毛病戒掉。戒就像围墙一样，把你带入一个安全的地带，让你有机会来修禅定。有了禅定以后，才有机会生智慧。这是一个方向。

戒定慧又是相互影响的，当你真正有智慧了以后，你才能真正入定；当你真正体验了入定的境界以后，你才能更好地守戒。一开始戒，还是有点勉强的。等你有了定以后，这时不是说你不能去赌博，而是你本来就不想去了。不是你要勉强守戒，你体会到更好的东西，为什么要去体验那个很差的东西呢？你找到了更高的东西、更高的境界以后，你自然就放下了，超越了，这才是真正的持戒。一开始，勉强自己去守一个戒，那也是一种方式，可以为修定打基础。

不同的根基有不同的路线。戒定慧三学，对应上中下三根有三种入手的路径。

上根从慧入，对上根的人，直接让他去守戒，反而会把他的慧命给断送掉了。对一个很有智慧的人，他想学佛了，你告诉他学佛很好，但是必须先守戒，不能喝酒，不能做这个，不能做那个……他一听，吓死了，学佛这个不能，那个不能，他干脆不学了，你把人家给害死了。

对这种大慧根的人，可以先不讲戒，先从智慧入手，把道理给他讲清楚，让他直接去找寻心性，让他直接去开悟，等他真正觉悟了以后，有了慧，他就有定，有了定，他就有戒，他就不想去做那些犯戒的事情了，这是逆行次第，从上往下走。

中根的人，你要让他开慧，他也开不了，让他守戒，他也守不了，要从定入手。你告诉他怎么修禅定，怎么老老实实用功夫。他有了定力以后，一方面能生智慧，一方面能守戒，两边打通。

下根的人，你讲定，他根本就稀里糊涂，不明白，讲慧更谈不上，这种人要从戒入手。你先告诉他，第一要这样，第二要这样，第三要这样……他就去照着做，老老实实守戒，规规矩矩做人，慢慢就养成好习惯，有了修定的种子、机会、基础，再一步步向上。

就是上中下三根，可以分别从不同的门入；戒定慧三学，相互影响，相互增上，不能隔断。

问：戈老师，我有的时候练功，就是打哈欠，流眼泪，泪流满面。

答：先讲一个总的原则，我们首先要关注自己这个修法是不是走在正道上，要按照正见去修。不散乱，不昏沉；无分别，有意识，这个大方向要搞清楚。在这个前提之下，练功的时候所产生的各种表现，比如说打哈欠，泪流满面等，我们都把它看成是练功的正常现象，不取不舍，既不去否定它，也不去执着它。你还是坚守你的正道，继继去用功夫，你修什么法，就去注意修法之所缘。比如说你修观呼吸，就要定在观呼吸上；修耳根圆通，就按耳根圆通的法去用功。其他的东西不管，不住于它，不执着于它。很多东西都是你身体的一个自然的调节，我们进入一种功态以后，身心有它自调自愈的功能，你在这个自己调整的过程当中，身体当中有一些毛病，有一些问题，通过这些表现发出来，它可能就自然解决了。比如说眼睛有什么毛病，你通过流眼泪，可能就把眼睛给修好了，应该是把它当作好事情。

但是一开始我们讲的原则要对，如果你修错了方向，不是按照正道去修，出了一些问题，那要另说了。只要我们前面坚持的是按正见、正道去修，那么这些现象都是好现象。

问：有时候坐禅，用了三个法门。

答：用什么法门都没有关系，但你要找到最适合自己的法门坚持下去。按照我们前面讲的见地，就是看你进入了一个什么状态，看哪个法门能让你更好地进入不执着、放松、有觉性而没有分别心的这样一个状态，你就用这个法门。

问：我的问题是修行次第的问题，是渐修还是顿悟？再就是像我们年龄偏大的，你有什么建议？是不是按照道家从命功开始修炼的路子比较实际？

答：修行次第，其实这个也无定说，不能说一定要怎么样，其实顺行次第与逆行次第、渐修与顿悟等，都是可以会通的。修行没有单独的渐修，也没有单独的顿悟，是渐修之中有顿悟，顿悟之中有渐修。通过渐修而顿悟，顿悟之后还要渐修，这是一个循环往复的过程。

不要说自己一定没有顿悟的根器，都有可能。但是现在你没有顿悟，怎么办？那还是要渐修，对不对？所以既要扎实用功，又要随时向着最高的境界迈进，为顿悟做好准备。一方面要扎扎实实修，修次第法门，修定功；一方面这个心性的东西，它又是没有次第的，需要明心见性。

圆教的说法就是次第当中无次第，无次第当中有次第。一定要按部就班按照次第来修，这个说法不圆满；但修行就没有次第吗？那也是不对的，是有相对的次第，但是随时也可以突破这次第。我有一首偈子："悟道无阶次，行证有浅深；悄然齐法界，何必问前程。"悟道是没有什么阶次的，没有什么一步、二步、三步……悟道就悟道，啪！就进去了，管它那么多。行证，就是我们修行去实证的时候，实际修行的境界是有浅深之别的，转化业力、习气，这是有过程的，功夫是有浅有深的，不能说是一样的。那要怎么办呢？"悄然齐法界"，直接跟法界相应，与法界合一，"何必问前程"，不要去管那么多，直接回到根本上来。

你说怎么知道自己是什么根器，有没有顿悟的可能性，要从哪里来入手？在圆教的观点看来，你不要把自己限定成一个东西，你既然不知道自己有没有顿悟的根器，你就不要下结论，你就采取一种开放的心胸、开放的态度，把远大的理想和脚踏实地结合起来。理想要远大，愿力要大，做事情要踏踏实实，既要修基础的功夫，慢慢修次第法门，又随时可以自己承当。

这也就关联到你最后一个问题，对年龄比较大的人，是修命功还是性功？命功和性功也是一样，是紧密相联，是分不开的。我在《道教内丹学探微》那本书里面，把这个性命关系讲得已经很清楚了。其实没有离开性功的命功，你修命功，怎么去修？没有性功，怎么去修命功？根本的原理、根本的方法都是相通的，命中有性，性中有命。性功修好了，命功也有了；命功修好了，对性功也有帮助，心气无二。所以不要说一定要修什么功，还是要找你自己相应的法门，你能够进入状态，能够入定，能够开慧，能够身心有体验，有反应，能改造自己的身心，这样性功命功都有了。

这里面就有一个比较现实的问题，就是我们修行，到底修向何方？我们到底要去到哪里？是想永生不死，把这个肉体永住？这就看你的愿力了。这个肉体，我们认为要尽量注意养生，去保护它，它也是修道的一个宝贵的基础；尽量活长一点，最好能够终其天年，无疾而终。对身体来说这个目标就差不多了，一定要活个 500 年，要修成什么肉体不死之类的，这是做不到的，容易成为幻想，何必呢？身体只要健康地终其天年，修道的重心还是明了觉性，还是转化习气种子，找到永恒的精神生命，要在这里面下功夫，在先天法身上下功夫。而了悟先天法身了，这个性功修得好，对你的命功也有养护作用，你的生命也更容易得到圆满。

以性功为重，由性功带动命功是比较好的。你说这个肉体一定要怎么样，要活个几百年，结果这个肉体问题也没解决，心性问题也没解决，最后什么都解决不了。所以要回归你的心性，不随境转，自由自在，自己做主，活出解脱自在的人生境界，这是我们修道的一个方向。

修道就是修一个解脱，你越修越不解脱，越修越执着，一大堆妄想，就麻烦了。为什么我不太喜欢讲道教的功法，就是因为很多人见地上过不了关，老是以为道教有什么秘诀，能够搞个什么长生不死，修出什么神通功能，最后搞得神神叨叨，你心都不解脱，最后身体也不健康，这个方向就有问题了。

修道要把这个年龄的观念去掉，不要有什么时间相。如如不动，心不动摇，管他多大，永远天真烂漫，永远像个小孩子一样。智慧是天真的，没有时间观念，因为我们只有这一天，只有当下这一刻。

问：老师好，请开示一下什么是“菩提即烦恼，烦恼即菩提”？

答：烦恼即菩提，菩提即烦恼，这是一种非常圆转的话，它里面有很多意义的。我有一篇文章叫“从《摩诃止观》看‘烦恼即菩提’在天台圆教中的意义”，里面做了不同层次的分析。从天台圆教“四谛”“六即”和“一心三观”等理论视角，对“烦恼即菩提”到底是什么意思有一个很完整的回答。

“烦恼即菩提”到底是什么意思？我们可以从因、道、果这三位来做一个简单的分疏。

对因位的凡夫境界来讲，烦恼就是烦恼，菩提就是菩提，不要扯到一块，把两者混为一谈，就麻烦了。明明是烦恼，你说是菩提，那是骗自己，没有用。所以，烦恼即烦恼，菩提即菩提，这是第一句。但是因位的凡夫可以学习“烦恼即菩提”的正见，进入道位来做功夫。

第二句是对在道位上的修行人来讲，是转烦恼即菩提，烦恼性空，烦恼一觉，即是菩提。烦恼没有实体，没有实性，哪有真烦恼，你一觉、一转，烦恼就是菩提。烦恼无量无边，那么你这个智慧也可以随着烦恼增长。转烦恼海为智慧海。每一个烦恼，一觉悟，就有一个相应的智慧。所以从烦恼大海中可以生出智慧大海，每转化一个烦恼，就生出一个智慧，你在这个烦恼当中去修行，去转化它，去觉悟它。

对果位上悟道的圣者，这个时候就不要加别的形容词、限定词了，这个时候才真正地可以说“烦恼即菩提”，在果位上“烦恼即菩提”才有它真实的意义。什么叫果位？就是觉悟了。觉悟了，已经非二元了，无对立了，还有什么烦恼，有什么菩提？烦恼生起的当下，觉性同时生起，觅烦恼了不可得，烦恼在哪里？没有了。菩提都不可得，何况烦恼？这个时候说“烦恼即菩提”都是多余了。

那么，“菩提即烦恼”又是什么意思呢？我们也可以对应于因、道、果三位讲三句话。

对因位的凡夫，还是菩提是菩提，烦恼是烦恼，没有什么即、不即，对凡夫说菩提即烦恼，这就乱套了。凡夫可以在理上学习“菩提即烦恼”的正见，进入道位来做修行的功夫。在道位上，“菩提即烦恼”是什么意思呢？你认为你觉悟了，一执着了，一有住了，这个菩提就变成了烦恼。菩提一有住，一有执，就是烦恼。在果位上，菩提即烦恼，菩提和烦恼无二无别，烦恼、菩提皆不可得。

所以菩提无住，菩提一着相，一执迷，就是烦恼；烦恼无住，烦恼一觉悟，就是菩提。在生活中也要这样用，就是一切无住，烦恼无住，烦恼即菩提。你不停留，不执着它，烦恼就转化了。菩提有住，菩提一执着了，菩提就是烦恼。一个好东西，你把它执着了，着相了，它们马上就变成问题了；有一个坏的境界、坏的现象，你把它看清楚，看穿，看破的时候，它就不是问题。在生活当中去做转化的功夫，一切性空无住，即是功夫。

问：老师，这个“返闻闻自性”里面有三个境界，从“入流忘所”开始，一直到“觉、所觉空”“空、所空灭”，我想问明心见性这个境界是初闻境界还是最后的境界呢？

答：明心见性，就是“生灭灭已，寂灭现前”。

问：是最后的境界？

答：对，最后才是觉悟的境界。觉悟就是一个东西，但是“始觉”跟“究竟觉”的区别就是这个习气、业力的转化程度不同，体现在你这个觉悟的境界能不能保任，能不能相续上面，不是觉悟本身有区别。

问：有心理疾病的人，适合学道吗？比如说抑郁症，如果从修道的角度来讲，修道可以有帮助吗？

答：这里面要稍微区分一下，不能简单地说是否适合的问题。学什么法，跟谁学，怎么学，这些都要考虑进去。如果说他本身就有身体疾病，再找一个歪理邪说的老师，糊里糊涂乱修，那这个病就越来越严重了。但是他虽然有心理疾病，如果他走了正道，遇见了明师，修的是正法，当然可以修，而且对他的疾病的帮助是最大的。如果没有这种正法、正道的老师，没有明师指引，那么有心理疾病的人最好先治病，找心理医生比较合适，先不要乱修，盲修瞎练，可能问题更大。

今天晚上的小参答疑就到这里，谢谢你们！大家辛苦了，早点回去休息，明天还要继续“战斗”。

第三板块：道教智慧（生理——身与心的和谐）

一、《老子》：致虚守静

现在我们进入第三板块“道教智慧”。这里的“道教”是一个宽泛的概念，道家、道教都包含在里面。一般来讲，老庄是道家，后面是道教，但有时候就把整个道家、道教都泛称为道家，或者统称为道教，这时的道教是广义的，指以“道”为中心的教化，不是一个纯宗教的概念。

前面我们花了一天的时间讲了第二板块——“佛教智慧”，我们讲了几个重点，这些都是佛教里面最精要的部分，可以说是把“醍醐”拿出来分享给大家了。这部分如果真的听懂了，明白了，佛教也差不多就能打通了。

下面要进入道教板块，道教的讲法还是一样，要直指核心。道教的经典也是浩如烟海，要去一部一部讲经的话，那是永远也讲不完的。光《老子》就可以讲好几个月，讲《庄子》需要的时间更长。上次我在“知止读书会”讲《老子》，第一次讲了概论和二章经文，后来他们又让我去再讲一次。这次第一堂课讲了半天，只讲了一章；他们都急了，听了一堂课，才听了一章，希望我多讲几章，后来第二堂课就讲了二章。两次讲座总共只讲了五章，我们这次课不能采取这种讲法，这次的讲法还是要直指精要，讲最精髓的部分。

讲老、庄之前，我们先做一个综合性的概述。

老庄这一派的道家，它修道的要旨是什么？我们可以说关键就是如何理解这个道，如何融入这个道，如何与道合一。道既代表了我们所追寻的一种修道的境界，同时又是我们修道的方法，也是我们修道的原理，是万事万物的本体存在。

道家（道教）有自己的一套语言，这跟佛学有不同的面目、不同的特色。如果我们看佛学看多了，就知道佛学那一套，不管是哪一经、哪一论都是佛教的那一套方法、那一套语言，总是与“缘起性空”离不开的，基本上都是缘起性空思想的不同方向、不同层面的展开。道家有自己表述的语言，与佛教有明显的不同，不同的人有不同的相契的地方，有的人特别喜欢道教这一套，有的人特别喜欢佛教这一套，但是本质上它们两者是可以相通，虽不同但可以相通，这并不矛盾。

道是什么呢？讲到“道”，就跟我们讲的佛教的最高境界“真如”“本体”一样，也是超越言说的。言说总是有一个限制，所以老子才开篇就讲“道可道，非常道”，把“道”跟名相的关系就讲清楚了。所以我们的表达就是一种指示性的，是一种指向终极之道的路标。道虽不可言说，但我们可以去言说，你只需要透过这个言说，去领悟那个不可言说的道就可以了。不可言说并不是意味着你绝对不能说，而是任何言说都有局限性，你说的东西不等于那个道，说道不可言说本身也是一种言说的方式。

我们现在就直接来讲道，看用某种方式怎么来描述它。我们讲道是宇宙万事万物的本源，天地万物都是从道里面来的，同时又回归于道。从这个总体上来讲，道就是一切，一切都是道，一切都在道之中。但是道又不是单个的物，道和物要分开来，物是一个一个具体的的存在物，是一个一个的现象，这些现象都是跟道分不开的，但是这些现象之物本身不是道。道是整体的背景，是无限的场有。“无限场有”是我用来诠释道的一个概念，“场”就是物理学的“场”，把它变成哲学的概念，就是一种普遍意义上的“场”，它不同于某种具体的场如电磁场等，万有一切的存在都可称之为“场有”，一切事物（有）都是一种“场有”，即“有”不离“场”，依“场”而“有”。这个普遍的场像物理学的场一样，超越了时空的限制，充满一切时空，这样一个无边无际的，贯穿于无限时空，渗透于万事万物之中的这样的一个存在，即是无限场有，也是道的一种诠释的面向。所以道是一个无底的深渊，它是没有边际的，没有时间相，没有空间相，你不能说道有多长或多短，有多大或多小，而一切时空都是在道之中。

道家道教的理论就是讲道和万物之间的演变关系，万物和道之间的关系。道演变出万物，这是道的顺向深化；我们要从万物回到道当中去，这就是道的逆向演化。修道就是逆向演化，返本还源，回归于道。

我们的生命来自于道，分有了道的无限性，我们的生命本身也跟道一样，是无限的。但是落入后天的世界之后，我们的生命被有限的世界框住了以后，就似乎是一个有限的生命。

我们要从后天的世界返回先天的世界，这就是从似乎是有限的生命之中再跳出来，进入无限的整体之道。当我们的生命与那个无限之道相沟通，相连接，相作用，我们就分有了道的能量、道的智慧、道的光明，最终达成得道的境界。道家的修道，它整个的艺术就是如何跟道相沟通，相连接，最后是与道合一，成为一个整体，没有分别而融化于道之中。

每一个生命都是在道之中，但是人落入后天之后，他执着

于这样一个有形有相的肉体，就遗忘了自己跟道相贯通、相连接的这样的一个本体性存在的面向，就似乎离开了道，但这个“似乎”也只是一个假相。所以道家的经典里面说，我们人生活在道之中，就像鱼生活在水里面一样。可是我们一般人不知“道”，所以你要问“道”在哪里？这就像是问鱼水在哪里？鱼不知道水，它天天在水里面，你问它水在哪里呢？不知道。你要让鱼离开了水，回到了岸上的时候，它才开始怀念那个水，有水多好，没有水就成了干涸的生命了。人在道之中，但是他不能体会到这个道。道无处不在，无时不在，但是我们把它遗忘了。生命要经历无数的考验与磨难，才能重新去体验道之美好，所以修道、悟道，就是怎么体会这个道，怎么与道合一。当然，生命本来就是与道合一的，这相当于佛学讲的“本觉”，但我们需要重新去认知到这个合一，并证悟与道合一的境界，这就相当于从“始觉”到“究竟觉”的修道过程。

如果尝试从现代科学来解释一下道家的修道，或许对我们理解修道会有启示。当我们的后天生命通过修道恢复先天的与道合一之境，就相当于后天生命这样的一个有限的系统融入道这个无限的系统，这个似乎是有限的系统就被道的无限系统所贯穿、升华与融通，我们生命的小我就在变异，在道的无限功能作用之下，它就会发生生命的转化，这就是道家所说的“精化气，气化神，神还虚”的生命升华过程，修道就是有限生命转化而融入无限道体的过程。在这个无限的大道里面有无穷无尽的能量，有无穷无尽的智慧，它具备一切的潜能，所以它是一个无穷的源泉，我们从道之中可以找到我们所要的一切。而道本身是无限开放的，并没有一个主人在控制着这些无限的资源，你只需要去发掘这无穷的宝藏。所以从道家来看，我们人一生很可怜，拼命去追这个，追那个，需要这个，需要那个，但是这个道就是我们的宝贝，我们却把它扔掉了。

整个道家道教根本的方向，就是怎么得道，破小我，入大我，融入道中；就是怎么破这个有相的色身，进入无相的道化的生命。这里就看出智慧的重要性，有智慧的人他因为有道，他同化于道之中，他就有了道的无限，就什么都有了，他的一生就是无限充实和丰富的。当我们离开了道，就像鱼儿离开了水一样。当一条鱼离开了水，它再去找一点儿吐沫来维持生命，一般人所谓的养生，是不是这样？我们通常的养生，把这个道的无限的源泉不要了，去弄点小打小闹的把戏，吃点好东西，弄点保健品，这就相当于鱼离开了水，去找一点吐沫来营养自己，来维护自己的生命。

学道家，这个"道"字特别重要，但是这个"道"字又有广义、狭义之分。这个"道"，并不仅仅局限于道家、道教，从中国文化来讲，"道"这个概念就是涵盖一切，是中国文化的最根本的思想与观念。佛教有佛教的道，儒家有儒家的道，宋明理学也叫道学，从广义的道来讲，整个中国文化也都是讲这个道。我们今天下午讲的道教板块是讲道家、道教之道，那么前面讲的佛教板块，就是讲的佛教之道了，要注意这个道的概念有广义狭义之别。佛教如果讲"道"，那是用中国的术语来翻译佛教里面本体层面的概念，它们两者的表达、思路是不太一样的，风格是不太一样的。对佛教来讲，更多用的是"法"的概念，真正讲到道的原创的概念还是道家，所以你看《老子》《庄子》，其核心的内容都在揭示这个道，揭示道是什么样的存在，我们跟道之间怎么样去打通，怎么回到道之中。尤其在《庄子》里面，就很清楚地在拓展我们的心胸，让我们的心怎么一步步打开，变成道一样的无边无际、无限宽广的一个存在，一步一步地破有限之象，而进入无限之道。

以上就是我们对道家、道教的根本意义所做的一个简单的提示、点化。道的概念，是老子提出来的，我们现在抓紧时间进入老子的精神世界。

（一）玄之又玄

今天我们时间不多，不能太展开来讲，我们要直指精华。直指本源是我们这门课的一贯作风，因为我们要在三天的课程里面把三教实修的精华讲完。《老子》这次只讲三章，先看第一章，我名之为“玄之又玄”。这一章在《老子》里面有很重要的地位，可以说涵盖了《老子》的精要。

> 道可道，非常道。名可名，非常名。无名，天地之始；有名，万物之母。故常无欲，以观其妙；常有欲，以观其徼。此两者，同出而异名，同谓之玄。玄之又玄，众妙之门。

“道可道，非常道。名可名，非常名。”枝节的问题我们就不讲了，标点的问题、分句的问题一概不说，直接说它的意思。这句话是很有意义的，就是阐明名言和道之间的关系。名，就是名相、概念；可道，就是可以言说、表达出来。真正的智慧到了最高境界，都会发现这一点，就是永远不能在名相、文字当中，在语言陈述当中，把那个真理给抓住，真常之道无法以名相、言说框定下来。

如果看见某个人说某一句话是真理，或者某个陈述是绝对真理，是不可辩驳的，你就可以判断这个人智慧肯定没到家。真理在语言之外，语言的表述一定是局限性的。而我们这个大道的境界是无限的宽广，就是那个“法性广大虚空界”。当你一言说的时候，一定是在无穷无尽的世界当中突显出某些东西；你说一句话，就是从大海里面取一点儿泡沫而已，这个泡沫怎么可能是那个大道？当我们说“道”这样一个名言的时候，这已经是一个泡沫，所以你不要以为“道”这个词就是那个大道本身，“道”这个词也仅仅是大道里面的一个泡沫而已。

所有的语言、所有的文字、所有的表达只是我们的一种方便，是指月的手指，是一个路标。打一个箭头，往左往右，标记“江村市隐”的方向。你抓住这个路标，就把它当作“江村市隐”，在那呆着不动，那你永远找不到。

语言是一种表达的方便，你也不能走到另外一个极端，以为道不可说，就永远不能表达它。如果这样，我坐在这里讲什么课？我不能讲话，因为道不能说，一说出来就不对了。所以我就在这里一言不发，一言不发就是道吗？非也！不是说你一言不发，就表示你知道“道”。是否悟道不是看你说不说，而是看你对道有没有真正的体悟，就是说话的人背后的体验、体悟才是关键。真正有了体验之后，你就可以想方设法来向别人指点、指示或者介绍，讲给另外一个人听。当然，你也清楚，你介绍道的语言里面不等于那个体验，它只是一种引路的作用，指引别人进入道的体验。

沉默也是一种语言，也是一种方式，是用沉默的方式来说，所以有一句话叫"默然不说声如雷"，虽然一言不发，但是声音像雷声一样响亮，它也是一种表达的手段。不是说沉默就一定不对，但也不能说沉默就表示你真懂了。表达和静默都是工具，体道的人可以方便善巧，灵活掌握。该说的时候说，不该说的时候就不说，说的时候他也不执着这个说。如果你对道没有体验，没有觉解，无论你说与不说，都不是道。

所有的"名"，跟我们的分别心，跟我们的心念造作是相关的。当我们的头脑喋喋不休，停不下来的时候，它里面也是不断地在进行一种语言的运动，是文字概念的一种运动。所以我们修行的时候，有一种方法，就是不用任何概念，不用任何语言，看看我们会怎么样？这也是一种"观"的方法。离一切概念，包括"离"这个概念，也包括"概念"这个概念，一切概念都没有了，当一切"名"都消失的时候，是什么状态？有没有感觉到这个状态？

当我们离开了一切名的时候，这颗心就是清净的状态。这时对我们来说，天地万物都没有了，因为没有概念，哪有天地万物啊？就是如如，如是，只有一个灵性的觉察力在那个地方。

对"无名，天地之始"这一句，我们在这里不做一个外在的、天文学或者科学的解释，不是在科学意义上探究宇宙天地是怎么来的，而是要回到修道的本位上来讲。在我们修道的过程当中，这个现象世界、天地万物是怎么来的？是怎么呈现出来的？一切都离不开“名”，没有“名”就没有天地万物，所以“无名”就是“天地之始”。

小孩子开始学习的时候，首先就是学语言。她有了“妈妈”这个“名”以后，跟那个现实中的妈妈对上号了，然后她的世界里面就出现了一个妈妈。有了一个概念，就呈现出一个事物，有了系列的名以后才呈现出这个世界。所以我们的人生，从先天到后天，天地万物的展现就是从无名到有名的过程。“无名，天地之始”，在无名的时候，也就是我们的天地万物还没有显现的时候。

“有名，万物之母。”这个作为“万物之母”的“名”，就是“总名”，一切万物都是从“名”中显现出来的。有了名，才有天地万物，所以说名是万物之母，这是总括地讲这个名。具体地讲，有一个具体的名，就有一个具体的物。有天地之名，我们就产生了对天地的一个理解，就出现了天地；你吃饭、喝水、桌子、椅子这些概念出来以后，你的世界慢慢就呈现出来了。

人是最智慧的生物，智慧的工具离不开名相、名言。名言和真实之间有一个距离，它不是真实，但是名言是指向真实的路标。所以我们不能走极端，不能否定、反对语言，以为永远不能用语言，用语言就会离开道。就像我们前面讲的“无念”不是绝对地排斥“念”一样，“无念”是“于念而离念”，“无名”也是一样，是“于名而离名”。就是在使用名相的时候，我们要离开对名相的执着，要去追问名相背后的真实，这才是修行的意义。

不是说我们修道修了半天，最后就是把那个名全部放下，就不会用名了，那就没有智慧了，后面菩萨的利生的事业就无法开展，你只能到一个山洞里面去解决自己了。

无名当然也是无，是一切无分别的道的初始状态，从无到有也是道的本体如何显现出现象世界的问题。有学者标点为“无，名天地之始”，这是突出“有”与“无”的哲学问题，而把“名”这个词的独立意义虚化了。我以前讲过，这个标点法是不合理的，“无名”是这一章也是老子思想中的重要的概念，不能忽略了“名”的独立的意义，因为一开篇“名可名，非常名”就提出了“名”的问题。

基于老子是讲“修道现象学”而不是讲纯粹的哲学的总体把握，我认为这一章的无名、有名更重要的是讲人生的现象世界的开展，这个人生的世界是怎么出现出来的，“名”是里面的一个关键的要素。人生的开展是一个过程，现在我们修道，就是要往回观的问题，是要怎么样从这个有名的后天世界里面，又要回到那个无名的先天之道里面去，回归超越名相的道里面去，所以这里面的关键就是一个“观”，一定要有“观”，才有人生的不同境界与不同层次的智慧。正因为有“观”的功夫，老子才不是讲一种普通的哲学，而是讲一种修道的智慧。

观，不是一种概念分析，不是一种哲学研究，所以“观”这个词特别重要，可以说是三教之法眼，三教的核心智慧都在这个“观”里面体现。我们平常看一个事情，去分析它，去了解它，这是通常的一种向外分别的态度；我们讲观，则是一种智慧的观照，就是我们这个心、意识像光一样，像太阳一样，它发射出智慧的光芒，照亮这个世界，这个智慧之光照，叫观。观即是生成智慧的源头，同时也是智慧本身的作用，它不是向外分别，而是一种有意识的觉性起用。

前面讲永明禅师的偈子里面，也讲了“照”，观和照是连在一起的。当然有人要把观与照分开，好像观是观，照是照，把两者作细微的分别。但总的来说，观、照都是一个东西，是从不同的方面来讲，也可以说观是体，照是用，体用一源，观照不二。

什么是观？就是你这个意识能够像照相机一样照着它，去照察清楚，看清楚，不是去做一个理性的思考和分别。观里面有各种各样的观，不同的观就是不同的修道的方法。在这一章里面，提了两大类观，一类是“常无欲，以观其妙”，一类是“常有欲，以观其徼”。

我们以前讲过修道的三观——假观、空观和中观，这里老子也提出了不同的观法。我们比照一下，“无欲之观”相当于“空观”，就是一切放下，一切的欲望都放下，离开了所有的欲，离了所有的念头，进入本体的世界，这个时候可以观察道的微妙，那个无穷无尽的深渊，奥妙无穷。

“常有欲”是什么意思呢？有欲就是起心动念了，这时我们也要去观。我们有一个想法、一种模式或一种理论，都是属于有欲的层次。所以这个欲是广义的，不是指纯粹的欲望，你的心一有造作，一有运动，就是有欲的状态。那么从无欲到有欲之间，就有变化。从无怎么到有，从有怎么到无，这就要观察这个心怎么开展，念头从哪里来，从清净心中是怎么呈现出这个世界的，这样就可以看清有与无之间的边界，看清事物发生的机关。用三观来讲，这个有欲之观就相当于“假观”，就是观缘起差别性。这个“徼”，是界限、差别。如果我们光是观无欲，进入那个道的统一性，这个可以了解道的根本奥秘，但是生不起差别的智慧。我们还是要知道万事万物之间，它们是怎么缘起联系的，它们的分际、界限何在，这个时候就到“有”这个层次来观，不能全是在“空”的层次来观。

你看这个老子跟释伽牟尼佛他们之间没有见过面，没有交流，但是这个智慧就是这么相通的！这不是强行去比附，它们确实存在着本质的相通。其实一切智慧都是这样的，就是两大类，一类是观无的智慧，一类是观有的智慧。加上有无两者的统一，就是中观，本质上都是三观的范围。

“此两者，同出而异名，同谓之玄。玄之又玄，众妙之门。”这就进入“中观”了。前面是分开讲无和有，但是这个无和有两者同出而异名，名字不一样，根本是来自同一个东西。有与无都是道之一体两面，同时从功夫上说，观有与观无本质上都是用智慧之心眼去观，那个能观之体既空既有，能空能有，两者都是一个东西的妙用，它们都是“玄”。玄，就是深远无尽，奥妙无穷。从无来讲，无到底是奥妙无穷；那么有呢，有的世界也是奥妙无穷，无穷无尽。所以观无也是一个玄，观有也是一个玄，这两者都是一个玄，而这两者都会通了，贯通了，有之玄通向无之玄，无之玄通向有之玄，这叫玄之又玄，这就是中观了。分开讲，是无和有，是观无和观有，是空观与假观；而现在是无而有，有而无，能无能有，无中有，有中无，非有非无，这叫玄之又玄。

“众妙之门”，就是观无，观有，观玄之又玄，这三观就是所有观法的总窍门，一切“妙”都出不了这三观。所以，一切智慧来自于观，而所有的观可以分成三大类，无观、有观和那个有无统一的玄之又玄的中观。至于你用哪个名词，比如佛家用空、假、中来表达三观之名，不同的教派有不同的概念，但是核心的原理确实就是这三观，这三观能够统一切法。不管你是哪一家、哪一派，你要么是讲无观，要么是讲有观，要么就是讲中观，总不出三观之范围。

（二）致虚守静

下面再看第十六章，直接讲工夫论了，我命名为“致虚守静”：

> 致虚极，守静笃。万物并作，吾以观复。夫物芸芸，各复归其根。归根曰静，是谓复命；复命曰常，知常曰明。不知常，妄作凶。知常容，容乃公，公乃王，王乃天，天乃道，道乃久，没身不殆。

“致虚极，守静笃。”这第一句话就是讲我们做功夫的时候，要进入虚和静的世界。

“致虚极”，虚掉什么呢？我们的心性本来是像虚空一样广大无边的，但是当我们的心性当中充满了各种各样的挂碍、各种各样的妄想、杂念的时候，你的心就不空了，就不虚了。你在任何事情上着相了，你心中有任何一个牵挂，你挂念着这个、那个，挂念着天下万物，挂念着你的生命，所有的挂念都是在你的心性当中呈现出来的各种各样的相（物），那你要把这些都化掉，都让它回到本空的世界（虚），这就是“致虚”。我们是要达到虚的极点，也就是把这些挂碍全放下，这就相当于《金刚经》所说的“若见诸相非相”了，把心中所执的诸相都放空，到了虚的极点，这就是“致虚极”，第一步就进入这个状态。

第二步呢，“守静笃”。你说我偶尔空掉了，马上又开始杂念了，虚的境界走掉了，那不够，所以第二步要“守”。守就是让这种虚极的状态，保持一定的连续性，让它能够相续，要守住这样一个“静笃”的状态。为什么要去站桩，要去静坐，要专修，就是来做这个“守静笃”的功夫。你在生活中，也许可以偶尔虚一下，这是没有问题的；但是你达不到这个守静笃的状态，要守静笃，就要专修，要入定，要把这个虚的境界保持下来。

那要怎么把这个虚极静笃的状态保持下来呢？当我们一开始有点儿虚静的境界的时候，那个后面的惯性又出来了。你的心放不下，依旧妄念纷飞，所以“万物并作，吾以观复”。

“万物并作”，也不是讲物理学或天文学的物体运动，不是讲外面的世界怎么样；在你这个虚静的状态当中，杂念纷飞，就是“万物并作”。你想到你的工作，想到你的单位，想到你的家里的人，想到这个事那个事，这都是你心灵当中的各种各样的物出现了，这就是你心中之物，心所挂碍的那个对象叫“物”。心的本来面目是干干净净的，但是你的心老是挂碍一个东西，这个东西就是物，而且你一静下来之后，就不是一个物了，是万物并作，各种各样的牵挂，一会儿这个，一会儿那个，各种各样的念头全来了。这是正常的现象，老子已经告诉你了，不可能说一下子彻底静下来，什么事也没有；万物并作，也是正常的，只是我们要有方法来对付它。怎么对付？——“吾以观复”。还是靠观，没有别的办法。你要观它，静静地看着它，旁观它，不参与，不干扰；不是说不应该万物并作，不是说一定要把它消灭，你只是保持宁静的观照。你一观的时候，万物并作似乎和你就不相关了，它是它，你是你，你只是在冷静地看着它，不选择，不判断，不分别，这个时候它就慢慢回复它应有的样子，回归它原本的地方。回到哪里去呢？这个万物本来就是我们心的一个造作，你看着它的时候，它自生自灭，自己消亡，就回复到它本初的虚空里去了。

所以后面讲“夫物芸芸，各复归其根”。各种各样的事情都出来了，当我们冷眼旁观，无分别、无选择地看着它们的时候，它们一个个都回到在根本上去了。万物的根本在哪里？万物的根本在道里面。万物来自于道，又复归于道，你看这个万物自生自灭，又回到道里面去了，所有的波浪又回复到大海里面去了，这就是万物归根了，归到那个无边无际、无穷无尽的道里面去。

“归根曰静”，万物一归根，这个时候就叫“静”了。回归于道就进入大海一般的宁静状态，这个时候就找到了我们生命的原始的地方，故曰“静曰复命”。人的生命也是来自于道，道所命于我者，就是我们的根本、本性，所以复命，是复于道所赋予我们的生命，是回归于先天的生命。这里“复命”的“命”，恰恰指的是本性的生命，中国文字很妙，后面在讲到儒家的时候，也有一句话叫“天命之谓性”，“天”之所“命”于我者即我之“性”。所以你不要看到性命双修，以为性和命是两个东西；性从天这个角度来讲，就是命，天所命于我者，就是我的性，我的性来自于天命。这里讲的“复命”，也是“复”这个天命，不要以为这就是修命功，是锻炼身体的那个命，那个与“性”相对的“命”是后天之命。最初的命是来自于天，来自于道，是天道赋予我的东西，就是先天之命，这是作为我们的身家性命之根本的这个命，它就是我们生命的根源。

“复命曰常”，如果你恢复了这样一个先天之命，这种生命就叫“常”，这也是《涅槃经》所说的涅槃四德“常、乐、我、净”的“常”，也是“真常心”的“常”，也是“平常心”的“常”，也是“恒常”的“常”，所以这个“常”的意义很丰富。因为真正的生命来自于道，跟道是相应的，它就不是生灭变异的，它就是一个恒常的生命、永恒的生命；而这个先天之命本来就是如此的，是我们本具的本性，所以它又是平常的，不是一个怪异的东西，不是造作的一个东西。

“知常曰明”，知道了这个“常”，这才是我们道家讲的智慧洞明了。这个“明”，就是明觉、明白，是真正的智慧明朗。《庄子》讲的“离形去智”的“智”，不是这里的“明”，那个智是小聪明，是分别心。善于算计，是小聪明；善于放下，善于不分别，那才是明，这两者恰恰相反。一个人特别能算计，特别能占人家小便宜，这个人好聪明，好利害！这种就是要去掉的“智”，不是“大智若愚”的大智慧。大智慧是这个“明”，它是不计较，不分别，一切能放下，所以“若愚”，这才是真正的觉悟的智慧。

反过来，“不知常，妄作凶”。离开了生命的常道，离开了生命的根本，一直顺着欲望向外奔流，那么就是“万物并作”，在这个万物芸芸的世界里根本就出不来了，这就很凶险了。这样流转下去，失掉了生命的根本，你的生命就被它消耗了，你在这个追逐万物的造作过程当中就会受报，造业就会受报，生命的种种问题就出来了，所以生命要找到它的根，要“知常”。

“知常容”，如果我们领悟了这个“常”，领悟了这个生命的根本，领悟了大道，那你就具有广阔的包容性，就进入了那个广大无边的世界。你就不再执着于这个有形有相的小我，而回到那个合道的生命的真我，这个时候就是一种广阔无边、广大浩瀚的生命境界。“容乃公”，到了这种境界，你无我而合道，你才能做到“公”；前面都是有“私”的，你执着于小我，一定是“私”的，天天就为自己的小我打算盘。每个人都是自私的，都是执着于自我，但这就是“妄作”，表面上是为自己，实际上最后都害了自己。

“公乃王”，达到这个“公”的世界，就是天下为公，万物一体，无一物非我，四海皆兄弟，人与人之间都是一体的，进入这种大公无私的境界，才适合做王，做世界的主宰。“王乃天，天乃道，道乃久，没身不殆”，因为他本来就是与天地万物为一体的，没有个人的自私，这种人就适合做王，这种人他才能够与天合一，与天相通，才能够回到那个道里面去，才能够做一个悠久的广大的事业，永远不会有衰败的时候，不会有任何的危险、困难。这里就从个人的修身境界一直往外推，推到一种最理想的状态，就是这种人他能够使基业长青，天地万物都和谐发展，完成他内圣外王这样一个永恒不败的事业。这就是一个理想的境界，从内到外是相通的，个人的修身和整个的治国平天下是合起

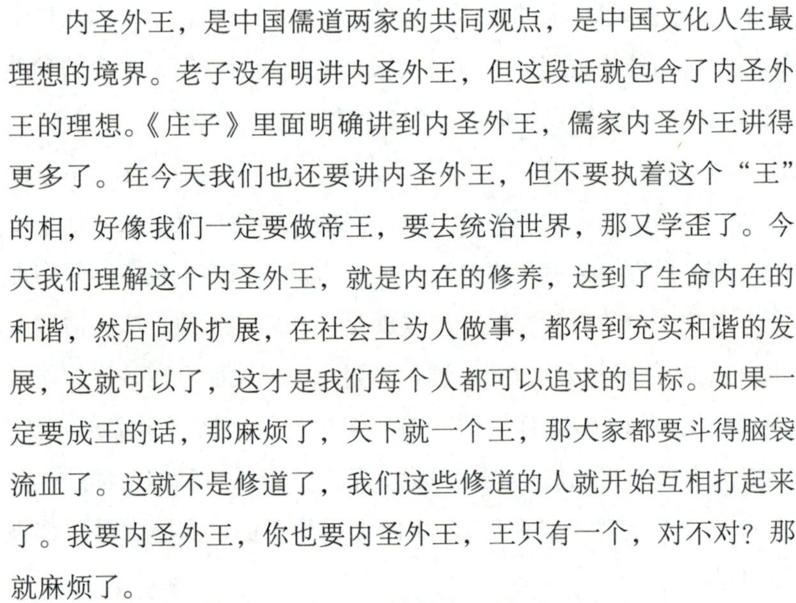

来的。

内圣外王，是中国儒道两家的共同观点，是中国文化人生最理想的境界。老子没有明讲内圣外王，但这段话就包含了内圣外王的理想。《庄子》里面明确讲到内圣外王，儒家内圣外王讲得更多了。在今天我们也还要讲内圣外王，但不要执着这个“王”的相，好像我们一定要做帝王，要去统治世界，那又学歪了。今天我们理解这个内圣外王，就是内在的修养，达到了生命内在的和谐，然后向外扩展，在社会上为人做事，都得到充实和谐的发展，这就可以了，这才是我们每个人都可以追求的目标。如果一定要成王的话，那麻烦了，天下就一个王，那大家都要斗得脑袋流血了。这就不是修道了，我们这些修道的人就开始互相打起来了。我要内圣外王，你也要内圣外王，王只有一个，对不对？那就麻烦了。

每个人都要安立自己的生命，找到自己那份该做的事情，把它做好，做得和谐，这就是人人都应该去追求的内圣外王。内圣在前，外王在后，自己里面搞不定，你想搞定外面，那是不可能的，所以你一定要先把自己搞定。征服自己，比征服天下还难。你先把自己搞定了，然后再搞定天下。可是一般的人都是想搞定天下，搞定别人，而从来不管自己，所以这个世界就这么混乱。

（三）惟道是从

下面看《老子》第二十一章，我命名为“惟道是从”：

孔德之容，惟道是从。道之为物，惟恍惟惚。惚兮恍兮，其中有象；恍兮惚兮，其中有物；窈兮冥兮，其中有精。其精甚真，其中有信。自古及今，其名不去，以阅众甫。吾何以知众甫之状哉！以此。

这就是一个修道的总原则：惟道是从，一切向道看齐。

“孔德之容，惟道是从”。真正的德，叫孔德。孔，是大。大德是什么？大德是什么样子？它是怎么样表现的呢？孔德不是小打小闹的德，“孔德之容，唯道是从”。真正的德就是道的体现，就是与道相应，与道合一，悟道的境界才是真正的德。不是天天装作好人的样子，做点好人好事，然后沾沾自喜，以为就是有德了，那是小德。德者，得也；真正的德，就是得道。所以我们修道，悟道，弘道，这是真正的德。

那道是什么东西呢？道是什么样的状态？要明白孔德就要明白道的状态，所以后面就对道展开了描述。

“道之为物，惟恍惟惚”。这个“道之为物”的“物”字，就不是具体的物，这是我们中国文化里面的一种表达，一个字有多种微妙的含义。这里的“物”是个大共名，就是说任何事物都可以把它叫作物，不管是抽象的还是具体的东西，都可以叫做物。这时候物是一个代词，指代一个东西。所以道本来不是物，不是一个具体的物，它无形无状，你怎么能说它是一个物呢？这只是表达的方便，不是说道是一个具体之物，而是说道这个东西，这里的物是一个代词，这个物就指代道。道这个东西，它是一个什么样子呢？怎么样来描述它呢？——“惟恍惟惚”。因为道是无限广阔，无限精微，它不是一个现成的东西。像这个杯子之类能看得见、抓得着的东西，那就好办了，它有边界，有形状，好弄清楚。一讲到这个道，它是无边无际、无始无终的，你怎么去抓它？恍惚不可捉摸，其中充满着万物生成的可能性，但又没有任何的现成性可以把握。

“惚兮恍兮，其中有象”，道不是纯粹的无，它里面有东西，有作用，虽无具体的形象，但有无象之大象。道本身是惟恍惟惚，体道的境界也是惟恍惟惚。恍惚，就是讲它不能够被限定，它没有边界，你抓不住它。恍惚既是讲道之无的一面、空的一面，同时这个惟恍惟惚不是真正的什么都没有，不是完全的断灭，在恍惚之中，有很多东西可以体现出来，所以这个“惚兮恍兮，其中有象”讲的是真空妙有的道理。一方面恍恍惚惚，什么也抓不住，你不能说它是什么东西，它不是一个具体的物，不是一个具体的东西，你抓不住它；但是这个道里面确实能感觉到东西，你要进入体道的境界，就会感觉到很多东西（有象），这些东西跟惟恍惟惚是连在一起的，不是现成的具体的存在物。

“有象”是总说道之恍惚中有其存在之表象与作用，具体展开“有象”来讲，道之恍惚里面有三个东西，一个叫“有物”，一个叫“有精”，一个叫“有信”，这是道之“三有”，惟恍惟惚突显的是“无”的一面，后面就讲“有”了，恍惚不是纯粹的无，而是在这个“无”之中有“有”。

“恍兮惚兮，其中有物”，先看“有物”是什么意思。要注意了，这里的“物”又不是前面“道之为物”那个作为普遍代号的“物”了，但也不是讲某一个具体的存在物，这里“有物”是讲根源之物，就是有“物质”层面的东西，有点像是哲学意义上的物质，同时又是某种物理学意义的根本物质。中国文化里面表达最根本的物质用的就是“气”的概念，这里的“有物”是像“气”一样的普遍性的物质，是作为万事万物的物质基础的物。“其中有物”，就是说道之中有物质这一存在的层面，但又不是具体之物，是作为一切物体能够存在的一种基础性物质，是客观存在的一个面向。

“窈兮冥兮，其中有精”。窈冥和恍惚都是一个层次的概念，它体现的是韵文式的语言表达之美，变化用词形成排比，还是讲道之深远无尽，空旷、抓不住。“其中有精”，这个“精”是什么？精之本义是精髓、精华、精要，这里的“精”，我们可以把它理解为一种“能量”的存在，首先是物质，第二是能量，后面的“有信”之“信”，正好可以理解为“信息”，现代物理学讲的物质、能量、信息三大块，正好都包括在道之中，这里不是简单的比附，而是某种根本智慧所看到的客观真实。

“其精甚真，其中有信”，看起来是恍恍惚惚，什么也没有，空旷无边，什么也抓不住，但里面包含了根本的物质、能量和信息，而且这个能量的存在是真实不虚的，信息与能量是密不可分的统一体。因为整个世界都是物质、能量、信息的显化，这个世界是怎么来的呢？一定是道里面就包含了物质、能量和信息的“基因”，才有可能从道之中展现出这个物质、能量和信息组成的世界，道之中一定有物质、能量、信息的“胚胎”存在，哪怕你看不见，什么都没有，但是这里面一定是包含了生成万有一切之“种子”。“种子”是用佛家唯识学的语言来讲，道里面一定有种子，而且是全能的种子，是全息的种子。

你看不见，摸不着，但是道里面什么都有，这个世界不是一个什么都没有的寂灭的世界，它是无限充实的世界！所以不要看到佛道两家讲虚讲空，好像这个世界很空虚，其实这个世界是“有”，“有物、有精、有信”，如果没有这个“物、精和信”，这个花花世界是怎么来的？就不可能有这个多样化的世界。

我们在第一板块讲“生命的四层结构理论”，用物质结构、能量结构、信息结构和本体结构这四层结构来概括生命系统，如果我们追溯生命四层结构理论的根源，不但可以追溯到内丹学，还可以进一步上溯到老子，老子这段话可以作为生命四层结构理论的源头。

“自古及今，其名不去，以阅众甫”。前面讲“无名”，这里讲“其名不去”，这个语言表达里面经常会有一些表面上的矛盾，你要是不理解的话，会觉得很奇怪，怎么会“其名不去”呢？这里面讲的名，是指名背后的真实，并不是讲作为概念的名。我们这个概念是来表达那个真实的，这个“有物、有精、有信”的道，这个蕴含物质、能量、信息的道，不管我们有没有“道”这个概念，这个东西就是自古至今亘古存在的，它是从来不会消亡的。

我以前在上大学的阶段，有一段时间思考生命的终极意义，最悲观的时候就感觉到人生终有一死，人生这么无常，活着有啥意思？特别悲凉、悲哀，人生很短暂，我这么聪明，学习即使考第一，有什么用啊？将来也是化作一团云烟，禁不住悲从中来！后来我读《老子》，我站桩体道，感觉到无边无际的充实，我突然就领悟到了这个世界生生不已，哪里有什么断灭？哪里有什么虚无？哪里有消亡？消失的是我身体的泡沫，但是宇宙的本体、生命的根源是生生不息，永恒存在的。从这里就翻转，我就不再悲哀了，我就有勇气活下去。如果一切虚无，你说当个教授，有什么意思呢？当皇帝又有什么意思呢？表面上是你统治世界，实际上是世界在统治你，天天在为世界操心。所以要感悟到“其名不去”，这个东西不会消失，进入道之浩瀚无限的天空，永恒无尽的源头，才会有生命的充实与光辉。

“以阅众甫”，从这个眼光来看万事万物的根源，你就能理解这个世界，理解这个宇宙。

“吾何以知众甫之状哉，以此。”老子说，我怎么知道天地万物的根源是什么呢？我怎么知道道是这个样子呢？我就是在悟道的体会当中，在道之体验当中了解的。

我一直讲，老子不是通常所说的思想家、哲学家，他就是体道的人，不体道的人写不出这样的话。他不是去给你做逻辑分析，给出分析、证明，从这里推到那里；他说我怎么知道这个状况？——我体会到这个，没有逻辑论证。你可以问我，我怎么知道老子体会到这个东西呢？我也没有逻辑证明，只是因为我在那体会到老子的境界了，我体会到老子的体会，我跟老子心心相印。

所以我说创作《老子》的老子这个人一定存在，不能说《老子》是后面的人集体编造的，有人说老子不是一个人，《老子》的文章是好多个人的东西编凑在一起了。我不需要考证，这是不可能的！《老子》首尾相连，一以贯之，义理深微，非得道之人不可为也，一个没有得道的人不可能写出这个东西。

现在也还有搞哲学的人，他有可能想模仿老子，广东有个人给我寄了一篇文章，叫《岭南老子》，模仿《老子》的方式也写了五千言，他挺能写的，但写出来没用，因为《老子》是无法模仿的，你没有得道就无法写《老子》这样的文章。

《老子》是大道的吟诵的诗篇，是悟道的人从这个道的境界里面，给你吟唱出来的道的诗篇，这不是你用脑子去想出来的。你认为自己很聪明，文笔很好，妙笔生花，你写一篇《老子》出来也没用。

二、《庄子》：心斋坐忘

下面我们就进入《庄子》的文本，这部分主要讲《庄子》里面几种修道的方法。

我们这门课是“三教实修”，不是来讲太多的理论，所以我们直接进入修道方法的部分。我们这里选了《庄子》（内篇）里几种代表性的有关实修的方法，一个是“心斋”，一个是“坐忘”，一个是“朝彻、见独”，我们把这几个概念重点讲一下。

（一）心斋

正好“心斋”和我们前面讲的“耳根圆通法门”有相似、相通的地方，很有趣。你不能说庄子是学了《楞严经》以后，从《楞严经》得到启发才搞了这个“心斋”，对不对？这就是我常讲的，生命的实相是没有宗派门户之分的，不能说道家有道家的生命实相，佛家有佛家的生命实相，宇宙人生的实相毕竟是一个东西，是一味的。它们的区别在于，道家有道家的体会、表达和视角，佛家有佛家的一套语言、表达和诠释的方式，儒家也是如此，不同在于诠释的语言而不是实相本身。你不能说我学了儒释道三家，然后分别得到三个真理，上午学儒家得一个真理，中午学佛家得一个真理，下午学道家得一个真理，一天学到了三个真理。如果生命的实相有三个真理，这三个真理必定是一个东西，如果不是一个东西，那就有两个是假的，只有一个是真的。

所以宗教里面的表达有时候很吊诡，你要理解它的意义。有的宗教家总是说，我这条路是唯一的，我们的上帝是唯一的，他这样讲在特定的语境中也没错，意思是他这种表达的后面所指向的真理是唯一的。但是宗教家这样讲了以后，宗教徒着相了，就变成什么呢？只有我们宗教里讲的道理是唯一正确的，别的宗教都不对了。这里面就偷换了概念，把真理的唯一性变成了教派的唯一性。真理确实只有一个，但对真理的表达与诠释是多样化的。我们要有了智慧，就能看清楚了。很多悟道的大师，都强调他的路是唯一的——我就是道路，我就是生命，我就是光——他讲这个是有意义的，因为他证悟了真理，这个真理就是唯一的。任何证悟真理的人都可以这样说，你进入真理之后，也跟我是一样的，这是唯一的，没有两个东西，这是讲的真理的唯一性。但是大师这样讲话，如果他不解释清楚，不像我这样彻底讲清楚的话，将来有一天你们这些学生就开始执着，说其他人都不对，只有我们的戈老师讲的才是唯一的真理，这就麻烦了。从表达的角度来说，真理的表达不是一个，是每个人都有每个人的表达。你不能说只有我这套讲法是对的，别人的讲法不对；但是不管怎么讲，最后那个真理，那个超越言说的真理一定是内在相通的。

所以“心斋”为什么跟“耳根圆通法门”很相似呢？就是因为我们的生命就是这样的，从这个耳根、从闻这方面是可以入道的，这是一个根本的实相；但是《楞严经》有《楞严经》的一套表达，《庄子》有《庄子》的表达，表达是不一样的，契入的角度和思路也不是完全一样的，即相通又不同，如果说两者完全一样那就没必要再讲了，讲完一个就够了。

回曰：“敢问心斋。”仲尼曰：“若一志，无听之以耳而听之以心，无听之以心而听之以气！听止于耳，心止于符。气也者，虚而待物者也。唯道集虚，虚者，心斋也。”（《庄子·人间世》）

“回曰”，这是《庄子》里面借用孔子和颜回的对话，来表达“心斋”。

“敢问心斋。”师父，我想问一下心斋。你以前提过，好像心斋很重要，到底什么是心斋呢？

“仲尼曰”，孔子下面讲什么是心斋。“若一志”，若是指你，孔子讲颜回你这样修心斋吧，先保持一志的状态。一志，就是我们的心专一下来。不管修什么法，先要一志。如果三心二意，在那打架，是不行的。所以当你实修的时候，让你修心斋，你就先专修心斋，不要再想别的了，这就是一志，先把心专一、集中到一个地方来。专一了以后，怎么开始修呢？就要从闻开始起修了，要回到闻性上来，从听的角度来修行，但是你不要像普通人那样去听，要从听怎么样慢慢进入心斋的状态。

第一步是“无听之于耳而听之以心”，什么叫“听之于耳”呢？我们用耳朵去听，这是有能听之感官，有所听之声音，有两者结合产生的分别，根、尘、识三者皆具，这是我们常人的听，就是“我”去“听”某个“声音”，有了能所对立了。所以你不要用耳朵去听，不要有能听之耳和所听之音的区别，要用什么去听呢？直接用你的心去听。也就是说，让你的心和那个声音相会，直接把耳朵的这种能闻之相去掉，让各种各样的声音直接响在你的心中。当你这样听的时候，确实可以把耳朵扔掉，耳朵只是我们的一个工具，我们只是用它，但是不要去挂碍它，在你的意识中没有耳朵这一感官之存在之相。这样的话，就是你的心直接听见了声音，声音在你的心中响起。

再进一步，“无听之以心而听之以气”，这个跟《楞严经》一样，也是层层深入，要怎么样一步一步深入。虽然在心里响起了声音，用心去听，但是这还是有能闻之心和所闻之声这样一种二元对待。所以要进一步把这个心去掉，没有分别，达到“听之于气”的层面，这是道家的一种表达了。如果你从字面上跟它较劲，你就会说这不可能啊！气怎么可能听东西呢？要理解这个说法的意义何在，不能钻牛角尖。所谓的“听之以气”，这个“气”是什么东西呢？气是打通的，能听之心和所听之声这两边一气贯通。从心这方面来讲，心气无二，心必有气；从声音那边来讲，声音的物质基础就是通过气传过来的，它们两边是通过气而连通为一的。听之于气，就是纯粹在气当中去感觉，把心忘掉，把声音忘掉，而回到气当中。这就相当于把两岸（心与声）打消，而回到中间的河流（气）本身。这个阶段也相当于《楞严经》讲的

"入流忘所"，虽然表达的语言不一样，最后的境界是差不多的，就是浑然一气，汇入纯粹现象的河流而破除主客两岸之对待，没有能闻之心和所闻之声的二元分别，就像一股气一样，声音也是气，心也是气，在气当中相通统一。

这时候，"听止于耳，心止于符"。"听止于耳"，就是"不听之以耳而听之以心"之后，耳朵这个感官层面的"听"结束了，进入了更深的"以心听"的阶段；"心止于符"，就是"不听之以心而听之以气"之后，这个"以心听"的阶段也停了下来，进入了"听之以气"的一气流通的阶段，在一气贯通的感觉当中能所合一了，没有分别心，也没有所闻的声音，就在一气当中贯通了。所以这里讲的气，就是一气贯通的气，不是那个有所挂碍的实体性的气了，不是像空气这样的具体的气，这里的气更像是一种"场"，具有本体性的"统一场"的意味。我们学了物理学的场的概念之后，用场来理解气更好，气是像场一样的东西，是一个场域、场态或能量场！在这个能量场里面，声音和你的心都融化进去了。

所以后面讲"气也者，虚而待物者也"，就把"气"与"虚"联系起来讲了。气是什么东西呢？气本身是空虚的，没有什么具体的东西，它是虚而待物的，就是一切物都可以在虚的境界当中显现出来。所以我说它是一个场域，是一种空间，一切有形有相的物在这个空间里面展现。

"唯道集虚"，我们修道、悟道，这个进入道的境界，才能够"集虚"。集，收集、累积，就是你不断地炼功夫，不断地回到虚的这种境界里面，这就是集虚。一方面，进入道的境界才能集虚；

同时集虚本身也就是修道的功夫，道就是集虚，集虚就是道。

“虚者，心斋也。”回到这种虚的境界，一气贯通，没有能听、所听之对待，能所完全地融合，打成一片了，这就是心斋。

从听的这个路子入门，最后进入一种虚而无物的状态，与道合一，与道相通，这是心斋。这里的“斋”不是一般的“持斋念佛”的那个“斋”，这是心灵的一种状态，叫心斋，而心斋的本质特征就是虚。我们的教学就叫“观虚斋教学”，这个“虚”字很重要，“观虚”把整个修道里面最重要的两个字拿过来了，这两个字只要懂了任何一个字，就解脱了。

这里没有像《楞严经》那样，分太多的层次，它直接就从声音进入，然后不要去用耳朵去分别这个声音，不要用心去分别这个声音，直接让它一气贯通，融入虚之中，在一个完全虚的状态当中，声音和你的闻性都是虚的，在虚当中能所完全合一，就够了。有人可能会问，没有那么多层次，是不是境界不够啊？是不是不如《楞严经》讲的境界高？人家是一步一步地深入，应该达到更高的境界。其实这里不能简单地去判断两者的高低，为什么呢？就是这种微细的二元性，从我们实际的功夫上来讲，它可以呈现出很多的阶段，你可以分成二个、三个、四个……一直深入下去。即使你说到“空、所空灭”，只要你在那里面还有一个执着，那就还是有一个“灭、所灭”的二元，从逻辑上是可以一直分下去的。但是这些层次并不是每个人一定要经过的。如果你真的息掉了二元分别，那么在任何一个阶段都是可以直接进入最后的阶段，一切二元都没有了，直接涅槃，一步就可以到位。

所以中间这些细微的二元分别的阶段，可以分两层，可以分三层，这个不要执着，要把握它的根本精神。根本精神就是非二元，一切二元对待都消失，这是方向。从概念本身来讲，在语言表达的层次上二元对待之相是一直可以分下去的。好比你讲“虚”，在表达上就有能虚、所虚；你讲“空”，就有能空、所空……这样从概念上来讲，是永远讲不完的，是没有究竟的。只要有一个东西，就有另外一个东西与之对立，所以实相不在语言文字之中，要超越语言文字，进入非二元的统一的状态。

（二）坐忘

讲完“心斋”，下面我们再讲“坐忘”。

我们下面一堂实修课用功，就用坐忘的方法来修。因为心斋跟“耳根圆通”差不多，我们就不再修心斋了。

“坐忘”，在道家、道教里面很有名。后来有一个道教的思想家司马承祯，专门写了一篇论文，叫《坐忘论》。所以我们要好好学学这个坐忘。

这个“坐忘”还是借用颜回和孔子的对话，出自《庄子·大宗师》。

> 颜回曰：“回益矣。”仲尼曰：“何谓也？”曰：“回忘仁义矣。”曰：“可矣，犹未也。”他日，复见，曰：“回益矣。”曰：“何谓也？”曰：“回忘礼乐矣。”曰：“可矣，犹未也。”他日，复见，曰：“回益矣。”曰：“何谓也？”曰：“回坐忘矣。”仲尼蹴然曰：“何谓坐忘？”颜回曰：“堕肢体，黜聪明，离形去智，同于大通，此谓坐忘。”仲尼曰：“同则无好也，化则无

常（无常，不执滞也）也。而果其贤乎！丘也请从而后也。”

颜回曰：“回益矣。”颜回说，我今天有进展了，向老师汇报。这个益，就是有进展、进步。回，就是讲他自己。

仲尼曰：“何谓也？”他老师就说，何谓也？怎么说？你怎么进步了？讲讲看。

曰：“回忘仁义矣。”回有点儿沾沾自喜，他说老师我今天终于把仁义给超越了，不再斤斤计较这个仁义了，这个心已经放下仁义的分别了。

当然这是庄子借用孔子和颜回的对话来说明坐忘的道理，因为仁义是儒家思想里面的根本概念，所以道家就拿孔子来开玩笑，就说你这个仁义没什么了不起，首先就要把它忘掉（超越）才能更进一步。其实这不是历史上颜回说的话，而是庄子写文章的风格，喜笑怒骂，跟你们闹着玩的，但是讲的道理是没有问题的。颜回说他“忘仁义”了，把仁义给丢掉了。因为真正体道的心灵状态不能有牵挂，你挂碍仁义，也不对。

孔子说：“可矣，犹未也。”可以了，不错不错，但是还不行，还不够，还没到家。

“他日，复见”，过两天又见面了。

颜回又报告：“回益矣。”我今天又得到进步了，老师。

曰：“何谓也？”孔子就说，你再讲讲看，怎么回事？有什么进步？

曰：“回忘礼乐矣。”颜回说，我把礼乐也忘掉了。仁义是内在的，礼乐是外在的。仁义是偏于内，礼乐是偏于外，礼乐是在外在的礼节、形式，他说我不但内心里忘掉了仁义，礼乐我也忘掉了，不把它放在心上了，也去掉它的挂碍了。

曰："可矣，犹未也。"他说，可以，不错，有进步，但是还是不够，还是没到家。

"他日，复见"。过了几天，又开始再次见面。

曰："回益矣。"这是第三次报告，说老师我这次进步了，应该是差不多了。

曰："何谓也？"曰："回坐忘矣。"他说我这次达到了坐忘的境界了。孔子一听坐忘，有点儿惊讶，有点儿吃惊。

仲尼蹴然曰："何谓坐忘？"神情有所变化了。这个坐忘可能有点儿东西，你是什么意思，什么叫坐忘啊？坐忘是怎么回事？达到什么境界了？

颜回曰："堕肢体，黜聪明，离形去智，同于大通，此谓坐忘。"这句话就是中心，就是坐忘的真义，也是我们修行的功夫论。我们以后修行就是修这个，讲了半天，主体内容出来了。

"堕肢体"，这个我们要结合生命的四层结构来讲，比较好了解，肢体是第一层物质结构，给它扔掉了，彻底放下第一层，就是"堕肢体"。

"黜聪明"，聪明才智的聪明，是属于哪一层呢？聪明就是你的分别理性，各种各样的算计、比较，这个是属于第三层信息结构，"黜聪明"就是把整个第三层的分别心给扔一边去了，超越了。

第二层在哪里？这里没有说到能量结构，学东西要学活了，要举一反三，你不能说什么东西要一个一个说清楚，有的时候点一下就够了。第一层没有了，第三层没有了，你还能找到第二层吗？第二层根本也没有了。所以不要死死执着，每一次都要说周全，没说第二层，但是并不意味着他第二层就没有超越。而且，四层结构可以分可以合，可以统合为身心灵三层，也可以进一步统合为身心（性命）两层。

严格地说，黜聪明相当于离念的境界，就是没有分别心，没有念头，没有头脑，那当然也没有能量结构这一层的挂碍了。颜回没有说他有什么气感、气脉反应，这些都没有了。

“离形去智”，超越了身体，超越了头脑，离开了身心，这就是我们修行要超越的两个大的东西。详细讲是要超越前三层，浓缩一下就是身心两层，再缩短一下就一层，就是一个“智”。大家注意，道家经典里面的这个“智”字，它不是智慧的智，大部分情况下这个智是小聪明，是分别心，相当于佛家讲的“识”，只是一种分别智，不是无分别的般若智。佛教里面讲的般若智慧，在道家经典里面用另外一个字来表达，叫“明”。这个“明”是三教通用的，代表大智慧，明觉、觉性的智慧叫“明”。所以不要搞混了，以为“离形去智”，把我们要追寻的明觉智慧也去掉，就不对了，那个“明”不是要去掉的。这个智就是世智辩聪，各种计较、分别，把这个智去掉了。离形，就是离开我们的肉体，离形不是说你要去把这个身体消灭掉，变成邪教了。不是说你要去怎么伤害身体，破坏它，是在你的境界当中，把身体给超越了，就像离开它一样，跟它没有关系了，你的心里面不再挂碍任何身体方面的东西。

大家想想看，我们打坐的时候，常常静不下来的原因在哪

里？有一半是“形”的问题，腿酸、腿麻，或者这里有感应，那里有感觉，这儿舒服，那里难受……这都是身体的感觉忘不掉。第二个是脑子静不下来，分别不断，这个念那个念，妄念纷飞。所以静坐到了这四个字“离形去智”，就 OK 了，把这个有限的身心都超越了。剩下的是什么呢？“同于大通”。我们就是因为有后天身心的障碍，我们才成了一个有挂碍、有限的存在状态，当我们离形去智的时候，剩下的就是同于大通的无限一体的解脱状态。大通，就是整个道，道才是真正的大通，一般是小打小闹的小通，只是通一点点，什么小周天、大周天，都只是有限的小通而已。真正的大通就是活到道里面去了，通于一切，通于一切时空，通于一切世界，通于一切境界，既通到最高里面去了，也通到最低里面去了，没有它不通的地方，这个就是大通。所以同于大通，就是合道了，把身心扔掉，进入道的境界。

一会儿大家实修这个法门的时候，这些东西要提起来。把你的身扔掉，把你的头脑分别扔掉，剩下的是什么？剩下的是要进入那个大通的世界，这就是坐忘。

我们打坐是干什么？就是要进入坐忘的境界，才真正进入打坐了。《庄子》里面还有一个词，跟“坐忘”是相反的，大家知道是什么词吗？是“坐驰”，驰，就是奔驰的驰。我们大部分人打坐的时候，不是坐忘，是坐驰，坐在那里像一匹马一样奔腾不息，到处跑，你看看你坐了四十分钟，只要有几分钟没有在坐驰，就不错了。从现在开始，我们打坐要“坐忘”，别再“坐驰”了。

当颜回讲完坐忘的境界之后，仲尼就非常地赞叹。他就很有感慨地说：“同则无好也，化则无常也。而果其贤乎！丘也请从而后也。”孔子说不得了，你这个境界太高了。我现在可能不能做你的老师了，我现在应该排到你后面去，你在我前面，已经超过我了。你进入大通，进入道的境界，完全坐忘了，这个不得了。你想想看，与大道为一，大通了以后，那就无高无下，无偏无好，你还会喜欢这个不喜欢那个，取这个舍那个吗？已经是完全通了，大通了，这里面就是没有任何的偏好了，完全地平等，用佛家的话来说，这就是无上正等正觉了，不得了，完全大通了。

“化则无常也”，大通的境界又不是死水一潭，它还是在大化流行，但是这个大化流行呢，恰恰是一种正面的展现，没有任何东西能粘住你，你是不停滞在任何地方的。

所以要注意，这里讲的无常跟佛家讲的无常是同一个词，但是意义不太一样。佛家讲无常，更主要是说一切都在变化中，保持不住，抓不住；这里讲的无常，恰恰是讲的无常形、无常态，所以我们不粘滞在任何一个地方。你在道的大化流行的境界当中，是非常自由的，没有任何东西能够恒久地挂碍你，把你抓住。所以一方面同于大通的境界没有任何的偏好，完全地平等，另一方面一切都在变化当中，它又没有任何粘滞和牵挂，它不执着在任何地方。

孔子把这个同于大通的境界，进一步做了提示，“同则无好，化则无常”，你真的到了这个同于大通的境界吗？孔子这里面稍微还有点儿疑问。他说按照这个道理来讲，你这个境界不得了了，但是你是不是真的达到这么高的境界呢？你这次可能是证到了，但是能不能相续，能不能保任，是不是究竟呢？这个还是有点儿疑问的。不过已经了不起了，已经可以在我前面了，已经超过我了。

庄子这种表达很有文采，这不是哲学的表达，是很有文学性、艺术性的表达手法，就像一个编剧一样，演出到此结束，暂告段落。

这里面的核心的意义就是这一段——"堕肢体，黜聪明，离形去智，同于大通，此谓坐忘"。一会儿我们实修课的时候，就修这个坐忘，大家要把坐忘的精神给抓住了。

从最后的真理来讲，跟我们前面讲的佛家的东西，没有太大的差别，但是你看方法还是不完全一样的，整个意境、功效也不一样。有的人比较喜欢这种路子，这里面没有讲太多的心性、空等，直接就是"离形去智，同于大通"，啪！就进去了。这就是我们一开始讲的，道家的主旨是怎么跟道相贯通，得到道的能量加持，这里面就包含有身体的问题了，有身体的变化。道家道教的修道方式，始终围绕着身心、性命来展开，道家虽然不像内丹学那样直接讲身体的命功修持，但也还是离不开身心两方面的提升。从坐忘来讲，恰恰是你把身体超越了之后，你才有身体最大的充实，最大的能量。所以道家所讲的有自己的一套语言，其表达的角度、描述的方式，都有它自身的特色。

（三）朝彻、见独

下面再看朝彻、见独。我们为了简洁，就省略了上下文，直接拿朝彻、见独这个概念来讲。

“吾犹守而告之，叁日而后能外天下，已外天下矣，吾又守之，七日而后能外物；已外物矣，吾又守之，九日而后能外生；已外生矣，而后能朝彻；朝彻而后能见独，见独而后能无古今；无古今而后能入于不死不生。”（《庄子·大宗师》）

庄子通过一系列的虚构的人物对话来阐明有关道的真理，这些人物与道的关系显示出不同的体道境界，其中有得道者，有体道者，有闻道者，对应于见、修、证三种阶位。本段选自《大宗师》篇中“南伯子葵”与“女偊”的对话，这里女偊是“闻道者“的角色，但已经非常了不起了。因为在《庄子》中虽然有对得道者的描述，但得道者的出场都是通过其他人物烘托出来的，得道者本身是无言的，我们对道的了解都来自闻道者的转述。这个女偊年纪很大却保持了孩童般的气色，修道已经很有成就了。他描述了自己入道的体验：

为了传道，女偊先要自己进入道的体验。经过三天对道的持守，他达到了一个境界，能“外天下”了。外天下，就是能把天下置之度外，把它放下了。然后他继续用功，继续守道不移，经过七天，才能够“外物”了。外天下和外物是什么关系呢？为什么是先外天下，而后外物呢？这个天下是一个宏观的东西，跟我们的现实生活离得比较远，还有一层一层的离自己更近的地方，越切近的东西越不容易放下。就像我们一般的人，要放下世界上的事情，这是比较容易的，哪怕是世界上动荡不安，比如伊拉克出了战祸，我偶尔也关注一下，但是这个东西要放下是比较简

单的，因为离得比较远，所以你外天下，放下世界上的事情不去操心，这个做起来比较容易一点。这个“外物”的“物”是指什么呢？就是一切身外之物的意思，包括我们生活的各种各样的环境，我们生活所依赖的各种物质，和我们生命紧密相关联的那些事情，这就比较相近了，你的企业、你的家庭、你的生活、你的工作这个都属于“物”的范围，外物就是要把这些都能放下。你把天下这一类比较遥远的事情能放下，还比较容易，那现在能外物，又进一步了，就是一步一步回归自己，回归真正的自己，那个生命的核心。

又经过九天的守道，而后能“外生”。能外物已经很难了，但是能外生更不容易。外物是放下生命之外的东西，是超越身外之物，你可以放下家财万贯，但是你要能放下自己的生命，放下对后天身心的这种执着，要“离形去智”，直接到道这边来了，那这是很困难的。所以到了外生这一部分，境界就很高了，就是把我们的小我给放下了。对我们小我的执着，那是根深蒂固的，那是我们根本的无明，蝼蚁尚且偷生，一个小动物都知道保全自己的生命，特别执着这个东西。我们所做的一切不都是依身起念，都是为了这个身体，忙了一辈子，百分之九十九点九不都是为了这个身体而忙吗？让它享受，住个好房子，吃饭穿衣都是为它，去打扮它，去守护它，然后就是你心里面的安全感，心里上的这些对生命的执着，都是属于外生的范畴。

这样一步一步超越，“已外生矣，而后能朝彻”。能够外生以后，才能够“朝彻”。什么叫朝彻？朝，就是早晨；彻，就是天亮的时候那个光照出来了。一朝天明，看见了无限的风光，就叫朝彻。因为你把生命、把身心都放下了，所以你就进入了广阔的道的世界，就像从黑夜当中第一道曙光照进来了，打开了道的世界，看见了这个世界无穷无尽的真实。

“朝彻而后能见独”，朝彻之后，这个时候才能“见独”。见，就是见道的见，就是见性的见，见就是体验到的意思，不是说眼睛看到一个东西。有的人讲明心见性，说一定要眼睛看见一个什么东西，才叫见，这一看就是外道，怎么能这么理解见性呢？见性，它是一种显现，是用心眼所照见的意思。见独，就是呈现出一种“独”的境界。

对这个“独”字，我们要做一种说明了。我们讲单独、孤独、独一无二，通常所谓的独，都是把一个东西和别的东西分开来，它自己是一个独立存在；一般是这个意义上的独，就是有限的独。比如独身，就是我不跟别的对象发生联系，我自己独自一个人，这也是一种独。这里的见独的独是什么样的独呢？绝对不是上述这种有待、有限的独了，不是跟什么东西相比较的独。最大的独是什么呢？就是整个的道、整个的大通，这个“同于大通”的世界是真正的独一无二，它是没有对待的，是没有另外一个东西跟它作对的这样一个独，它自身就是一，就是整体。你可以观想一下，找一找这样的独是什么？没有任何东西跟它作对的，只有这样一个完整的独。我们视野中看到的，想到的，都是跟某个东西比较而言，都是有范围、有对待的。一个国家就一个总统，这是一个独；但是这个总统相对谁来讲独呢？是相对于他手下的国民来讲的，全体国民里面只有一个总统，这是有对待的独。有君就有臣，现象界的独都是相对的。这里的见独的独，就是整个的法界，就是全体之道，它是绝对的独，绝待的独，没有东西跟它对待，没有东西跟它做对。所以见独，就是见道，就是融入了道之中，没有任何的对待、分别。

这样的见独，就是融入于道之中，当然就能够“无古今”，因为古今都在道之中，古今的分别，是在现象界，是我们头脑的分别；在见独、在得道的境界当中，没有时间相，当然就没有古今。“无古今而后能入于不死不生”，这才是道家讲的不死不生，这个境界就比较高了，这是在道之中超越了生死之相。不死不生不是说我们的肉体不死而永远存在，它不是一种时间意义上的恒久，而是在这个独的境界当中就谈不上什么生和死，是根本上超越了时间相而进入了永恒之境。一有生有死就“有对”了，一有对待就不是独了。在独的境界当中，在体道合一的境界当中，道什么时候生，什么时候死啊？有没有可能今天有一个道死了，明天又生出来一个道？这是说不通的。

所以不死而成仙，按照原始道家的概念，要从这里来理解。就是你入了道之后，在道的境界当中超越了生死。有生有死，必定是一个有形有相的东西，有待、有对的东西才有生死，所以见独之后，就是得道了，与道同在，一定是没有生死可得的。

你看不管是心斋、坐忘，还是朝彻、见独，大家有没有体会到总体意思都是一个味道（真正的“一味”），就是我一开始讲的怎么入道的问题。入了道就超越有限的身心，就离形去智，就见独，就没有古今，就不死不生。超越了时间相和空间相，也不会计较我今天怎么样，明天怎么样，昨天怎么样，后天怎么样，或者我年纪大、年纪小，这些概念全打掉，没有时间相了，这就是永恒。

（四）神形相守

前面讲的都是内篇里面的内容，一般认为内七篇是庄子本人所著，是我们研究庄子的主要材料；不过如果是研究《庄子》这本书，那么外篇、杂篇也很重要。本课程《庄子》部分的最后一段选自外篇《在宥》，这一段也很重要，与修道关系很大。

我们讲道教修炼的特色是注重身心关系，佛重心理，儒重伦理，而道则重生理，这一段就更清楚地体现出它的这个特点。

这是一段黄帝问道于广成子的对话，广成子是黄帝的老师，是得道的人。黄帝本身就是道家的鼻祖，所以《庄子》借用更古老的黄帝的老师来说，更具权威性。

黄帝问广成子，“治身奈何而可以长久？”我们直接讲广成子的回答，告诉你什么是至道，怎么样才可以活得长久。这与前面讲的“不死不生”的永恒超越的境界又不同了，这里讲的是现实的生命修炼的原则，让这个身体可以保持长久的活力。

> “吾语汝至道：至道之精，窈窈冥冥；至道之极，昏昏默默。无视无听，抱神以静，形将自正。必静必清，无劳汝形，无摇汝精，乃可以长生。目无所见，耳无所闻，心无所知，汝神将守形，形乃长生。慎汝内，闭汝外，多知为败。我为汝遂于大明之上矣，至彼至阳之原也；为汝入于窈冥之门矣，至彼至阴之原也。天地有官，阴阳有藏。慎守汝身，物将自壮。我守其一以处其和，故我修身千二百岁矣，吾形

未常衰。"《庄子·在宥》

"吾语汝至道"，他说我告诉你最根本的道，彻底的道是什么呢？"至道之精，窈窈冥冥；至道之极，昏昏默默。"这里理解至道，我们不要太多地从理论上去分析，从哲学上去分析，这里讲的至道就是一种境界，就是我们体道、悟道，最高的境界是什么呢？到了最精微的层面，它是"窈窈冥冥"；到了极限的境界，它是"昏昏默默"。窈冥、昏默，都指向一种无界限的深远无尽的状态，神与形的界限打破了，天与人的隔阂没有了，一切都冥然为一，通向无穷无尽的大道。这个窈窈冥冥、昏昏默默，就是道家对入道的境界的一种特有的语言表达。这里的表达不是一种抽象概念，它是描述一种状态，就是你体验到道的境界之后，呈现出来的一种状态，而这个状态恰恰是身心关联的一种状态。你不能说它仅仅是描述一种心理的状态，也不能说它光是一种生理上的状态，它是身心统一的一种状态。

我们在前面的课里专门讲过"窈冥"的特定的含义，这里用"窈窈冥冥、昏昏默默"来描述、描摹这种至道的状态，特别地指向一种身心、神形相抱合一的状态，体现出这样一个从实际修道的体验出发来描摹至道的特点，它不是一种哲理分析的语言，而是一种现象学意义的直观显示，就是把这种状态给你描状出来，同时也就是对于修道方法的一种指示。这其实也就是我们前面讲的心斋、坐忘、见独等指向的合道的境界，把这个境界呈现出来的一种身心合一的感觉状态描述出来了。

进一步描述就是"无视无听，抱神以静，形将自正"。视听是感官的作用，我们的感官不向外去追，不向外看，不向外听，这是要超越视听而回归于生命的核心；精神内照，把神收回来，回归安静的状态。神彻底静下来以后，形体将自然地得到滋养，回到理想的状态。这里就讲了神形关系，它不是讲纯粹的心理状态和心理变化，它是讲心神进入了完全的宁静之后，形体会产生相应的变化，神形之间的关系是密切的。所以真正静下来以后，这个身体它就会自动地恢复它的“正”的状态，就是各就其位，最恰当、最协调的一种状态就出来了。

在座的诸位如果有打坐经验的，当你进入很好的定境的时候，本来这个腰是有点歪的，平时还觉得这样歪得挺舒服，但是到某个时候气动了，它自己一撑，啪，腰就挺直了，很踏实，不需要你再去造作了。前面是我们要提醒大家把胸挺直了，但是到一定的时候，你真正静下来以后，它会自动调节，那一股正气就把你撑起来了。所以这段话里面神形关系是它的关键点，这叫“神形相守”，神要守形，而形本身的调整又会促进神的宁静，二者相互增上，良性循环，这也是道家道教修炼最大的特色所在。

“必静必清”，静与清这两个字的意思不太一样：一个是安静的静，静则无躁动；一个是清水的清，清则无杂尘。静更多的是身体的状态，清是指心灵的状态。你心灵上没有尘劳，没有挂碍，这是清；身体回归到安静，没有躁动，这是静，也就是神形都安定下来。

“无劳汝形，无摇汝精，乃可以长生。”这里讲了生命的自我养护、自我保健问题，怎么通过修道养生达到长生的目标。从道教来讲，我们的生命之所以不能尽其天年，是因为我们消耗得太

多，精向外泄，神向外驰，一天到晚精神都是向外发散的，能量消耗了，生命消耗了。所以你要长生，就不要去劳损你的身体，不要去损耗你的精，这个精就是你生命的能量，我们追逐各种各样的欲望都是要消耗精的。身心都安静下来，让身心相守合一，不向外发泄精，不漏失这些能量，不去操劳，回归这种绝对清静的状态，这就能够长生。后面道教的各种炼丹、各种方法，养生总的原则就是这个。“无劳汝形”当然不是反对锻炼身体，适当的运动可以保持身体的活力；这里是说不要损耗身体的能量，尤其是在特定的语境下指修道要让身体安定，才能身心和谐，进入与道合一的境界。你修道的时候身体乱动，怎么能入道呢？

“目无所见，耳无所闻，心无所知”。老子讲“五色令人目盲”，眼睛一天到晚看东西，伤眼睛；我们天天看电脑，看手机，眼睛是不是会觉得累？所以修道叫你不要去看，“目无所见”，把眼睛收回来。“耳无所闻”，当然这个不是去修观音法门，而是不去听外面的声音，收视返听。一般的闻是什么呢？天天去找刺激，向外奔驰，能量就从耳闻里面发泄出去了。你不是“返闻闻自性”，你是不断地跟着外面的声音跑了。“心无所知”也是一样，要把平时执着分别的心去掉。你的“所知”不是追智慧，你是一天到晚追逐外物，分别来，分别去，操心这个，操心那个，挂碍这个，挂碍那个，这个心的能量发散了。如果你做到了目无所见，耳无所闻，心无所知，那么“汝神将守形”，就是你的心回来，归位了，你的心不再向外发散，而是回到你的身体上来，身心合一，神形合一，这样“形乃长生”。

这就突出了道家道教的特色。你看佛家里面都是讲的心性的问题，就是如何解脱，如何得到实相的智慧。佛家没有讲长生，没有讲能量怎么不发泄，怎么保养身体，它要破除对身体的执着，只注重心理解脱。道家就讲养生，道家也讲超越身体的层面，但也注重怎么样修炼这个身体，这里面就给出了保养身体的一个根本宗旨，就是“神形相守”。对道家而言，修炼身体与超越身体并不矛盾，修炼身体恰恰是超越身体的一个必要的阶段。

我们绝大多数人的绝大数状态都是神形分裂的，心不在焉，你的心从来都没有回到你的身体。我在《道教内丹学探微》里面曾经有一段表达，我就说这个身体是我们生命的土壤，意识就是我们生命的阳光，我们用意识的阳光，照射身体的土壤，就能够开出生命的鲜花。但是现在我们意识的阳光从来没有照射自己的身体，总是向外照，看别人，看世界，唯独不看自己。一方面我们特别想保护这个身体，老是为身体卖命，同时我们又最不重视自己的身体。你的心有多少时间是记得你的身体，看护着你的身体？你的心是不是一直在向外奔驰？为你的工作，为各种各样的事情操碎了心，但是你的意识没有真正关注过你的身体。有时候，你是在满足身体的欲望，好像是为了身体，但其实那个不是神形相守，那就是前面讲的消耗能量的方式，那是你利用你的身体满足你的欲望，并不是你为身体好。

当你的精神和身体安静地呆在一起，这两者之间就会发生反应，这就是我们后面讲的“阴阳交媾”，身心就是一对阴阳，神形就是一对阴阳，阴阳在一起，就会产生变化，所谓精化气，气化神，神还虚，都是阴阳变化的过程。我大学里面站桩用一个口诀，就是“精不外泄，神不外驰；身心一体，天人合一”，这样念着念着，身心打成一片，这就是神形相守。

“慎汝内，闭汝外”。慎，谨慎。要注意把你的精神收到里面来，回归生命的核心，进入内在世界，不要一天到晚向外奔驰，放逸在花花世界里。要关闭你向外追逐的感官出路，要把意识的阳光、意识的目光向内照射。

“多知为败”，这是老子讲过的，我们知的东西越多，心就越分散。你知这个，知那个，知道了一千零一件事情，但是唯独不知道自己，所以算了一辈子的账，算来算去，把最根本的账给忘掉了——把自己给丢掉了。无知就是无向外追逐之知，这样才能内照、内明，这就是无知之知，是真正的智慧。

“我为汝遂于大明之上矣，至彼至阳之原也；为汝入于窈冥之门矣，至彼至阴之原也。”我们刚才讲了身心是一个阴阳，如果你真的能够神形相守的话，就能够相通于大道，和天地相通，那这个阴阳就开始扩展了。“大明”代表阳，阳的方面能够到达“至阳”，就是最高的根本的阳。“至阳之原”这是一个形容词，就像至阳的那片平原，那个至阳的世界。“窈冥”代表阴，阴的方面能够到达至阴，就是最高的那个根本的阴，“至阴之原”就是到达至阴的那个世界。至阳至阴也就是从你一身的阴阳扩展到天地的阴阳，进一步拓展到根本的阴阳、大道的阴阳。前面讲了“多知为败”，如果你不多知，你能够往回走，能够神形相守，能够入于清静的状态，慢慢地你这个境界就扩展了。实际上不是某个人帮你去打开这个世界，是你自己往外相通的，就是从内向外通，达到至阴和至阳，实际上就是先天的阴阳合一的世界。

身心是一个层次的阴阳，天人是一个更高层次的阴阳。在丹道里面，身心交是坎离交，是一个小周天；天人交是乾坤交，是一个大周天。你确实能够体验更高的一个层次——本原层次——的一个阴阳结合。所以道家讲人身是一个小宇宙，宇宙是一个大的身体，那我们身心这个小宇宙当中有身心的关系，有阴阳，天地这个大宇宙当然也有它的阴阳，这两者是可以相通的。

后面讲“天地有官，阴阳有藏”。天地是一个宇宙，人身是一个小宇宙，我们人有五脏六腑，天地也有其器官，阴阳也有其府藏。这里面讲的就是天人相通，天人相交的事情，人体能够阴阳相交，神形相守，最后就会打通天地阴阳，那么天地阴阳的力量就会反作用于你的身体，这就回到我前面讲的，在道之中有无穷无尽的东西，与道相感通、相作用，就可以获得道的无穷的加持。

后面讲“慎守汝身，物将自壮”。把这个身体真正守好了，万事万物都将自然地成长，壮大，恢复它的生机。所以真正修道，它不是光修这个小我，小我是通大我的。当然，这里的“物”也可指身体里的各项功能，能够神形相守，身体的一切都将生机盎然。

最后一句总结，“我守其一以处其和，故我修身千二百岁矣，吾形未常衰”。这就是道教长生学的鼻祖，他说我已经一千二百岁了，但是这我个身体还很新鲜，没有什么变化，没有衰败，也没有老化。我的绝招是什么呢？就是“守其一以处其和”。“守其一”，就是持守那个统一的天人相通、同于大通的境界，就是保持那个合道的境界；“处其和”，就是处于这种天人之间、神形之间完全融会合一的和谐状态。换言之，因为我得道了，我跟道合

一了，我身心内外都是和谐的，身心和谐，人跟这个宇宙也是和谐的，小阴阳、大阴阳都是和谐统一的，这种和谐的状态就让我的身体有一种无穷的生机，生生不已。所以我活了一千二百岁，到现在都没有衰老。不知道广成子祖师现在在哪里，如果他现在能够跳过来，给我们示范一下，就好了，我们修道就更有劲了。我们希望我们活个一百二十岁吧！

这里面有长寿的根本的秘诀。从养生的角度来讲，我们要学这个术，学那个术，吃这个药，吃那个药，种种养生，都是小打小闹！我们这堂课就是要把这些根本的东西领悟到，真正学到长生久视的秘诀！

我们修道也不能一天到晚修得病兮兮的，一点儿养生的效果都没有，这样是不行的，到时候没有说服力。你不能说我就解脱了，我自在了，但是你身体真的不好的话，也很难解脱，很难自在啊！所以我们讲性命双修，不能光讲精神解脱。

性命双修不是说你天天去操心这个身体，这里讲的才是性命双修的关键，一方面要“离形去智”，一方面要“神形相守”。有的时候恰恰要把身体给忘掉，回到那个合一的状态里面去，不是把这个身体给排除在外，也不是执着于这个身体，而是把这个身体在道的境界当中融化、升华，也就是说用天地这台大冶洪炉来炼化身体。如果我们执着于这个小身体，那可能适得其反。你按照这个思路，抱神以静，神形相守，到了最清静的状态，与天地万物打成一片，整个天地阴阳都和谐，那确实会有很大的身心的变化，这是最彻底的养生。

我在大学里面，最初开始站桩练功就是从道家入，那个时候我还没看过一本佛经，只看过《老子》《庄子》，我练功基本上就用“神形相守”这个方法，那个效果非常明显。往那一站，身心一交合，天人合一了，一念之间，身心都在变化，充满了能量，充满了喜悦，这个修道的滋味就出来了。所以这个东西非常实在，没有虚的，就来实的，我们去做实验，就会体会到它的妙处，这个是很关键的地方。

（五）体验坐忘

这节课先把《庄子》中与修道关系密切的部分内容做了精要的讲解，下面进入实修体验的环节，开始实修“坐忘”的功法，把我们讲过的东西要落实下来。

先行禅，活动活动，然后开始站桩。

（行禅中……）

现在就要神形相守了，不要心往外飞。啪（禅杖敲下）！就在当下一念不生，身心合一了！

行禅结束，我们开始站桩。

站桩的时候，身体会发热，不要穿得太多，也别受凉，要自己注意把握好这个度，酌情添减衣服。太热了，到时候净不下来了，站桩的时候，体温会要比平时高一点。

先把姿势站好。两脚与肩同宽，两腿微曲，膝盖不超过脚尖，稍微弯曲就行了。自己把头往上顶一下，前后左右不要歪，站中正，两手自然放下，这样的话你的手不用费力，便于我们进入“大通”的境界。要是用抱球式，抱一会儿就费劲，一费劲就有挂碍。我们这个桩是自然桩，是无极桩，是大道桩，是与道合一的桩法，不是某种练武功的桩法。把身体调好，完全放松，一点儿也不费力。

现在把以前修的这个、那个功法全忘掉，我们现在专修“坐忘”。坐忘本来是指静坐的修法，现在我们用站桩来修，道理是一样的，也可以称之为“站忘”的修法。

“堕肢体”，把身体放下；“黜聪明”，把头脑放下。要“离形去智”，“离形去智”这四个字记住了，这就是我们练坐忘的口诀。没有身体了，没有一切分别，概念、名相这个都属于“智”的范围。离形去智是什么境界？离形去智之后，剩下的就是“同于大通”。大通，整个世界都融入了“大通”之境，了无极限，完全地通透淋漓，与道合一了。

在同于大通当中，自然就身心合一，神形相守，这些都不在话下了。好，万缘放下，就只有“这个”了！

（站桩中……）

这堂课大家感觉到“坐忘”还是“坐驰”啊？“站驰”的人更多，是吧？有没有“站忘”的？有没有进入站忘而同于大通的境界？

我一直讲修行既不能太乐观，也不能太悲观。一方面我们不能把这个入道的境界当作远在天边的东西，好像永远也达不到，其实坐忘不是那么难的，一下子把这个身心扔掉，当下那个境界就是无量无边的，与道相通的，它是你的本来面目，是本来就在的。但是为什么进不去呢？就是因为我们的业力、习气、我们的惯性。

用物理学的惯性这个词来解释是很顺的，很有意思，任何事情，它都有保持原来状态的那种惯性。我们的心造作了这么多年，站驰、坐驰了这么多年，你想一下子就回到坐忘了，这个惯性的力量太大，十匹马都拉不回来。它就是这样，你已经习惯于胡思乱想，突然想让自己安安静静地呆着，静不下来。

对于普通的人来说，对他最大的惩罚，就是让他什么也不做。不许看手机，不许看书，不许聊天，就在那呆着，那样他会觉得很闷，很难受。从这个角度来说，修行是苦，要把这个惯性扭转过来，很困难，不容易，一开始是一种苦的感觉；但是一旦你习惯转过来了，修行反而是一种最大的享受。

我们修行是要习惯于一个新的模式，是要进入无为的模式。我们有为惯了，造作惯了，但是那个无为本来是最轻松的。我们就这么静静地呆着，什么也不用做，什么也不用想，把身心都扔掉，安安静静地呆着，什么也不是；唯一的需要一个事情，就是保持一个觉性的存在。安安静静地呆着，这个宁静当中就通向道，通向大通的世界，这是很美的世界。

一开始，我们还是会觉得这么麻烦，因为要征服那个想要造作的欲望；而宁静不是一种造作，没有办法去造作出一种宁静的境界来，宁静是停止造作后一种自然的放松的状态。但是我看到大家的脸上都写着“努力”二字，你们在想，戈老师说了我们要用功，我这回要努力获得那个体验。我们说话很多时候其意思很微妙，一方面我们是要努力，要进入那个状态；但是在你用功夫的时候，你努力的方法是不对的，你的努力往往是背道而驰的。修道的努力是不同的方向，是努力于放下，是努力于那个不努力，这似乎很难表达，从形式上来说是矛盾的。努力把原来的那种模式放下，从这个角度上说也是一种努力，但这只是最初的一点作意；功夫到了，发生一个飞跃，你放下了努力，放下之后的境界，恰恰是全然地不努力，没有任何地造作，完全地平凡、平常，安住在这个如是的境界当中。

禅家有一句话叫“生者熟，熟者生”，我们刚才讲的这种安然的平静，这种不造作，这种无为，对我们来说是“生”，是陌生的东西，要把这个变熟，这是“生者熟”；我们原来习惯的那一套思想，那一套模式，那套造作，要远离它，让它变得陌生起来，这是“熟者生”。慢慢地，你习惯了一种安静的模式，然后有一天你才会领悟到静静地坐着，才是最美的事情。

春来草自清，当你宁静地坐着的时候，并不是一种消极的东西，恰恰是那些美好的东西在自然而然地成长，你的身心愉悦和谐、能量的成长、境界的提升、智慧的开展，都是在无为当中实现的，所以“无为而无不为”，这种无为当中有大智慧。

三、《乐育堂语录》论“阴阳交媾”

今天是我们课程的第三天，我们还是接着讲道教智慧这一板块。现在进入第三个主题，讲《乐育堂语录》，尤其是其中论“阴阳交媾”的精彩内容。

大家如果对道教感兴趣的，应该知道我有一本书叫《丹道今诠》，是专门讲解《乐育堂语录》的；《丹道十讲》则是从《乐育堂语录》里面选了十个主题来讲，由此对道教内丹学做了一个系统的现代诠释。

我在道教内丹学这个研究领域是专家，但我比一般的专家更进一步的，就是我还有内修的实证体会，所以讲内丹是我的本行啊！别人都认为我是搞内丹的，实际上我不是光搞内丹，我其实什么也不搞，又什么都搞，我是探寻宇宙人生的终极真理、大道或实相。在社会上说搞哪一行，大约是指在哪一行里混饭吃的意思，我勉强可说是搞道教研究的，但实际上我的兴趣很广泛。

在道教里面，我认为最好的是内丹学这一块，内丹学里面最好的就是《乐育堂语录》，而现在我们又从《乐育堂语录》里面选最好的章节来讲一讲，因为时间很有限，只能选精髓中的精髓！

（一）论阴阳交媾

讲阴阳交媾，我们先做一个总的陈述。下面这一段话，是我自己的一个概述，是从我的修道日记中摘录的，不要以为我是抄谁的话，凡我引用的话我都注明了。但是你看这段话好像出自某部经典里面的，讲得很地道啊！可能比某些经典还写得好（一笑）。

> 内丹学之中心要义，除却先天未画之前最上一乘外，不外“乾坤坎离”四卦之所表义理也。先天之先天，超言绝象，此无论矣！乾坤为先天，万化之父母、先天之性命也；坎离为后天，阴阳之开显、后天之神炁也。由乾坤而坎离，此顺道之流溢也；由坎离而乾坤，此丹道之返还也。人既有身心之后，则坎离不交而神驰炁散也；欲返本还源，唯坎离交

> 媾，取坎中一阳填离中一阴，则后天返先天而复乾坤之正、性命之真也。元神之作用为真意，真意为坎离交媾之中土与媒娉也。一念不散，一意不忘，抱一而不离，则身心合一而复性命之先天。其余龙虎铅汞、金精木液种种譬喻象征，无非再三阐释此义也。

“内丹学之中心要义”，就是内丹学的核心要义在哪里？最根本的意义在哪里，“除却先天未画之前最上一乘外”，我们先不谈最高的那一层境界，“先天未画之前”，就是一画都还没有开始的那个先天的境界，这个东西是最上一乘，像佛教的禅宗一样，那个是要通过顿悟直接进入的，这个是很难说的，是言语都不能表达的东西，我们先暂时放一边。除了这个层次之外，“不外‘乾坤坎离’四卦之所表义理也”。整个内丹学的核心思想，我们可以用乾、坤、坎、离这四卦来表达，这不是我的创新，内丹学经典本身就是这样借用乾坤坎离来说明整个内丹学的修道原理。

“先天之先天，超言绝象，此无论矣！”先天后天进一步细分，先天还有先天之先天与后天之先天之分，后天还有先天之后天与后天之后天之分，这就有四个层次了，内丹学把它叫做“四重天地”。先天之先天这个东西是超言绝象的，也就是前面说的“未画之前”，是没法说的，故不谈这个。

从乾坤谈起，则“乾坤为先天”，乾坤是代表先天；“万化之父母”，整个世界是从乾坤两卦发展而来，一个是父卦，一个是母卦，在丹道这个体系当中，它就表示这是先天的性命，用乾坤两卦来代表先天之性命。

“坎离为后天，阴阳之开显、后天之神炁也”。用坎离这两卦来表示后天的阴阳，阴阳展开以后就是后天的神炁。先天我们叫性命，后天就是神炁，性命和神炁是对应的，性是神这一方面，气是命的这一方面。

“由乾坤而坎离，此顺道之流溢也”。从先天的乾坤两卦，变到后天的坎离两卦，这就是道生万物这个顺向演化的方向，从道生万物的演化过程，这就是“顺道之流溢”。

我们学过一点《易经》的就知道从乾坤怎么生出八卦来，乾坤是父母卦，后面的六卦就是父母生出来的三男三女，坎离就像它的一对儿女一样，是属于中男中女。离中虚，坎中实，离中间那一爻是虚的，是阴爻，上下两爻是阳爻；坎中间那一爻是阳爻，上下两爻是阴爻。坎离这两卦恰恰是乾坤两卦中间那一爻一变化，乾卦中间的那个阳爻变成了阴爻，就变成了离卦；坤卦中间的阴爻变成了阳爻，就变成了坎卦。所以，离出自乾，坎出自坤，由乾坤变为坎离是先天到后天的演变过程。

“由坎离而乾坤，此丹道之返还也”。通过坎离两卦之间的一个交合，叫“取坎填离”，把坎卦中间的阳爻来填充离卦中间的阴爻，把离卦中间的阴爻回到坎卦里面去，这样坎离又返还为乾坤了。所以坎离交媾，就是后天的坎离经过取坎填离的变化，回到先天的乾坤。坎离交媾，就是阴阳交媾之主要的含义，当然阴阳交媾的意义更广泛，包括所有层次的阴阳相交而达成统一。阴阳交媾有很多的不同的术语，如坎离交、铅汞交、龙虎交、水火交，等等，总的来说都是阴阳交的意思。

“人既有身心之后，则坎离不交而神驰炁散也”。当我们的生命从先天演化到后天之后，慢慢身心就分开了，身心分离，坎离就不交了。那不交的表现是什么呢？就是“神驰炁散”。我们的精神不断地向外奔驰，向外追逐，作为生命能量这个炁就不断地耗散，所以精神向上走，能量向下走，这两个箭头永远是分开的。

“欲返本还源”，我们要重新回到那个神炁合一的先天状态，想要返本还原，怎么办呢？“唯坎离交媾，取坎中之一阳，填离中一阴，则后天返先天，而复乾坤之正，性命之真也。”只有取坎填离，阴阳交媾，通过坎离交媾回到乾坤，回到先天性命。坎离交实际上就是神炁交，身心交，又回到了先天的那种身心合一的状态，身心合一的原本的状态，叫做性命之真，是性命原本的真实。

这是用《易经》的术语来表达内丹学的原理，意思就是讲生命的先天和后天怎么分离、又怎么复合的问题。

“元神之作用为真意”。现在抛开坎离的术语来讲，我们要使神气相交、身心相交，阴阳相交，它的作用机制是什么？凭什么渠道让它们相交？这里就是靠元神的作用。元神是道家的语言，相当于四层结构里的第四层，元神不是识神，识神是第三层，就是分别的意识。元神有它的作用，它的作用是什么呢？就叫真意。也就是说，我们的元神有一种观照的功能，有一种觉的功能，这个功能叫真意。平常的起心动念，那不是真意，那是假意，那是分别意，这一点真意就是炼丹的丹头，“为坎离交媾的中土与媒娉也”。

什么叫“中土”呢？五行代表五方，五行里面代表中央的是土，故称中土，其余四方要汇合到中央之地来，这里主要是坎（北方，水）离（南方，火）要汇合到中央土。媒娉，坎离就好像男女夫妻，它们中间要有一个说媒的，把它们拉到一起来，进行交合，所以内丹学用交媾就是这个意思。坎离阴阳两者要合在一起，靠的是真意为媒娉，让它们在一起；它们相会在哪里，相会在中央土，真意又起到这个土的作用。真意既是媒婆把坎离连接在一起，同时在真意中坎离才能完成交媾合一。

“一念不散，一意不忘”。这个时候，昏昏默默，杳杳冥冥。一念不散，一意不忘，这个真意的观照作用，一直保存下来。“抱一而不离”，神炁两者不再分开，不再分裂，不再分离，“则身心合一而复性命之先天”。这样阴阳交媾，身心合一，回到先天乾坤，回归先天性命。整个丹道的核心意义，就在这里。

“其余龙虎铅汞、金精木液种种譬喻象征，无非再三阐释此义也”。如果我们去看内丹学的经典，那里面名词术语一大堆，一般人根本看不清楚，所以龙虎、铅汞、金精、木液等都是里面的不同表达的术语，但是你要是懂了丹道的核心要义，其实讲的都是这个东西，只是换个词来讲而已。讲坎离、铅汞、龙虎、水火，这些都是阴阳之异名，本质上讲的都是这个阴阳交媾的道理。

你要让我讲内丹学，讲三天三夜都没问题，但是我们这堂课就是要直指核心，先这样做一个精要的概述。把这一点弄明白了，内丹学的东西就可以迎刃而解，好东西的核心就抓住了。

我为什么能抓住内丹学的核心？这就跟我当年在南京大学练功的体会有关，我一开始其实入道的修法和体验，跟这个内丹学是很接近的。那个时候我不懂佛经，也没有读过什么心性的东西，但是在那一站的时候，我就意念“精不外泄，神不外驰，身心一体，天人合一”，就这样自己进入了状态，就有很多的体验。后来，丹道经典所描述的种种体验，我一看就很明白。

这也是我在北京大学的时候，为什么会硕士研究生阶段读佛学，后来博士阶段又转到道教里面去，就是因为早在大学里面就种下了这个“因”。我对道教这一块一直惦记着，要不我就一直搞佛教，跟道教就没什么关系了，我现在可能就是佛教“大师”了。以我自己的练功体验看这个内丹学的经典，我很快就掌握了它里面内在的理路和思想的核心。

（二）进火采药

前面我们大致交待了一下有关阴阳交媾的理论性的框架，下面就根据《乐语堂语录》里面的材料，来讲一些具体的跟我们的实修有关系的内容。我们这次的课程，不大强调理论的详细的展开，而是要围绕实修来讲道理；讲完道理，你们就好依理实修，是这样一个安排。关于进火采药的问题，我们就根据下面这段文献来讲，这样更清楚一点。

> 《乐育堂语录》：生问进火采药，在后天原是两项，不是一事，吾今细细言之。夫进火者，凝神一志不分也。采药是用外呼吸之气，一升一降，一出一入，顺其自然是也。若阳动药生之时，即将内之精神，一意凝于丹鼎，即是进火；将外之呼吸出入升降以包裹之，即是采药。进火是进火，采药

是采药，不可混而为一也。若但用外呼吸升降往还，而神不凝于丹鼎，则虽真机勃发，必散漫一身，而无归宿之处。若但见阳气勃发，以意凝注，而不用后天呼吸以包裹之，则药气止于其所，惟以壮旺下元，冲举肾气而已。生等若未了然，吾再喻之：夫进火犹铁匠之炉而加以柴炭也，采药犹铁匠之风箱而抽动之也。若但抽其风箱，而炉中不加以炭火，则火不雄而金不化。若但加以炭火，而手中不抽其风箱，纵有柴有炭，亦只温温炉内而已，安望炼成有用之物哉？生等思之，火是火，药是药，进是进，采是采，后天法工原是如此。他如采大药于无为之内，行火候于不动之中，此是火药合一，进采无分。生等此时工夫，尚未到此。以后阳生之时，还要自家审得归真地步，方是有为无为、有作无作的实际。吾教生等用数息之法，以收敛其心志。平居无阳之时，有此法工，可以把持自家的心，不至乱走。一到阳生药产，须采之归炉，神火温养，尤须要用火无火，采药无药，方合天地氤氲元气，可以生生不已，化化无穷者焉。至于一阳初动，用提摄之法，此是生等迩时之工。亦不外内之神思，聚而不散；外之气息，调其自然已耳。生等打坐时，觉有躁气冲动不安之意，此不是意思打紧，即是自己色身上阴气凝滞，法当用呼吸之凡火、真人之元火以温养之，使之自化而后可。何谓真人元火？古云："耳目口三宝，闭塞勿发通。真人潜深渊，浮游守规中。"此即真人元火，用而不用、不用而用者也。生等其向自家身心上，体认到恰好处，行持到极当时，自无此躁气焉。不然，或阳气大旺，将用河车之际，亦有此气息冲冲之状，然其神气自若，而心无他也。若是心安气和，又当运用河车，行小周天之法工，生其自审度可也。

“生问进火采药”。就是有学生来问老师进火采药的问题，老师现在给你们解释解释。

“在后天原是两项，不是一事，吾今细细言之”。进火是进火，采药是采药，我们后天下功夫的时候，这是两回事，不是一回事，所以我现在慢慢地给你讲。这里面有一个言外之意，会看书的人马上就知道了，他是在后天这个层次上来讲，所以后而就会讲到，如果是先天的话，那进火采药就是一回事。在先天大道里面，哪有这么多东西，道通为一；所以这里是先从后天的功夫上来讲，进火采药，它的分别在哪里。

“夫进火者，凝神一志不分也”。我们听到内丹学讲“进火”，这个东西跟我们练功是什么关系，什么叫进火呢？内丹学它是用一种炼丹的语言来讲修炼，炼丹要有炉子，用炉子生火；又有风箱，通过吹风来控制炉火的强弱，所谓的进火采药是用炼丹的语言来讲，是借用炼外丹的语言来讲炼内丹。在我们炼内丹的时候，这个火是什么东西呢？就是“凝神不分”，把精神集中起来，观照着它，看护着它，这个意识的能量起作用，这个叫“火”，进火就是加以意识能量的聚集。你看这套语言跟佛学语言不一样吧？佛学不讲这些，但是这些东西都有真实的作用，可以实证体验到的。我前面就讲过，意识的观照作用，它就像阳光一样，能够照射你身体的土壤，开出美丽的花朵。

进火就是意识的作用，我们凡夫也有意识作用啊！但凡夫的意识作用是发散的，形成不了合力，对不对？你今天是在这，明天在那，一会儿在这，一会儿在那。其实不只是今天明天，每个瞬间意识的焦点都在变化。这样的火，如果你向无数的方向发散的时候，你的火就没有力量，所以一直在胡思乱想的火，叫作“凡火”，凡火把身体给弄得浮躁了，是一股躁气，那没有起到炼丹的作用。所以你看，这里一句话就把进火给讲清楚了，所谓的进火，就是把意识集中起来，凝神不分，专心致志，这就相当于修定的那种境界了。

那什么叫采药呢？采药也是外丹的语言，你炼炉子里面的丹药，什么时候该采药？进火是在对炉子里的药进行加工，加工到什么程度，这个东西熟没熟，在适当的时候让这个药滋养生命，这是采药。

“采药是用外呼吸之气”。外呼吸是相对于内呼吸（胎息）而言的，指的是我们的口鼻呼吸，一进一出，一升一降，这个呼吸就像我们炼丹炉的风箱一样。大家小时候有没有见过，以前炉子生火，旁边都有一个风箱？铁匠打铁的时候，没有风箱炉子里面的火是烧不旺的，火候大小的控制，就靠这个风箱。我们人体也是一样，人体这个炉子怎么炼丹呢？这个呼吸的进出就是那个风箱，所以我们调整自己的呼吸，气机一升一降，顺其自然，这就相当于采药。药在哪里？我们人体的精气神都是药，采药就是促进精气神的转化。要转化自己的精气神，首先是要进火，加热得差不多了，到一定的火候，就“阳生”了。阳生了就是产药了，就得采药，采药就是把它转化升华。精化气，气化神，神还虚，这都是一步步的转化的过程和阶梯。怎么转化？就靠进火采药来转。什么时候进火，什么时候采药，要配合起来。

所以讲‘阳动药生之时”，才开始进火采药。阳动，这个词要解释一下。阳是代表先天，先天之气出来了，先天的元神出来了，都是阳生，所以有性功之阳生和命功之阳生，精气神都有阳生的意义，所以有精一层面的阳生、气一层面的阳生和神一层面的阳生，有小周天的阳生和大周天的阳生。

这个精气方面的阳生，有什么征候呢？如果你入定，或其他方法修行修的比较好的时候，身体会有一些变化、一些反应，不管是男女，都会有一种特殊的感觉，包括你的生理会有一些变化。有时候，就像春意盎然的感觉，虽有这种感觉，但是没有世间的那种淫欲之念，这个时候，能量就到了一个阶段。如果顺着意念走了，顺着凡夫俗子的欲望方向走了，那就浪费了。这个时候要配合你的呼吸和意念的运用，转化升华这股性能量，这就是采药。所以阳动药产之时，精气神开始转化了，这个时候及时进火采药很重要。

“即将内之精神，一意凝于丹鼎，即是进火”。这个时候呢，要赶紧把神收回来，不要发散，不要像俗人一样，要“凝于丹鼎”，就是把意识凝聚于丹田。丹鼎是什么呢？就是丹田。下丹田是炼精之处，中丹田是炼气之处，上丹田是炼神之处。进火，就是给它加把火，帮助它“燃烧”，促进它的转变与升华。

“将外之呼吸出入升降以包裹之，即是采药”。当阳生比较强的时候，你就要配合呼吸的出入升降运周天功夫，这即是采药。小周天的采药，我给大家讲一下。你凝神静坐，吸气的时候，从下面的尾闾，沿着后面的督脉，上升到头顶；呼气的时候，再感觉到这个气从你的头顶上，再慢慢回归到下丹田，这就转了一圈。然后再慢慢吸气，再重复周天运转，这个是配合你的意念在转，是先有凝神的功夫，在阳生的时候才转周天的。如果你这个阳生不是很强，一般地转几圈，就能转化；如果阳生比较强，就要多转几圈，一直转到它消失为止，又回到平常的状态，这个时候就可以停止采药。就是阳生就采，采完了，它自己消失了，就停止。

所以“进火是进火，采药是采药，不可混而为一也”。从炼功的具体的技术上来讲，进火、采药是分开来讲的，不可搞混了。进火，是意念给它加火，促进阳生；采药是阳生之后意念配合呼吸行周天运转，来转化阳生的景象。

可能有的人还是稀里糊涂，“春意盎然”不知道是啥意思，我还是说明白一点，咱们都是大人，说清楚也无所谓。小周天的阳生之景，就是男生无欲而举的时候，也就是练功到一定时候，他那个阳物就自然地起来了，但是这个时候他没有什么欲望，不是说因为什么男女之事而起来的，而是他的那个精气充足了以后自然冲举的。这个时候你不要说我炼功有效果了，就去发泄掉，这就浪费了，就麻烦了。这个时候要采药，这是后天的命功的阳生的一种，不是说阳生就一定是这样啊！那么女生呢，一般是两个乳房之间它会有一些反映，也是有一些春意盎然的感觉，这时也要去把它转化，把能量往上提升。但是这只是讲小道小术，不要把这个当成大道了。这还是简单的初步的阳生景象，真正的阳生后面会讲到，随时随地先天境界出来了，都是阳生的时候，马上要回观返照，回到先天世界去，那个才是真正的采药。

后天功夫，进火、采药是分开的，进火到阳生的时候，就配合呼吸一出一入、一升一降运周天采药。到了先天这些东西就没有了，进火采药就是一个东西。

后天功夫则是两者的配合，如果没有前面的一意凝于丹田的功夫，阳生都没有了，就谈不上采药了。所以后天进火、采药这两者要配合起来，不是一回事。“若但用外呼吸升降往还，而神不凝于丹鼎，则虽真机勃发，必散漫一身，而无归宿之处”，你如果只是配合呼吸做周天运转的功夫，但是神如果散掉了，这个能量就发散到全身，没有归宿，最后我们转来转去，不是要回到丹田吗？这两者要配合起来。“若但见阳气勃发，以意凝注，而不用后天呼吸以包裹之，则药气止于其所。”这两个方面你没有配合的话，阳生了还凝神丹田而不用采药的功夫，不用呼吸去包裹它，那这个药气就停留了原地，没有得到新的利用和变化，一直在“壮旺下元，冲举肾气而已”，就没有向上提升了。

如果“生等若未了然”，如果你们还没搞清楚，我再打个比喻说明。“夫进火犹铁匠之炉而加以柴炭也”，这就回到它的原始的意义，好比这个铁匠打铁的时候，他往里面填柴加炭，把火烧旺，这叫进火。“采药犹铁匠之风箱而抽动之也”，采药好比是铁匠抽动风箱。通过这两个方面，一个是抽风箱，一个是往里面加柴炭，一起来调节这个火候的大小。如果只抽风箱而不加柴炭，则火烧不起来；如果你只是加炭火，不抽风箱，那个柴炭也燃不旺，只是一个“温温炉内而已，安望炼成有用之物哉？”这个火力不到家，火力不够，就不能够把后天凡精、凡气往上提升。

“生等思之”，你们要想一想，“火是火，药是药，进是进，采是采，后天法工原是如此”。我们在做下面的基础的功夫的时候，火是火，药是药，进是进，采是采，要搞清楚，不要把它们混为一谈，不要讲这个，就否定那个，要把它融合起来理解。

下面再提升了，这就是《乐育堂语录》的高妙之处，它不是仅仅给你讲一个具体的练功的方法，它是要指向大道，所以它马上要回来，要从后天讲到先天了。

“他如采大药于无为之内，行火候于不动之中，此是火药合一，进采无分”。这个层次很清楚，一到了先天境界，到了高层功夫，如果还在捉摸什么是火，什么是药，什么是进，什么是采，这一大堆虚妄的念头出来了，这是在后天里面下功夫，不是先天，所以先天境界是“采大药于无为之内”，在无为合道的境界当中，不采而采，就自然采药了，在道的无限境界当中，自有无穷的妙用，还要你搬运来，搬运去吗？“行火候于不动之中”，那个不动的境界就是真正的火候。这里面哪还有什么火啊、药啊？哪还有什么进啊、采啊？你合道了，离言说相，离分别相，离造作相，那就是任运的阶段、无为的阶段。

你要把这个高低层次搞清楚，到什么时候，就用什么方法。“生等此时工夫，尚未到此”。当然你们这些学生还没到这一步呢，所以我们还是要讲一讲进火、采药的问题，等你到了那一步，就不讲这个了。

“以后阳生之时，还要自家审得归真地步，方是有为无为、有作无作的实际”。你们以后阳生的时候，还要自己考虑考虑，看自己在归真的路上是什么地步，到了那个级别。该采的时候得采，该有为的时候得有为，该无为的时候得无为。有为也就是有作，有方法、有步骤可以操作，到了先天无为的地步，就是无作的时候，所以这两者要结合起来。

内丹学在这个方面是特别高明的，中间的过程说得特别详细，它把先天、后天整个功夫都讲清楚了。因为你如果没有整个系统的了解的话，要么就陷在下面了，上不去；要么就是自己骗自己，自以为高明，不知道下手的功夫，你只是光谈那个高妙的东西，变成空谈了。

“吾教生等用数息之法，以收敛其心志”。讲完先天无为，下面又说到起手的功夫。大家刚开始用功的时候，可能什么基础都没有，后天的进火、采药都谈不上，所以初步教你一个方法——数息，用来安心，把心收回来，这个数息是一个基础的方法。如果有人晚上失眠，睡不着了，数息是一个好方法。它就是让你心里有事可做，有个方法可以操作，你别说我就是无为，你无为不了！思想踏至纷来，妄念不断，你还说你无为吗？你越无为，妄念就汹涌，这个时候就是要找点事做，来跟它对抗，来对治妄念。你有意去做一个事情，数自己的呼吸，一进一出数一，一进一出数二，一进一出数三……一直数到十，但是如果你中间思想走掉了，忘掉数呼呼了，这就不算了，得重新从一开始，这样一直能数到十，中间比较专心，没有走掉，这就完成一个圈了，然后第二圈再从一开始数。所以数息法呢，容易培养你的定力，而且可以检验你的定力到什么程度，这是一个很好的指标。一个人定力高不高，到什么程度了，这是很抽象的，能不能定量化呢？你回去数一下息，你就知道你的定力有多高。一般来讲，你第一次数息，十都数不到，中间就已经跑掉了；如果你能专心致志地从一数到十，这就可以当作是定力的第一个台阶。我们可以用一个标准、一个尺度来衡量这个定力的级别，从一到十数一圈不杂乱，我们定义为定力一级，数到十圈这个心还没有走掉，则相应的定力为十级，然后你去做实验，把你定力的级数报给我，我就知道你的定力高低了。最后大家报上来一看，全是零，根本数不到十，哈哈。虽然是开个玩笑，但也是真的，你要从一数到十不动一个念头，还真做不到。

“平居无阳之时，有此法工，可以把持自家的心，不至乱走”。平常生活当中，心是发散的，是散乱的，根本不会有阳生的景象，有这个具体的功夫，也能炼一炼，可以把你自己的心收敛起来，把持一下，不至一天到晚乱跑。

“一到阳生药产”，等你功夫到了一定的时候，阳生了，药产了，然后就“采之归炉，神火温养”，这个时候就可以采药归炉，用神火温养，就是用你的精神之火默默地守护、看护着它，让这个炉子一直保持一定的温度，以实现药物的转化升华。

“尤须要用火无火，采药无药”。这个时候要忌用后天的分别念去做事情，采而不采，用而不用，若有若无。你不要用后天的妄想去采，不要用思想去做什么，这个就不符合炼丹的方向，你用后天的凡火不行，所以是若有若无，默默观照，无分别而有意识。不要把药当作很具体的东西，好像死死抓住一个什么东西，要得到一个什么东西，很多炼功的人都执着这个东西，不知道“用火无火，采药无药”的道理。很多人问我，我现在炼出一个什么东西来了，问我这是不是丹，肚子里已经有一个东西了，我说你那个东西得注意了，不能老放一个东西在那里，要从后天回到先天，要不断地往上化掉才行。你要是炼个有形的东西，把那个东西叫丹，那就麻烦了。

“方合天地氤氲元气，可以生生不已，化化无穷者焉”。这样才符合先天大道的方向，与先天一气发生共振，才会生生不已，变化无穷。“至于一阳初动，用提摄之法。”一阳初动，就是第一次有这种阳生的时候；提摄，就是我们刚才讲的小周天转化的功夫。“此是生等迩时之工”，这是阳生时你们专门要去做的功夫。

“亦不外内之神思，聚而不散；外之气息，调其自然已耳”。总的原则，不外乎凝神调息的功夫。从内来讲就是神思聚而不散，外面的气息调其自然，所以凝神调息就是丹家做的基础功夫。凝神，也可以说是进火的功夫；调息，可以说是采药的功夫。把精神收回来，专一不放，聚而不散，配合你的呼吸，自然地心息合一，这就是阴阳交媾基础的功夫了。

“生等打坐时，觉有躁气冲动不安之意”。大家在打坐的时候，觉得有一股躁气在乱动，使身心不安，这属于什么情况呢？“此不是意思打紧，即是自己色身上阴气凝滞”。这就是两个原因，要么是自己用意念太紧了，太造作了；要么是自己身体上面阴气凝滞，阻塞不通。这个就讲得很科学了，为什么一坐就躁动不安，坐不久，静不下来？无非是身心两个方面的不调：一个是你的心有问题，太紧了，太造作了；一个是你的气有问题，它凝滞了，没有通。

那怎么办？“法当用呼吸之凡火、真人之元火以温养之”。我们的呼吸也是一种火，配合我们的后天呼吸做功夫，这个火都是凡火。“真人之元火”，真人就是真正的自己、真我，道家的真人的概念很重要，我们大部分人都是活在假我之中，都是一个假人，没有找到真人。真人就是你的元神，你那个真正的自己，它那个观照作用，才是“元火”。这句话就是说用呼吸的凡火配合真人的元火来温养，消除躁气。温养，就是慢慢地来“炖”，这个锅里面有渣滓之气，有阴滞之气，你要用先天元神的观照，配合你的呼吸，把它慢慢融化。等它自己化掉以后，身心就清净下来了。

讲到这个色身，整个身心的变化，道家讲的就很清楚了。佛家直接讲那个最后的方向、原则，中间具体怎么做，它不谈这些问题。有的时候，一下子要转化，那是做不到的，是要慢慢来做功夫；但是这个根本原理都是要用真人之元火，这跟佛家还是一样的，佛家讲觉性，要有觉性，用真正的觉知力、观照力来转化。

每个人身上都有很多的凡气、渣滓之气、阴滞之气，气质之变是静坐的基本功夫。

今天早上课前静坐的时间不长，但是我观察了一下，大家的脸色已经有点变化，有一点点儿洋溢的喜悦的感觉，这几天还是有进步的，不知不觉在转化。一开始看起来很用力，是愁眉苦脸的，一看就是欠人几百万的感觉，压力很大，这两天慢慢在转化，今天已经有所体现了，功夫下到一定的时候，它会慢慢有进步的。

“何谓真人元火？”真人元火是什么意思呢？“古云：耳目口三宝，闭塞勿发通。真人潜深渊，浮游守规中。”这就是真人元

火。耳目口是我们的感官，器官都不向外发散，都收回来；真人就是我们最核心的那个生命，最核心的那个觉性、明觉，这个真人潜藏在生命的深渊，让生命的明觉若有若无地守在生命的中心。规中，就是炼丹的玄关一窍，是精气神得以会聚的中心。这个“中”的意义很微妙，有心法之中，如“喜怒哀乐之未发谓之中”；有身体之中，我们炼丹的时候，要从身体的有形之中去寻找心法的无形之中。规中之意义，就是有形之中与无形之中的交汇点，是身与心双融的中心，它不是某个固定的穴窍。一开始，我们找不到那个先天的无形之中的境界，我们就回到我们身体之中里面去，把真人这个无形的生命中心和那个有形之中合在一起。这样你找到了真人的感觉，进入那个最内在的生命的核心，活出真人体道的生命状态，这就是真正的真人元火。

真人元火是用丹家的语言来表述体道的境界，其核心是要回归你的本体层面。这个时候的“火”就跟我们一般的意念之火不一样了，是用而不用，不用而用，它不需要你有意地去用，只要回到那个真人的状态，此时的意识作用就是元火。

“生等其向自家身心上，体认到恰好处，行持到极当时，自无此躁气焉”。你们自己去体会，到了一定的时候，找到那个感觉了，回到那个平衡的状态，就没有这些躁气了。

“不然，或阳气大旺，将用河车之际，亦有此气息冲冲之状，然其神气自若，而心无他也”。要不然阳气太旺了，准备要转河车运周天了，也会有这种气息冲撞的表现；虽然有这种表现，如果你能找到这种真人元火的话，则“神气自若，心无他也”，就能不被它带走了。

"若是心安气和，又当运用河车，行小周天之法工，生其自审度可也"。如果你心安气和了，躁气消除了，这时又应当运转河车行小周天的功夫了。自己去找感觉，什么时候该怎么做，把握好其中的度。当你气息冲冲的时候，就不要急着行河车，不要转周天，要回到神气自若的状态，调一下；等到心安气和了，才慢慢开始转河车。

这不是平时空转河车，这有一个前提，还是讲阳生的时候，阳气大旺的时候，你要在适当的时候行河车。但是虽然阳气大旺，如果运河车之际，这个气还是有点躁动的话，你要先找到真人，找到这个元神之火，心安气和以后，再去行小周天的功夫，这样才不是后天躁动的功夫，也就是功夫要配合先天来做。

这里面讲了一些有为的用功的方面，但是也非常强调先天的境界，所以我才讲内丹学讲得最好的是《乐育堂语录》。如果光是教你怎么做、怎么炼的技术，不指明先天大道，那你这个就不是修道而是修术了。单纯修术做功夫，你身体有这个反应，有那个反应，但是永远不知道到底往哪个方向走，不知道终极目标是什么。

这是我们选讲的《乐育堂语录》的第一段，花了不少时间；第二段，我想不能仔细讲了，就讲讲它主要的意思吧！

（三）两重天地

我们讲阴阳交媾，里面有一个核心的问题，就是"两重天地"。什么是两重天地呢？就是两个世界：一个是先天世界，一个是后天世界，这两个世界的划分，在整个内丹学理论与实践当中，都是特别重要的。你如果不知道这两重天地，你就会简单地做功夫，而忘掉整个路线的问题、方向的问题。我们先看引用的《乐育堂语录》原文：

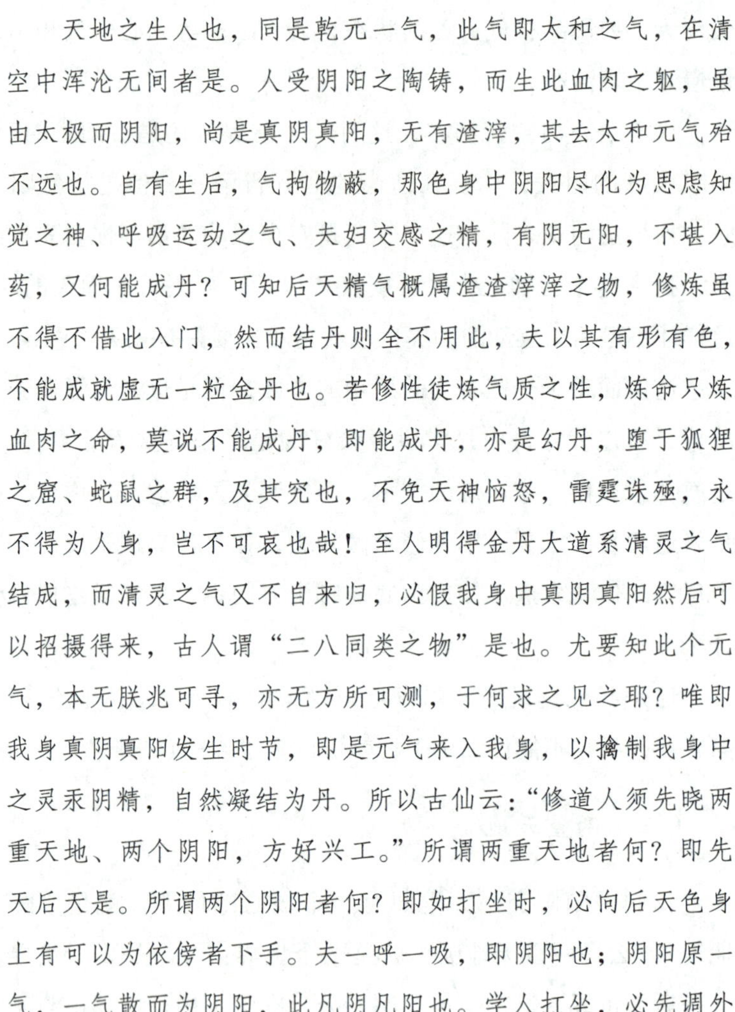

天地之生人也，同是乾元一气，此气即太和之气，在清空中浑沦无间者是。人受阴阳之陶铸，而生此血肉之躯，虽由太极而阴阳，尚是真阴真阳，无有渣滓，其去太和元气殆不远也。自有生后，气拘物蔽，那色身中阴阳尽化为思虑知觉之神、呼吸运动之气、夫妇交感之精，有阴无阳，不堪入药，又何能成丹？可知后天精气概属渣渣滓滓之物，修炼虽不得不借此入门，然而结丹则全不用此，夫以其有形有色，不能成就虚无一粒金丹也。若修性徒炼气质之性，炼命只炼血肉之命，莫说不能成丹，即能成丹，亦是幻丹，堕于狐狸之窟、蛇鼠之群，及其究也，不免天神恼怒，雷霆诛殛，永不得为人身，岂不可哀也哉！至人明得金丹大道系清灵之气结成，而清灵之气又不自来归，必假我身中真阴真阳然后可以招摄得来，古人谓“二八同类之物”是也。尤要知此个元气，本无朕兆可寻，亦无方所可测，于何求之见之耶？唯即我身真阴真阳发生时节，即是元气来入我身，以擒制我身中之灵汞阴精，自然凝结为丹。所以古仙云：“修道人须先晓两重天地、两个阴阳，方好兴工。”所谓两重天地者何？即先天后天是。所谓两个阴阳者何？即如打坐时，必向后天色身上有可以为依傍者下手。夫一呼一吸，即阴阳也；阴阳原一气，一气散而为阴阳，此凡阴凡阳也。学人打坐，必先调外呼吸，以引起真人元息。调外呼吸，必先以意为主。孟子曰："志，气之帅也。"古仙云："若要修成九转，先须炼己持心。"可知正心诚意为修炼之本也。调此呼吸，以目了照于丹田中，以息下入阴跷，提起阴跷之气上入黄庭，又以息引起绛宫之阴精下会丹田，此亦凡阴凡阳也。久之阴精与阳气两相交融，凝于丹田土釜之中，自然阴精化为真阳之精，凡气化为真阴之气，蓬蓬勃勃充周一身，此即真阴真阳，与元气不相远也。诸子要知元气本无形状，其蓬蓬勃勃者，亦是真阴真阳之气，非天然元气。若谓天然元气，去道远矣。要知此中安闲恬静者，即是元气来归，不离阴阳，亦不杂阴阳。吾师示生每坐一次，务要有安然天然自得光景，方见本来面目，不可执着元气竟如一物可也。吾师传玄至此，可谓抉透精微，挖出心肝与诸子看，生须着实行持，如董子"正其谊不谋其利，明其道不计其功"可矣。至于有效无效，毫不期必以为喜忧，庶几近之。

"天地之生人也，同是乾元一气，此气即太和之气，在清空中浑沦无间者是"。这是道家用气的概念来讲本体。这个气就不是一般的精、气、神分裂的、分开的气，这个是"乾元一气"，是一个本体层面的概念，就是从气的方面来讲这个本体，大家注意。

"人受阴阳之陶铸，而生此血肉之躯，虽由太极而阴阳，尚是真阴真阳，无有渣滓，其去太和元气殆不远也"。而人呢，是从先天世界演化到后天世界，夫妇阴阳交媾，产生这个血肉之

躯，就是从太极到阴阳的一个过程。一开始呢，这个阴阳还是真阴真阳，还没有受到太多的后天渣滓的干扰，从我们后天的生命产生之后，则“气拘物蔽，那色身中阴阳尽化为思虑知觉之神、呼吸运动之气、夫妇交感之精”，先天的精气神就完全化为后天的精气神：元神化为思虑之神，天天在胡思乱想；先天的气就变为后天的呼吸之气、运动之气；先天的元精就变成了夫妇交感之精发散了。这种后天的精气神，我们也可以把它都叫做阴，“有阴无阳”，这个时候的阴阳的意义，就是一个代表先天，一个代表后天，阴代表后天的渣滓，阳代表先天的境界，故“不堪入药”，后天的精气神都不是炼丹之药，不能成丹。“可知后天精气概属渣渣滓滓之物，修炼虽不得不借此入门，然而结丹则全不用此”。我们是从后天的精气神开始来修炼，但是后天的精气神不是我们炼丹的大药，那是借假修真，不要一直在后天的精气神里面炼来炼去，转来转去，那是幻丹。

我们要掌握了这个要领以后，再看看一般练功、搞养生的人，就是在后天的精气神里面炼来炼去，一团凡气，用妄想去炼，炼后天的那个凡精，有的人就说要把那个后天凡精留住，一年四季要不让它出来，这样把人都憋死了，能成仙吗？后天只是一个入口，关键是怎么回到先天。真正的炼丹，不是炼后天的这些交感之精、呼吸之气、思虑之神，我们是要修大道的，不是要简单地搞一些怪模怪样的小术，神神叨叨，所以“结丹则全不用此”，不用后天的精气神。

“夫以其有形有色，不能成就虚无一粒金丹也”。掌握了这句话，你就不会来问我“肚子里是不是有一个丹”的问题了，凡是有形有色都属于后天，这种后天的渣滓的东西，怎么能够成就虚无一粒金丹呢？真正的丹是虚无的，叫“大丹无象”。我们炼的不是那个具体的有形有象的小东西，我们要去找那个先天大道，这才叫修道，对不对？所以“一粒金丹”是一个比喻，不是说那里有一个很小的东西，叫作一粒；一粒是一种表达，我们在炼外丹的时候，金丹是一粒一粒的，所以我们现在也借用那个语言，也讲一粒金丹。大丹既然是虚无的，你不要想象成一个小东西。

“若修性徒炼气质之性，炼命只炼血肉之命，莫说不能成丹，即能成丹，亦是幻丹，堕于狐狸之窟、蛇鼠之群，及其究也，不免天神恼怒，雷霆诛殛，永不得为人身，岂不可哀也哉！”这句话就警告我们，如果炼来炼去，就在后天里面炼那个血肉之命，这些个乱七八糟的后天凡胎炼来炼去，不要说不能成丹，就算你真的炼成了，那也是幻丹。就像有的人说他炼成了，说自己肚子里确实有一个丹，而且跟我说他那个丹可以从这移到哪去，这种就算你炼成了，也“堕于狐狸之窟、蛇鼠之群”，这些人将来都像修炼出偏成了狐狸、鼠蛇之辈那样，就成不了人了。你本来是要成仙的，要超越人的境界，结果你成不了人了，你像狐狸、鼠蛇一样，到那个境界里面去了。炼的不好，炼坏了，贪心太大，一天到晚在为非作歹，在这骗人，说自己炼成丹了，再去教别人。这个时候，老天都要愤怒了，都要惩罚你，就要遭“雷霆诛殛”，让你永不得人身。这个话是很严重的警告，不要乱练，炼完了，没什么用，不但不能成仙，最后连人都成不了了。

“至人明得金丹大道系清灵之气结成”，真正明白的人，什么都知道，不会走偏。什么叫金丹大道？它是清灵之气结成，清灵

之气就是先天的那个本体层面的气，炼丹是靠这个。但是“清灵之气又不自来归”，我们怎么感通先天清灵之气呢？它不会自动来找你，因为这个时候有障碍，怎么办？“必假我身中真阴真阳然后可以招摄得来”。我们这个生命，是从先天的本体境界，落入后天阴阳的境界，那么要回到先天的本体境界，还是要通过真阴真阳的一个结合，要回去，回归先天，这个很科学吧？一个是从太极到阴阳，一个是从阴阳回到太极，这就是炼丹之理。内丹学为什么要讲阴阳交媾？它的目的是从后天返先天，阴阳交媾本身不是目的，它是方法。我们已经落入了后天的阴阳对待的世界，现在要回到超越阴阳对待的纯阳的世界，怎么办？就要靠真阴真阳的结合，“古人谓二八同类之物是也”，古人的经典里面叫“二八同类之物”。这个“同类”讲的是真阴真阳，不是讲的男女，不要讲炼丹男人一定要找个女人，女人一定要找个男人，这样男女双修才能回到太极里面去，这不是真正的阴阳交媾。

“尤要知此个元气，本无朕兆可寻，亦无方所可测”。你还要知道，这个先天元气，它没有形象，没有朕兆，没有兆头，你抓不住它，也没有方所，没有空间的大小与方向，不是说在某个地方有，某个地方又没有，那你怎么找它呢？“唯即我身真阴真阳发生时节，即是元气来入我身，以擒制我身中之灵汞阴精，自然凝结为丹。”先天之气不可捉摸，你抓不住，所以要从真阴真阳上下功夫。当你真阴真阳一交合的时候，这个时候就有感觉了，元气就来入身了；平时你被后天的东西阻碍了，进入真阴真阳交合的状态的时候，才感通元气进来。感通元气进来以后，就能转化你身体的后天的阴精、后天的阴气、后天的阴神，这个

“灵汞、阴精”都是后天的精气神，用先天才能转化后天，后天转化了的成果，凝结了就叫丹。所以丹就是后天的精气神在先天的作用之下，进行提升，转化，回归先天的境界得到的成果，就叫丹。

“所以古仙云：‘修道人须先晓两重天地、两个阴阳，方好兴工。’”这就是说，我们练功修道，先要把这个两重天地、两个阴阳搞清楚，我们才好具体下手，做功夫才不会迷失方向。“所谓两重天地者何？即先天后天是。”什么是两重天地呢？就是先天、后天这两个世界。“所谓两个阴阳者何？”怎么叫两个阴阳呢？先天有先天的阴阳，后天有后天的阴阳，先天后天加起来是两个阴阳。“即如打坐时，必向后天色身上有可以为依傍者下手。”后天的阴阳就从色身上能有所依凭的地方下手，所以这一呼一吸，就是我们后天的阴阳。“阴阳原一气，一气散而为阴阳，此凡阴凡阳也。”后天的阴阳是凡阴凡阳，下手的时候，虽然要借用它，但它不是先天的真阴真阳。

“学人打坐，必先调外呼吸，以引起真人元息。调外呼吸，必先以意为主”。我们从后天的阴阳开始下功夫，就是从呼吸上开始下手，呼吸上是后天的阴阳，但是呼吸本身还是要靠意来做主。这又是一个关键了，整个修炼是以意做主，要把这个重点抓住，就是你意识的状态很重要。所以我说，没有什么绝对的命功，“命”自己不会炼自己，“气”也不会自己炼自己，身体不会自己炼自己，最终都是你的意在炼，对不对？离开先天之性、本性，离开你的觉知，什么功夫也炼不成。有很多人老计较这个身体的功夫要怎么炼，但是你不从意的源头上下手的话，那是没法炼的。意，就是你意识的运用，觉知是用意功夫里面的一种，这个意也有不同层次的妙用与功能。真人的意识作用，即真人元火，这是本性层面的意识作用，是那个性体的明觉；次一层面的意识作用，是在先天、后天之间一般的觉知、观照；最下一层，凡夫的胡思乱想也是意，后天的意识作用是一种“凡火”，如果你用后天散乱的心去炼功的话，效果就很差了，甚至会有偏差。那个意要能够凝成一团，能够有意识的觉照而没有杂念分别，这是练功的一个关键，就是意识能做主了。

“孟子曰：‘志，气之帅也。’”这里又引用孟子的话，真正的高人都没有宗派的观念，谁讲得好就用谁，黄元吉讲道经常引用儒家经典。孟子就讲过“志，气之帅也”，这个“气”是以“志”为统帅的，这个志也就是我们的意志、意识的功能，志是主宰、引领气的，虽然是炼后天命功，重心还在志上面，命功离不开性功，志和意还是关键。

“古仙云：‘若要修成九转，先须炼己持心。’”古仙早就告诉我们了，要炼成九转还丹，首先要炼己持心。这个炼己，就是意识、心理方面的修炼；持心，就是要把这个心把握住。没有这个东西，所有的功夫都免谈。你说这是性功还是命功？你要炼命功，前面也要把炼己持心这一步做好，这是最开始的一步功夫。

有的人以为炼功就说怎么炼，你讲那么多大道理干啥呢？有的人说我的《丹道十讲》讲得太复杂，这里讲一下，那里讲一下，你就给我一个秘诀，告诉我怎么炼就可以了，他们这些人想得太简单了。我教你怎么炼，你把这个意没有抓住，心不能把持，又不知道方向，不懂得大道，那到时候炼出“狐狸之窟、蛇鼠之群”，那是谁的责任呢？到时候都怪我来了，就麻烦了。但是世人没有智慧，他就希望你骗骗他。我告诉他有一个什么诀窍，怎么样厉害，你要他十万块钱，都没有问题；我来给他讲大道，讲三天的道，他说你收我这么多的学费，他肯定不来。

“可知正心诚意为修炼之本也”。正心诚意，也是儒家《大学》里面的话，这里就是没有什么三教之别了，这个正心诚意就是一切修炼之本，修炼归根结底就是这个“心”和“意”要怎么修？所以千经万论，处处指归。我们前面为什么讲了这么多心性的道理，直指大道，你不要以为这是空谈，这才是智慧之根。你想成仙，想炼丹，你也得从这里下手。

“调此呼吸，以目了照于丹田中，以息下入阴跷，提起阴跷之气上入黄庭，又以息引起绛宫之阴精下会丹田，此亦凡阴凡阳也”。这些都是凡阴凡阳，是前面的一些功夫，但是也要在以先天为指导的基础上来炼，不要执着这些东西。这是具体讲怎么拿你的神光，观照着下丹田，配合你的呼吸，把这个阴精怎么给它化掉，这些都是在凡阴凡阳的层次上做功夫。一开始有这个功夫，但是你要回到先天的大方向上来。

“久之阴精与阳气两相交融，凝于丹田土釜之中，自然阴精化为真阳之精，凡气化为真阴之气，蓬蓬勃勃充周一身，此即真阴真阳，与元气不相远也”。这讲的是从最开始的凡精凡气，通过你前面的正心诚意功夫，凡阴凡阳进行交媾，慢慢让它转化，就向真阴真阳靠拢了。有了真阴真阳，再进一步交媾，就能真正回归先天大道。也就说，内丹之学把怎么样回归先天大道的步骤给指明了，它是有一个渐修的功夫在里面，怎么下手，怎么往上走，一步一步有功夫。

但是这个真阴真阳之气，还不是先天之气，不是天然元气，如果把这个就当作天然元气的话，去道远矣。一定要分出三个层次出来，一开始你的里面的能量、精气，都是凡精、凡气，都是凡阴、凡阳，然后通过你的转化，通过意识配合呼吸的作用，凝神静气，调整到了真阴、真阳的层次，全身好像有一种能量的畅通，一气周流，蓬蓬勃勃，但是还属于有形有相的层次，还是有个东西在动，这都不是真正的先天境界，不是天然元气，如果把这个当作天然元气，那离道还远着呢！

"要知此中安闲恬静者，即是元气来归，不离阴阳，亦不杂阴阳"。最好的状态是什么呢？如果你这个身心，安安静静，很悠闲，很恬静，很平淡，并不是说一定要有气从这动到那，感觉不到气动，但是这个身心特别地踏实，就像我们昨天讲的"平常心"的境界，安住在那个状态当中，这才是跟道相应的东西。你入了道，见了性，一念不生，了了常知，离形去智，同于大通，这些境界才是先天元气来归。为什么先天元气来归？因为你合道了，道中的元气就会到你身上来，所以这个是"不离阴阳，不杂阴阳"。不离阴阳，就是不离后天色身，同时跟先天合一；不杂阴阳，这个是先天的东西，它不是你后天的阴阳。

"吾师示生每坐一次，务要有安然天然自得光景，方见本来面目"。这句讲得好，平实有味道，黄元吉他是要处处指归大道的。他一方面教你怎么下手做功夫，同时他不断提醒你，说你们这些学生，每次打坐一定要注意，要有这种天然、安然自得的光景，没有一丝一毫的造作，完全地自然无为，也就是要有体道的风光，才能见到本来面目，才能回到先天世界。

“不可执着元气竟如一物可也”。你不要把元气执着成好像有一个东西似的，天天去抓那个东西，今天有这个东西，明天又没有了，然后在那懊悔，昨天我这个地方很舒服，今天又不舒服了，这些都是在后天世界里面打转，先天境界无一物可得。

“吾师传玄至此，可谓抉透精微，挖出心肝与诸子看”。黄元吉说自己老婆心切，他说我现在给你们传授大道到这个地步，把最根本的奥秘都告诉你了，相当于把心肝都掏出来给你看了。

“生须着实行持，如董子‘正其谊不谋其利，明其道不计其功’可矣”。你们要老老实实下功夫，要像大儒董仲舒所说的那样，就是你把这个方向搞明白了，老老实实去做，不要太贪这个贪那个，有一个简单的功利心；你只要大道明白了，认认真真去做，只问耕耘，不问收获，不要看我今天有什么效果，你执着这个小打小闹的效果，都是不明大道。所以要往道上走，走这个求道的方向，不要计较一时的功利得失。

“至于有效无效，毫不期必以为喜忧，庶几近之”。至于它到底是有效还是无效，不要有期待，不要说一定会怎么样，不要为这个或喜或忧，不要说我今天有感觉就沾沾自喜，明天没感觉就很痛苦，要超越这种分别心、得失心，一心向大道用功，这样就与修道的方向差不多接近了。

借用黄元吉的话，我也可以说这几天我也是“抉透精微，挖出心肝与大家看”，彻骨彻髓，直指本源，把根本的东西都给你了。你老老实实用功，走这个大道之路，不要太在乎今天有没有效果，明天有没有效果。

黄元吉这几段话，就把整个丹道核心的东西都指点出来了。要明白两重天地的道理，要知道大道的方向，也要了解先天后天的功夫怎么配合。

（四）体验阴阳交媾的功夫

大家先行禅，既活动一下身体，又为下面的专修做好准备。

啪！每一次香板敲下来的时候，都是一个机会，截断众流！平时的妄想太多，停不下来，这一啪，刹那间就把它停下来了，身心都不动，就离开了第三层，离开了分别识，让第四层呈现出来，让那个圆明清净的本觉呈现出来。

现在机会不多，香板敲下来的时候，那一瞬间，啪！一下就停掉。这个时候，既不昏沉，也不散乱，清清楚楚，明明白白，了了常知，这个时候元神、真我就出来了。

啪！（行禅中……）

好，现在上座，保持刚才行禅时这个一念不生、清晰了知的状态。

这几天，每一堂课的实修方法都不一样，它的目的我已经讲过了，就是让大家体验各种方法，然后找到你自己最相应的方法。回去以后，没有必要天天这么换着方法练，就用适合你的方法专一修持。这堂实修课我们就体验今天讲的道教的方法，你就不要自作主张用别的方法。如果你不喜欢，以后就不用这个方法，但是现在要实验一下这个方法，把我们讲的理论和实践结合起来。

我们怎么修这个阴阳交媾呢？下手的功夫凝神调息，先把这个凡气安定下来，把这个神专一下来，默默地若有若无地观照着自己的下丹田，大概肚脐这个位置上，但是不要死死的抓住，默默的、有意识而无分别。让自己的呼吸缓慢自然，调一下自己的呼吸，让自己的身心比较平定，安静下来，把那个凡夫的躁气先给调服一下。平常我们的能量像水一样往下流，在你的身心比较安定后，就想像自己的能量往上走；平常我们的意念、意识的作用像火一样向上发散，向外飘，现在要把它收回来，往下走，让这个精神火在能量之水的下面，不要让火在水之上。就像烧炉子一样，如果火在水之上，永远也烧不开。意念默默地放到下面去，能量收回来，慢慢地两者抱成一团，这就形成了阴阳交媾的作用。用功的口诀就是“精不下泄，神不外驰。身心一体，天人合一”，然后就停留在那个抱成一团的感觉当中。

如果你又开始胡思乱想了，怎么办？还得从头开始，从凝神调息开始，再重新来一遍。

“精不下泄”，精代表能量，能量不往下走。“神不外驰”，意念、意识不向外走，即不挂念各种意识的客体，把神收回来。“身心合一”，就是神往下走，能量往上走，两者在这个丹田里面交汇起来，交合成一片。身心合一，就是讲神气合一、阴阳交媾了。我们练功的时候，精与气两个层面简化成能量这个层面，此时所说的精或气都是指能量层。等到神气抱成一团了，最后一步是天人合一，是整个小我和大我的融合，回到道里面去，那是归宿。所以这四句口诀里面，有低有高，整个层次都在里面。在身心合一这个层面就可以安住，真安住了，自然就回到天人合一。如果你身心又乱了，胡思乱想又起来了，又要从头开始修，凝神调息，再念这个口诀，精不下泄，神不外驰，观想身心合一，天人合一，重新再来一遍。当你的身心已经完全地抱成一团，已经安定下来了，就安住在那个状态里面。

四、《吕祖百字碑》直指

道教智慧板块，我们最后一堂课讲“《吕祖百字碑》直指”。《吕祖百字碑》是在丹道文献里面一篇非常短小的经文，一共就是二十句，是五言诗句的形式。我们把它分成五段，每段包含两首五言绝句。《百字碑》虽然很短，但是我们现在时间更短，要详细讲的话，时间就不够了，所以我们的讲法是“直指”，还是要直指核心，不能太展开来讲了。

丹道文献里面所讲的中心思想，我们在讲阴阳交媾的时候都讲了，最核心的就这些东西。这个东西非常有用，虽然我们的终极目标是要去修道、悟道，但是这个后天的身心毕竟也很重要，怎么样从后天的身心，通过阴阳交媾，一步步回到先天，这是内丹学的特色，也是它的看家本领。

这个阴阳交媾对我们的身心保养，确实意义重大。我们昨天讲的形神相守，其实也在讲阴阳交媾，人家活了一千二百岁，形未尝衰，身体没什么大的变化，还那么年轻。我们可以不相信这是一个事实，但是从道家来说，这是一种理论的可能性，活个几百年、上千岁对道教很多神仙来讲，并不是什么难事。也就是说，我们修道有多种目标，但是第一目标是，我们要活得健康、和谐。有时候我们光是讲心性，还不太容易做到身体健康；当然心性到家了，超越身体了，也没问题。心性毕竟是比较难于捉摸，这个身心的交媾合一，对于我们身体的养生来说，是一种非常切实的方法。很多人在寻找妙诀，找最上乘的方法，其实所有的方法，最后都没有阴阳交媾这一着管用；这一着是身心进入和谐系统的一个本质的方法。也有其他各种各样的养生方法，但这才是根本的养生。

我们这个身体，它得到了精神的阳光照射之后，这两者一和合，那真是生机勃勃。本来我们的身心都是很憔悴的，形体在走向枯萎、枯竭，但是你这个身、心一结合，那确实有活力、有能量。我们这三天的课程里面讲了很多大道的东西，很多重要的心法，但是阴阳交媾这一块是对大家非常有用的，把精神收回来，神气交融，身心合一，这个身体就会有智慧、有能量。

“精不外泄，神不外驰；身心一体，天人合一”，这个口诀我们也教给你了，怎么样保养自己，怎么样多活几年，怎么样保持健康，核心的理法都在里面了。你的神不要发散，不要什么都去管，什么都向外去追，一个鸡毛蒜皮的事儿永远放在心里，放不下。把心放下，回归自己的身心，安于自己的身体之中，精神有了这个身体的土壤，它就有根了，它就不在天上飘了；而身体的土壤有了精神的光照之后，它才能成长，才能开花，要不就会田地荒芜，没有人去耕耘。

修炼界有一句话，叫“假传万卷书，真传一句话”。我们确实是来做一个弘道的事业，不是来忽悠大家，所以是披肝沥胆，把核心的东西都教给你了。

《吕祖百字碑》也是丹道的经典，它的核心内容也是围绕着

这个来讲的，但是它讲得言简意赅，把丹道的主要的精神——性功、命功都讲到了。

（一）第 1 段

养气忘言守，降心为不为。
动静知宗祖，无事更寻谁？

这是第一段。“养气忘言守”，这句话怎么理解？有人说是忘言、忘守，把“守”作为“忘”的对象，把言、守连在一块来讲，但是我认为这种理解不够顺畅，不合这句话的语脉。“降心为不为”，这是“为”和“不为”的一个结合，那么前一句话应该是忘言和守的一个结合，忘言和守是分开的，不是忘言与守，是忘言而守。忘言是讲否定的一方面，守是讲肯定的一方面。我们这么理解，要讲出一个道道来，不能说我就这么理解，你那个就错了。如果你在这里纠结，是忘言加上守，还是言、守一块忘呢？那我告诉你，是忘言然后守。

当然，理解成言与守都要忘，彻底地坐忘，也可以说得通。道理是相通的，关键看你说的守是什么层次的功夫。对于后天有所造作的把捉，这种守的功夫当然是要超越的，是要忘掉的；但忘不是完全无意识的，那样就等于昏沉了，这时的一种清晰了知而又无造作的觉照状态，是需要保任的，是需要持守的。

忘与守是辩证的统一体，忘言，是讲忘的一方面。我们要养气，养这个生命之气，怎么养？忘言是一个关键。事实上大家最忘不了就是这个言，你找人聊天是不是言，你起心动念都是一个言啊！都是名言的作用。离开了名言、概念，我们的分别心起不来，而我们之所以有很多的分别心，恰恰是我们着相，着在概念上了。看到一个名词、概念，我们就着到上面；超越言说相，这一点儿很关键。如果你真正能够忘言的话，不单单是你不去说话了，是你的心当中没有这种言说的分别相，那这个心就静下来了，就安下来了。

我们讲老子，也讲到这个名的问题，名和言是分不开的，实质上是同一个问题。无名必无言，真正的无言也是无名的境界。证悟的境界无言，没有言说分别。你说我开悟了，有开悟的概念就麻烦了，这个是平地起了波浪。真证无言，哪有什么悟不悟的问题，一切言说都超越了。

忘言，这个心就已经安定、清净下来了。这个时候要守，要保持这个状态。这个守就是“守静笃”的守，守护它、养护它，让无言的境界相续，让这个静定的能量相续。我们每一个人在修炼的过程当中，都会偶尔进入某个好的状态，关键是没有这个守，相续没有了，不能够稳定它。所以我们养气要进入忘言的状态，同时要守护这个忘言的世界。就此而言，忘与守之间需要保持一种张力，如同下一句中的为与不为之间需要保持平衡一样，故理解为忘言而守更合理。

“降心为不为”，降心和养气是对称的，养气是命功，降心是性功。降心就是我们如何能把心平定下来，这就是《金刚经》讲的“降服其心”；把这个心平定下来，就是降心的问题。

这个心很麻烦，有的人怎么也静不下来，这里的关键要害在哪里？就是“为不为”。如果你光是“为”，用有为的功法要把这个心定下来，要把念头去掉，越造作，心越乱，我们就静不下来。那你说我就完全“不为”，不要管它，你不管它就还是原来的业力和惯性在起作用，继续胡思乱想，也还是静不下来。所以为和不为这两者都不够，要“为不为”。

为不为是什么意思呢？当我们的意识静静地看着它，这一点观照的力量要保持，这是为的方面；但是我们并不去做什么，并不去控制它，不去抓住它，没有造作性的为，这就是为而不为，这就是用心的诀窍。如果你特别想静下来，特别想造作，想通过什么方法控制住心，那就会越来越乱，理不清。为不为，就是让你的心有一个警觉在，有一个观照在，把心提起来，但是不要去刻意做什么，各就各位，让它自生自灭，自生自化，这是降服我们的心的一个诀窍、妙法。

这个方法是微妙的，不容易找到其中的火候。如果你光是为，我只需要教你具体怎么做，那好办；光是不为，你什么也不用管，也好办。关键就是为而不为，修而无修，光注意为的话，那就容易变成小道小术，光是不为的话，那还是凡夫的不作为了。圣人的无为，是在已经悟道的前提下安住在道的境界中，那是一种无为的境界。对于凡夫来说，无为就是无所作为，还是原来的一套凡夫的系统，要为而不为，不为而为。既要忘言，同时要守；既要守，同时要忘言。不要一守，变成一种造作，就变成一个乱糟糟的东西了。

你看，前面两句话就把性功、命功关键的诀窍讲出来了。但这是分开来讲性和命，怎么降心修性、养气修命，第三、第四句话就是向上一路，提升一步了。

“动静知宗祖，无事更寻谁？”真正的功夫，不是性功、命功分开来练的，不是一会儿养气，一会儿降心，不是这样的；最根本的是在哪里呢？就是不管是动，还是静；不管是性功，还是命功；不管是打坐，还是在生活当中，关键是要“知宗祖”。这就是所有修道的核心，不管练什么功，练到最后，是要知道万法之宗祖，要找到根源，找到核心。

核心是什么？我想大家听了这几天的课，应该有所会心了。实际上，我们天天在讲宗祖的问题，要找到真主人，要找到真正的自己，要找到生命的第四层结构，不要在分别心当中去转来转去，要找到先天大道。知主人，明心见性，这是宗祖；自性不动尊，那个明觉，这是宗祖；说不清、道不明的东西，那个你要去悟的道，这是宗祖。

知道宗祖以后，动就让它动，静就让它静，一切平平，一切安放，一切如是。很好办，这就是“无事”了，不要做什么事了，有了主人在就行了。不要知宗祖了，找到这个主人了，回到先天的境界了，还在采药、进火，捉摸来，捉摸去，这就是没事找事，给自己添乱，所以说“无事更寻谁”，就是这样，不要再进一步去找了，也不要再问这是不是啊？这是真我吗？这是道吗？那个东西一旦进入，就进入了，不要再生起第二念，生起更多的分别心，不要从上面再掉下来。

平时我们修行有动有静，有专修，也有生活中的修；有性功，也有命功，这是一步一步地练的过程，但是核心是找到宗祖。我们的先天元神，佛家常讲的明觉、自性，它如如不动，本无动摇，本来清净，动也是它，静也是它，这才是向上一路。不是说我打坐的时候还可以，境界挺好的，一刹那间又完全是凡夫俗子，这就没找到根本。你说我的心胡思乱想，没关系，胡思乱想是外面的，你里面的那个东西还是不动的，要回来。你说我入禅定了，境界很高，你也不要粘在上面，沾沾自喜，那个觉性是如如不动的。

动也好，静也好；有念也好，无念也好。那个明觉的中心一尘不染，万法如如。如果你选择静而排斥动，你想进入无念而排斥念头，这都是着在“相”上用功，都是不知宗祖。真正了悟宗祖的人，就是超越了二元分别，一切都是，是个无事人，是个自在人。

在这四句话里面，把修行的功夫境界全讲完了，下功夫的方法和最高层的境界都讲了。古来的大德讲话，没一个字多余，几句话就把要害全告诉你了。这几句话总纲都出来了，把这几句话看懂了，后面的看不懂，问题都不大了，但是后面还要进一步详细地讲解一下。

（二）第 2 段

真常须应物，应物要不迷。

不迷性自住，性住气自回。

真常是什么？真常就是前面讲的“宗祖”，它是真实的，它是常住的，它是平常的，它是不变的。如果你识得宗祖了，但是你那个境界见不得人，做不得事，一待人接物就没了，那就不行了；得了“真常”的境界要能够“应物”才行。什么叫应物呢？

就是待人处事，面对各种各样的情况的时候，你还能够记得自己的主人，不失掉真常的境界。普通人也能应物，天天在忙，忙自己的家，忙自己的企业，这也是在应物，但你那个应物是迷的，是不识得真常的，是没有主人的。

“应物要不迷”，就是在应物当中，不被这些外物所扰，不被它们所带走，你这个真常心体、明觉一直都在，不为物转，而能够转物，这就是“应物要不迷”。这个根本的道理不管哪一家都一样，佛家说“若能转物，即同如来”，也是这个道理，所以禅家说“佛法无多子”，我们也可说“大道无多子”，核心的东西就是这个！

这个关键的地方要抓住了。起心动念都在跟着外面跑，这个心就是乱的，没有中心，没有主人，这就是我们散乱的人生；在应物之中，能够回归自性，念念觉悟，不为境转，这就是修道的人。不管你修哪一家，这都是根本。

“不迷性自住”，当你能够真的不为物所迷的时候，这个真常心也就能保持，也就能够安住在性体之中了。如果你一应物，就被带走了，那个真常心就丢了，觉性就迷了；而当你能够保持这种觉性常在，真常的境界能够稳定下来的时候，则“性住气自回”。你天天去养气，怎么养气啊？真正“性住”了，你安住在自性当中，先天之气就回到你身上来了。这个气还不光是后天的气，不光是“精气神”的那个气了，是真元一气，整个大道的能量就回到你身中，你的生命就充实，就有光辉。

由此可见，性功、命功能分开吗？分不开的！没有纯粹的命功，根本的东西就是觉性不迷，能够安住在性体之中，命功自在其中矣。

（三）第 3 段

气回丹自结，壶中配坎离。
阴阳生反复，普化一声雷。

这个先天一气回到我们的生命当中来，跟我们后天的精气神相互作用，转化后天的精气神，让后天的精气神一步步得到升华。精化气，气化神，神还虚，这些转化的过程就完成了，这种转化有了成就，就叫“丹自结”。所谓的“结丹”也是一个比喻，是一种象征的语言，就是指精气神转化、凝结的成果，不是在你的肚子里面结成一块石头一样的东西。回到这个先天的境界，先天一气回来了，就可以升华、融化你后天的身心，让你的身心一步一步地转化升华，这就有不同层次的“丹”，精化气的成果是一种丹，气化神也是一种丹，神还虚又是一种丹，丹有几品，不同层次的精气神转化的成果就是不同层次的丹。

“壶中配坎离”，壶是什么意思呢？壶，就是我们这个身体。道家这个“壶”呢，也是一个比喻。这个壶里面呢，充满了神妙，充满了可能性，整个宇宙也是一个壶，身体也是一个壶，壶当中奥妙无穷，所以道家往往拿一个壶来象征、来做比喻，这个壶里面有无穷无尽的智慧和神通。

这个先天之气回来了，就在我们身体当中，开始“配坎离”了。坎离是什么呢？我们前面讲过了，就是阴阳，就是神气，配坎离就是前面讲的坎离交媾、阴阳交媾。接通先天一气，神、气就开始交合了，两者一合作，生命就发生了能量的蜕变、能量的升华。

配坎离的过程，就是“阴阳生反复”。“生反复”是什么？就是讲阴阳交媾，平常我们的阴阳是相分的，神气是分离的，神向外发散，能量向下消耗，这是阴阳的一个顺行的路线，是常人的一个路线，那么“生反复”呢，就要反过来，要颠倒，要阴阳交媾，神不向外，气不向下，两者一结合，就产生“普化一声雷”的景象。真正地将两者阴阳交合，到了一定的境界以后，那就有能量的变化了，有内在气脉的振动，像打雷一样。这既是一种比喻，也是一种内在发生的真实景象，称为“内景”。就是你炼功到一定的时候，会感觉身体好像有一个爆炸，响起了雷声，雷声滚滚，包括你河车运转，能量变化，也可能会有各种各样的景象。

这个景象不是坏事，但是也不要去执着它，就是自然有这么个现象出来，这不是我们练功的目标。修道不是为了听到这一声雷，不是说你没听到雷声就不行，这也是一个比喻，说明身心内在有变化，身心没变化，就没有进入真正转化的状态。这种内景的体现，你要把它完整地来理解，不能死执，每个人具体的表现可能都有所不同，但总是有所体现的。会有内景出现，但你不执着于它，这是一个过程，阴阳交媾，会有这种现象产生。

（四）第4段

白云朝顶上，甘露洒须弥。

自饮长生酒，逍遥谁得知。

这段话就把我们练功的效果，非常形象逼真地讲出来了。它不是讲你心理上有什么变化，这跟佛家的语言、佛家的气象是不一样的。我们为什么把道教的重心归到生理这一块来讲呢？不是说道教修炼就是天天炼生理，其实心性仍然是更根本的；而是在生理这一块它有特殊的“见”，有特殊的体验，你在佛经里面找不到这种说法。

“白云”是什么？白云是能量之流，“白云朝顶上”就是能量往上冒，如云雾般萦绕在头顶上。我们前面讲过，你的神好比是火焰，通常向外发散了；练功时凝神于丹田，坎离颠倒之后火在水之下，就能炼精化气，能量之水经过火的镕炼就变成了气体，像蒸汽一样往上冒，这就叫“白云朝顶上”。你炼功到一定程度，就能体验到这个能量往上升，升到头顶上来了。

“甘露洒须弥”，甘露是什么？就是在你修炼的过程当中，精化气，气到了顶上以后呢，它又会凝结成水，它就像蒸馏酒似的，那个酒的蒸气升上去冷却后就变成酒了；“白云”升至头顶，又开始凝结成“甘露”，这个甘露之酒就酿出来了。这个甘露从头顶上洒下来，慢慢进入你的口中，形成满口香甜的津液（口水），这个时候练功所生的津液，不是一般的口水，痰是要吐掉的，但是练功的津液你就不要乱吐了，那可是无价之宝，这叫“长生酒”。

“长生酒”这个比喻是非常贴切的。我们小时候在农村，有酿酒的作坊，看见过白酒怎么从粮食中酿出来的。粮食让它发酵，高温蒸馏，最后酒气就往上蒸，到上面再冷却，就出酒了。道家的“长生酒”就是在我们身体里面去酿酒。佛家讲不要饮酒，我们道家讲要饮酒，饮的这个是长生酒，这个酒绝对是可以饮的，它是长生的秘密。什么时候我们酿出这个长生酒拿去卖？那是无价之宝，是无法买卖的。

“自饮长生酒，逍遥谁得知”，这个“长生酒”超越一切养生的酒，外面可以买卖的酒都不行，这个长生酒是生命的精华，你自己饮就够了，没法给别人饮，所以要偷偷地乐，自己享受，“逍遥谁得知”！你不能说我酿两杯长生酒给别人喝，那是不行的，只能是自己享受，自己逍遥，自己成仙，别人不知道。别人以为你身体出什么毛病了，怎么口水那么多，源源不断，吃又吃不完？你口水咽下去，它马上又来了，是源源不断的，喝不完的，你每天想喝就可以喝，慢慢地就把这个身体里后天的污垢之气全部给你化掉，脱胎换骨。你自己在那偷偷地炼，偷偷地享受，如醉如痴，别人也不知道，你也不需要去跟别人炫耀你炼出什么东西了，自己自得、自乐，自己逍遥。

这个“逍遥”呢，从《庄子》的“逍遥游”，到道教这里就具体化了。庄子的逍遥，是游于“无何有之乡”，是在广阔的道的世界获得精神的逍遥；但是精神的逍遥，跟这个身体的逍遥，是完全分裂的吗？不是的，这两者是合起来的。所以道教进一步把身心两者结合，在我们身心的修炼过程当中，也有这种逍遥的境界，再配合大道精神的逍遥，这就是人生真正的逍遥，一点都不空，它是扎实的有身心体验的基础的。你要讲庄子的逍遥游，可能觉得太空虚了，这是你自己自得其乐，像阿 Q 一样，你觉得自己在逍遥，但你那个逍遥还不够现实；有了这个长生酒之后，你这个人生的逍遥才有一种安乐，不但是精神的超越，而且是身体上也有反应，是身心无以伦比的愉悦。佛教其实也有这种逍遥，它对禅悦的语言表述不同，方向路径不同，但这个东西真正修行的人都有；如果你修炼禅定，进入很好的境界，那也是“自饮长生酒，逍遥谁得知”。

（五）第 5 段

坐听无弦曲，明通造化机。
都来二十句，端的上天梯。

吕祖（吕纯阳祖师）很自信，一般人写文章，我的文章对不对啊？请指教，送给别人看一下。吕祖是得道的人，没有凡夫俗子的客套，就老实告诉你，我这首百字碑你别小看了，就这短短的二十句，就是上天的梯子。你把这几句话搞懂了，你就上天有路了，你可以往天上、往神仙境界上走。

到了“自饮长生酒，逍遥谁得知”这个阶段以后，身心融化，还虚境界出来了，与天地合一，这时就可以“坐听无弦曲”，坐在那里，感悟大道之奥妙，倾听无声之歌、无弦之曲，那个宇宙的声音、宇宙的道歌，你去欣赏，整个世界成了一个体道的乐章。这就不是我们尘世间的音乐，那个没什么了不起，这个“无弦曲”才是真正的天籁之音，无弦的音乐才是真正的音乐，超越世界上所有的歌曲。到了这个境界你就听到了宇宙大道的歌唱，别人听起来什么声音也没有，但是你听起来，有无比美妙的境界。

“明通造化机”，这个时候你真正明白了，眼睛打开了，如同

《庄子》讲的“朝彻”，通向道的世界打开了，领悟了万化之奥秘。这个“机”，就是它的玄妙之处，就是玄关。那个先天后天出入的门户在哪里，整个世界根本的奥秘在哪里，你都明白了。知道了生命为什么会从先天落入后天，又怎么样从后天返先天，这整个的奥秘搞清楚了。

理解了我们生命的奥秘，就撑握了真正的生活的艺术，我们就能活出自己的真正自在解脱的人生。最后要回到这个“明”，明觉、智慧、开悟，都是这个明；要回到这个“通”，“同于大通”的通，通就是道的浑然一体，道的无边无际，道的无阻碍、无挂碍的境界。就是一切通，身心通了，天人通了，万事万物都通了。把宇宙、人生的奥秘彻底地领悟了，“明”而后能“通”，通就没有任何东西可以再成为你的障碍，这个修道就达到目的了。不是说我们身体哪个地方有个什么东西，有什么反应，把这些练功的局部现象当作修道的目的，就是舍本逐末了。

自饮长生酒，这是讲我们的生命通过阴阳交媾，回归先天里面，它会产生的一个觉受、体验，但这还不是目标，不能天天就沉醉在这个酒里面，不能“喝醉”了，要“醒来”，最终还是要清醒，清醒就是“明”。如果喝的太多，稀里糊涂，一天到晚在那里陶醉，也是不行的，最后还要回到悟道上来，“明通”就是得道的境界。

附录二

逍遥于无何有之乡（答疑篇之二）

晚上的课前静心的时间又到了，可能有些人已经觉得有点累了。这次课程时间安排得得比较紧，内容太丰富了，好像也比较“赶”。现在需要调整一下，尽量给大家一些自由，不要太紧张，你们以自己认为最轻松的方式坐着就行，唯一的一点就是要带着觉知去坐，不一定要求大家保持正规的静坐姿势，但是也不要太放逸发散，要把心回到一种“有主人”的状态，这也是我们将来在生活中要保持的状态。

为什么搞得这么紧？因为我们要“转轨道”，你要体验一种新生活、新的生活方式。平时已经流浪惯了，放逸惯了，我们现在稍微紧一点，让大家心时时在道上，这样你才会有收获，有突破。但是什么事情都不能走极端，要像弹琴一样松紧有度，太紧了容易断，太松了也不行，咱们自己把这个节奏把握好。

如果你很喜欢静坐，静坐其实是不累的，那是一种最佳的休息。我很想静坐，但我也不敢静坐，我在这里还有任务；让你们静坐你们有时候还觉得坐得很累，其实可以很轻松的。不要太急，不是要去追个什么东西，就是平平静静地放松下来，放开来，让它去，让一切去发生，是一种很自在、很潇洒的状态，你掌握了诀窍就不累了。

一无所求，一无牵挂，安安静静的呆着。提不起就放下，放不下就提起。如果这个安安静静的状态实在保持不下来，又胡思乱想了，怎么办呢？那干脆就找点正事做，就是“观想”，可以回想、复习我们课堂上讲过的见地，把这个道理想清楚，这叫“正思维”，与胡思乱想是截然不同的。给大家两个选择：一个是完全放下，就静静地呆着；放不下就提起来，就正思维，复习功课，把今天讲的道理回味回味。

（静坐中……）

第一步是“外手机”，把手机放下；第二是“外身”，第三是“外心”，不能“外手机”就什么都“外”不了。

这回时间比较短一点，给大家多留一点周转的时间。以后这个“课前静心”要尽量提高它的质量，用最短的时间达到最好的效果。就只给大家十分钟静心，这十分钟你弄半天还没有进入状态，时间就过去了；要训练一下子就进去，进入状态后十分钟就出来，焕然一新！

把这个课前静心和专修课配合起来，专修时间 45 分钟，课前静心就十分钟，这样还不至于让大家感觉太累，大家可以用课前十分钟攻一下关，其余时间就可以自由一点。

如果觉得盘腿不舒服的，都可以放下来，双腿自由摆放。我们晚上就是轻轻松松来小参、对话，腿可以活动活动，转转圈。

要随机应变，把你们都折腾得受不了，就麻烦了。我们一开始讲观虚书院的院训，里面就有“优雅”，要把它变成一种享受。到时候你们在这里感觉受了三天罪，回去都怨我了！当然“怨”是第一阶段，过一段时间你们要谢谢我，幸亏经过这个“魔鬼训练”，结果回家静坐，大有进步。

今天晚上还是接着小参答疑，现在请大家提问。

问：戈老师你好，我想问一下，怎么样去体会“无何有之乡”，我总是感觉这句话很有意思。

答：我有一副对联："游戏于如来大寂灭之海；逍遥于庄子无何有之乡"。庄子的语言，不是一种纯粹讲道理的语言，它用了很多寓言、故事，各种象征性的表达，非常有韵味。很多人喜欢庄子，讲庄子的书很容易畅销的。我北大的师友，他们讲《庄子》的书都卖得很好；有机会我也要讲《庄子》，大有市场啊！

《庄子》确实有味道，令人爱不释手，也可以说是我们中国文化的一本奇书。《庄子》三十三篇里面，庄子所著的"内七篇"又特别好，外杂篇不一定是庄子本人所著，水平参差不齐，但也有很多精美的篇章。

关于"无何有之乡"，庄子并没有给出一个理论上的论证，它就是一个意象，表面上好像是一个"顽空"，什么都没有，找不到任何东西；但是这恰恰是隐喻了一个精神的国度，就是彻底放下，没有一丝一毫的牵挂。有任何一个东西，就容易变成挂碍；凡有形有相的东西，它总是一个局限性，有形就有障碍，就有牵挂，就相当于着相了。无何有之乡，实际上并不是顽空，它只是没有那些有形有象的凡尘之物，它只是看起来什么都没有，这是"见诸相非相"的世界，其智慧妙用无穷。

虽然它表达的一个方式与佛经是不一样的，但这里同样是指向那种"无相可得"的境界。什么都抓不住，什么都找不着；你也不用去抓，不用去找。在看起来似乎是一无所有的那个世界里面，恰恰是充满了无穷无尽的可能性，无穷无尽的生机，无穷无尽的能量与智慧。也就是说，"无何有之乡"就是"道"的一个隐喻，讲"道"是从正面来讲，但是庄子不那么正儿八经的讲，从反面来讲"道"就是那个"无何有之乡"，体道就是回归到那个“无何有之乡”去。

我们前面讲过“离形去智，同于大通”。“离形去智”讲了身心两个方面的超越，但是“无何有”就包括了一切方面，什么东西都没有，也就是什么都放下，什么挂碍都没有，当然也就包括了“离形去智”，所以“无何有之乡”也是“同于大通”的世界。

我们一般的人容易去抓一个什么东西。你要讲空，讲无何有，好像是有点恐怖，到一个无何有之乡，那有什么意思？但是我们有静心的体验的人，我们修道的人读这种文字就有感觉。当你彻底静下来的时候，一念不生，一丝不挂，心无挂碍，完全放下的时候，那就是无何有之乡，空空如也，什么都没有。什么天下国家，老婆孩子，弘道事业，统统没有！你说我要去弘道，我要去度众生，我要建个书院，麻烦了！这一念接一念，杂念就来了，还没有度众生，自己先沉沦了。所以那些东西都彻底放下，彻底的无念，也就是无我了，是“吾丧我”的境界。真正到了坐忘的世界，就是无何有之乡，什么都没有。

这是从“无”这方面来讲，无要无得彻底；但是真的到了这“无何有之乡”以后，别的东西就来了，真空即妙有。它一定会有它妙德庄严的那一方面，那里面“有”什么呢？从本体上说，有先天一气，有本体界的庄严；从境界上说，有真正的清净、真正的安定、真正的逍遥和真正的解脱。

“无何有”从正面来讲就是“逍遥”，怎么样才能逍遥？到“无何有之乡”才能逍遥，所以叫“逍遥于无何有之乡”，这跟佛家讲的“大寂灭之海”是相通的。佛家讲寂灭，寂灭好像也是什么都没有了，什么都消失了。如果你理解得不透，也是很恐怖的，什么都寂灭了。佛家讲寂灭是一种“圆寂”，是圆满的寂灭，完全的寂灭，一点都不能留。彻底寂灭了，真空就妙有，你“半空”就是“半有”，只有“真空”才是“妙有”。人生最大的智慧就是要能放下，真的放下到一无所有，一丝不挂，什么都没有的时候，突然之间你的人生变得无比的逍遥自在！

你拥有的东西越多，你被占据的东西就越多；反过来说一无所有的人，他的心就是完全不被带走，完全没有挂碍。但是我们讲的这个“无何有”是一种境界，不是在事实上你要把什么东西全部来破坏掉、消灭掉，这又回到禅宗讲的这个“于相而离相”的境界。如果你只是在“相”上一无所有，而心里还有占有欲，还有对“一无所有”的恐惧与抱怨，你其实根本就没有到达这个“无何有”的状态。重要的是这个心要把它放下，是“心中无物”的一个境界。

“放下”不是“放弃”。你学道了，你就得不要这个、不要那个，什么都不要，都放弃了，这样学道是走错了方向。有的人一学佛，特别激动，要解脱轮回，要舍弃一切。老婆是个坏事，淫欲是生死的根本，所以老婆不要了，孩子不管了，只想自己成佛了。但你即使离开了老婆孩子，你真的能放下吗？你真的能进入“无何有之乡”吗？进不了的，过段时间又有新的问题出来了。放下的真义是什么？放下不是放弃，如果你把什么东西、把别人放弃了，把别人给扔掉了，那不是放下。放下，是你的心中没有挂碍，所以在家而出家，于相而离相，就在这个生生不已的世界当中，通过精神的修养，放下一切心里面的挂碍，才真是进入了“无何有之乡”。

问：师父好！我想问一下人类从科学上为什么会存在因果？比如说“大德必得其位，必得其禄，必得其名，必得其寿”，“天道无亲，常与善人”，而坏人必得罚，这个善恶报应的现象，其科学依据是什么？因果的道理我是深信不疑的，有因必有果，但是有的人不信因果。

答：你这个问题的关键，还不是因果的科学根据的问题，一般人也不是不信因果，因为因果就是科学的根据，不是用科学来解释因果，之所以有科学就是因为有因果，科学就是从万事万物里面找它的因果关联。所以准确地说你的问题是为什么善有善报，恶有恶报？这个善恶报应的因果是如何来的？对不对？核心在这。

一般意义上的因果是没有问题的，种豆得豆，种瓜得瓜，农民都知道这个因果。你不去种地，哪有收获？这个因果到处都在，是吧？科学家去做实验，不也是去找这个因果吗？为什么会有这个现象？要去找各种现象之间的因果关联。所以没有人否认因果的概念，而某种特殊的因果关联是不是存在，则需要科学研究去证实或证伪。

现在我们学佛修道有一个问题，就是什么是善？为什么善有善报？什么是恶？为什么恶有恶报？有人就不相信善有善报，恶有恶报，他也可以举出相反的例子。比如说某某大坏人干尽坏事，结果享受了很多荣华富贵。这个佛教有对这种现象的解释，但一般人还是不信，如何从科学上解释善恶报应，这才是你要提出的问题。

这个善恶的因果报应存不存在？我们从修道、从宗教的角度来说，善恶也有因果，善就是有善报，恶就是有恶报，不是不报，时候未到。这是佛教讲的，这个善恶的因果报应是存在的。

如何来理解这个因果？如何解释“善有恶报，恶有善报”的现象？这种因果报应论，我们可以分出几个层次来解说，从核心层到外层，一直往外展开。

核心层的善恶的因果报应，我们首先要对善恶进行一个规范，什么是善？什么是恶？站在宗教或者修行的角度来说，不是看一个表面现象的善恶，核心意义上的善恶就是说，对我们这个心的觉悟、心的解脱、心的解放，有促进作用的就是善，增加我们的无明和业力，妨碍我们的解脱的，就是恶。对一个人是这样，那么对众生也是这样。妨碍众生解脱的，妨碍众生走向这种智慧，增加众生业力的就是恶，首先把善恶的定义搞清楚。

所以善恶不是说你做了某一件事，就是善；做了另一件事，就是恶，要回到这个大的方向上来理解。你说放生就是善，然后天天去那个市场上买，人家打鱼的一上来，你赶紧去买，买完了，从另外一边再放回去，也不管放生的鱼的死活；这个渔夫高兴了，有这种傻瓜，你买了到那个地方放，他又去那个地方打上来，再卖给你。还有的人买一大堆某个物种，随便找个地方放生，破坏了这个地方的生物平衡，泛滥成灾了。放生本来是善举，结果很多放生变成恶业，甚至你这个放生变相鼓励人家去杀生，鼓励人家去抓更多的鱼来卖给你们。他知道某某人有钱，老在这买泥鳅，他就天天去翻天倒海找泥鳅来卖给你。然后你就满足自己的这个功德心，说今天又放生了多少条鱼，自己在算自己做的功德，不知道你这个是在造恶。

善恶不是说简单地看一个行为，而是综合的看它对这个世界造成什么样的影响，当你这个行为对世界产生了善的影响的时候，才是善行；而当你的善行对世界产生了善的影响的时候，这个世界一定会反过来帮助你，让你朝着这个善的方向前进，这就是在一个正反馈的系统里面了。那么这个时候因果自然就呈现出来，不可能违背这个因果律的。善行必有善报，这是必然的；你觉得善行得了恶报，是因为一开始这个就不是善行，而是恶行。

而我们之所以有的时候理解不了，是因为我们把那个善简单地理解成某一个行动，忘掉了这整个系统，就觉得不好理解。那么在整个系统里面，它就不一定是你眼前所能看见的东西。所以因果之所以不能理解、不好理解，是因为它是一个很复杂、很广大的现象，而我们所看到的是有限的。

比如说从时间上来讲，我们只看到眼前的东西。就像佛家讲的，你只看到这一生的事情，你看不见前生后世的事情。但是因果是算总账，不是眼前这些事情。你无数世的善业、恶业交织在一起，肉眼凡胎根本算不清的。这样的话，从某些局限的、局部的现象来看，你认为某某人做了好事，没有得到好报；但是你所理解的好事到底是不是好事，这本身是一个问题；而你说他没得到好报，这里面也有复杂的问题。他这个不好的报是怎么来的？并不是因为那个好事来的，那是另有因果，或许是另一个恶行带来的果报，对不对？他有另外的恶业造成的这个恶报，你不能说他做的是好事，就直接跟这个恶报连在一起，说他做好事而得到恶报。

这是一本总账、大账，当我们算账算不清的时候，我们就发生这个问题。你认为行善得到恶报，那是你把这个账给算错了，算糊涂了。所以不同的线不能串在一块，就是善因有善果，恶业有恶报，要加起来算总账。时间上要加起来，空间上要加起来，各种条件要加起来，所以因果非常复杂。按照佛教的说法，一般人根本算不清楚，你根本看不出来；你看不出来，但是你要相信佛菩萨的智慧，要能够相信这一点。

更直接的从修道上来讲，我刚才讲什么是善，就是有利于你觉悟、有利于你心灵解放的，这就是善。妨碍你解放的，增加你业力的，就是恶。如果你把这个善的定义都搞清楚了，你起善心、起善念，这能帮助你解脱，这本身就是善报。善因必定是有善报，心气无二，你起心动念都会影响你的气，对不对？这里面就是直接的因果报应。你起烦恼，胡思乱想，就直接影响你的气，你的气就乱，气一乱，身体的气脉就纠结，纠结以后身体就不好。所以不同的烦恼造成了不同的病，不同的心理问题导致了不同的生理问题，这就是心念的善恶报应问题。

再从这个心念发展为行动，就是从意到行。你有这个恶念以后，做了恶事，那么你的恶行造成了伤害，对别人的伤害，对这个世界的伤害，影响了这个世界的净化。你本身跟他人、跟这个世界是密切相关的，是连在一起的，你破坏了别人，破坏了这个社会，必定会受到这个大的系统对你的个体的影响，对不对？这是很科学的，这个没有什么问题，你既然做了什么，就会有它相应的一个影响，这就是因果报应的存在。

我们之所以不能理解善有善报，恶有恶报，是因为我们把这

个善恶的帐给算错了。有的人经常会说，这个人那么有钱，但是缺德，没什么品质，那么坏的人怎么会那么有钱？那个人心地善良，为什么没有钱？但是这个人他本身是一个复杂系统，你现在看他缺德，这只是看到他现在的表现，而且是你所理解的缺德，他到底有怎么样的品质，还不一定。有些看起来缺德的人不一定就缺德了，对吧？另外这个人本身是一个系统，它在缺德之前，他是不是积了很多德？他的“银行账户”里原来就有一大笔“存款”，对不对？你看他这辈子没怎么“赚钱”（积德），但是他以前有“存款”，它现在拿来用了，所以你要把这个总账算清楚了，都没有什么问题。

这个佛教特别强调的因果的概念，只是怎么去准确理解它的问题。因果本身是毫无疑问的，但是需要去做深入的理解，把它理解清楚了就没问题，就不会为一时的或者一个局部的现象产生疑惑。

从个人来讲，这个因果其实更好理解，也没有太多的问题。你造了什么业，就会受什么影响。你今天杀人了，表面上你好像能躲过去，但是你杀了人，这个账就记在你自己的阿赖耶识当中，你骗得了别人骗不了自己。你杀人之后，你这个心本身就受到报应，这个杀人偿命的法律制裁，是第二步的事情，是这个事情的展开。所以要想幸福，首先要放弃这个恶心、恶念，你造的恶业它就会有恶报。

对集体来说，这个社会是每一个人的叠加，是一个综合，也就是一笔更大的账，更难算而已，但是这个原则是没有什么问题的。宇宙就是一个大的生命，生命是一个小的宇宙，只是系统越大，这个因果的账就越难算。有的时候我们人脑是根本没法算的，那个宇宙有宇宙的大脑，它自己会理得很清楚，因为这是宇宙的法则，并不是说有一个人再来算账，也不是佛菩萨或有个神在那里算账，这个人做了什么事，天天在记账。这就是宇宙本来如是，这个宇宙就是一台超级计算机，确实是一个活的生命，它有这个功能，它内部就有这些信息，都会自动地记载下来，会自动反应。如果靠人计算，那就麻烦了，总有算错的时候。

“现行熏种子”是“因”，“种子生现行”是“果”。你自己做的东西记在你的阿赖耶识当中，现行熏种子，以种子的形式存在。我们也可以把这个宇宙理解为一个更大的阿赖耶识，每个人的所作所为也在这里面留下了种子，这个种子要现行的时候，就是果报了。当它以种子的形式存在的时候，就是因；种子现行了，就是果。而你现在的所作所为，就是在熏习不同的种子，种下了不同的“因”，就为将来的“果”准备了条件。所以一切都不是偶然，每一件事情都有它综合的因果。你今天会是这个样子，不是偶然的，是无数的因造成今天的果，而你现在的所作所为又在造业，又在制造未来“果报”的“因种”。

懂得这个道理，最后回归到一点，就是我们要注意自己当下的身、口（语）、意三业。身业就是行为，语业就是你说的话，意业就是你的起心动念。当我们不修行、不觉知的时候，意就是胡思乱想，行就是胡作非为，语就是胡说八道，我们把它们叫做“三胡”，修行就是要将“三胡”变成“三好”：做好事，说好话，存好心。

修行从因果上来讲很简单，就是要变“三胡”为“三好”，种善因得善果，这样才能不断地改造我们的人生，让我们的人生不断地升华，不断地得以净化。每个人的生命都走在净化的道路上，这个世界才会越来越净化，这就是我们修道的意义。为什么我们要去修道，还要鼓励更多的人修道？这是“灵性的革命”，让每个人都觉醒，这个世界、这个地球才会成为美丽的花园，才会成为真正的净土。

问：老师好！我很早的时候，就看过“推背图”，我问的第一个问题是，是什么力量在推动中华民族这几千年的文明发展？第二个问题，我很早的时候就喜欢研究“命理”，一个人的命运不说百分百，基本上差不多都在生辰里头决定了，从他的生辰里头你可以看到他这一生的福报；基本上我们这一生的努力，也都在命运的掌控之下，也是业力的一个结果。那么问题就来了，对我们来讲，虽然有导师的引导，但是我们也不知道结果，未来有可能修得成，也有可能修不成，那我们修行还有什么意义呢？

答：这个问题呢，可以简单地概括为“算命”的问题。算命有两个层次：一个是算个体的命，第二就算整个社会、整个中华民族国运的这个命。现在的问题就是，算命何以可能？为什么能算命？如果真的可以算命，一切都已经被决定好了，我们这一生的努力、修行还有什么意义？

首先是说到底有没有“命”（命运）？如果“命”都没有，你“算”什么“命”？如果说没有“命”可“算”，它为什么又看起来能够算命？这就有很多问题。

到底有没有命？前面关于因果的问答已经间接地说明了，有因果也就有命，命运就是某种因果的关联。就是说每一个人或者每一个系统都不是突然冒出来的，它有其久远的一个历史，这个系统过去的所作所为、所造作的一切都留下了“种子”，在它这个系统当中成为未来发展的一个“蓝图”，我们也可以解释成什么“基因”或“密码”之类，反正是有一套东西（业力）在里面，所以任何一个系统都不是一张白纸，它都有它以前的这个发展历史的记载、密码，或者说种子、蓝图，佛教称之为业力，不同的概念都可以表达这个意义。那么这个系统它今后的发展一定是在这个蓝图的基础上来展开，这在某种意义就形成了它的命运，对不对？

这跟物理学的观点也是一样的。从物理学上来讲，任何一个系统在没有外力的作用下都有一个“惯性”，沿着原有的轨道去运动，这个“惯性”就是“命”。如果这个系统没有受到任何外力的干扰，它就是一个孤立的系统，那它就会一直沿着惯性运动下去，这种情况下我们能够预测它的运动轨迹。根据牛顿力学，一个物体以某个速度沿某一个方向运动，只要知道它的起始位置、速度和方向，在没有外力或某种确定的外力作用下，一定能够算出它未来的某个时间，它会在什么地方出现，对不对？这就相当于“算命”了，我们就能够把它的未来轨迹算出来。

从这个意义上来说“命”是有的，就是说以前的种子、蓝图决定了这个生命今后的发展模式，根据以前的历史就可以算出它将来的趋向。反过来说，如果这个系统它不是孤立系统，它除了有自己的蓝图之外，它还不断受到外在的影响、外力的影响，这里就有新的“变量”了。它本来是应该这么发展的，但是一个外力让他改变了方向，这样他的命运就改变了。所以，这个“命”在某种情况下可以说是有的，是可算的；在另一种情况下又可以说没有命运，是算不准的。

用到我们人的这个生命系统上，我们普通人的发展，就已经被你久远的过去所决定了。你过去的所作所为已经留下了无数的种子在你的阿赖耶识当中，你这一生的发展基本上就是被它限定的。所以我们只要找到一种方式，或者有这样一种能力，把这个命运密码找出来，把它的“初始条件”“边界条件”找出来，按照一定的公式去计算，就能够知道这个生命将来会怎么样发展。也就是说，正常的人的“命”大部分是可以“算”出来的。

如果这个生命就只是按照这样一个既定的模式发展的话，人生就没有意义，活着就没有意义。什么时候生，什么时候死，什么时候贵，什么时候贱……全部都是被命运决定好的，那你活着还有什么意义？

幸好，生命并不是这样完全无助地机械地发展，生命有自我更新、自我创造的可能性。生命的意义在于创造出那个“变量”，生命的意义在于打破旧有的惯性的轨道，生命的意义在于做自己的主人，开创新的生命境界。

所以，这里面最关键的是有一个“变量”。除了过去的这些因子、过去的种子和过去的蓝图之外，有一个最大的变量——这就是生命意义之所在——是什么呢？就是我们的意识、觉性。这个觉性意识是不可思议的，是不可限量的，它具有各种可能性，它有无穷的潜力。这个变量只要你把它充分调动起来，那就没有被限定的那种命运了。

一般的人因为他没有去调动这个能量，这个“心之力”没有开发出来，没有觉醒，没有智慧，所以他才被命运所左右。只要一个人是在无明、业力的轨道上走，没有智慧，那么你基本上能看到他未来的命运。所谓“八岁看大”，这个人他将来大致是怎么样子，从小时候就能看出来；算命先生通过算命，也能将他的命运算得八九不离十。

但是这个永远不是绝对的，每个人都至少有一半的主动权掌握在自己的手中，你可以改进你的命运，完全的宿命论是错误的。

每一个人都具有无穷的潜能，那个觉性、那个意识、那个佛性是我们生命当中最可贵的珍宝。我们为什么要去修道，为什么要弘道，就是要把这个东西找到。找到了这个觉性以后，你自己就能做主。本来按照业力，你应该是走这样一条路的，但是现在你是已经觉悟的人，你偏不走那条路，你可以走一条新路了。这就是说，觉悟的人可以“造命”，可以改造自己的生命，找到新的路径，打破原来的业力。

大概你也看过很多书，有很多这方面的故事。再厉害的算命先生，平时算得很准，但是要是这个人遇到高僧点化，进入修道之路的时候，你就再也算不准了。佛教里面这样的故事很多，《了凡四训》大家可能都知道，我就不多说了。前面的命运都是按照算命先生说的在发展，但一修行以后，行善积德，一个人的命运从此以后全变了，跟算命先生说的完全不一样。

这就解答了前面那个问题，如果我不知道修行能否成功，如果一切都由命运决定，我为什么要修行？修行为什么还有意义？因为这个命不是绝对的，命只是一半，是一只手；还有一只手掌握在我们手里，这只手就是意识自由之手。但是对大多数人来说，他自己把自己捆起来了，没有去开发利用这只意识自由之手，而只是被命运之神这只手抓住了，所以这个人基本上就被限死了。只要我们调动了这个意识的能量、觉性的能量，从此开始自己做主，你就可以创造新的生活，焕发新的生命，这个时候就不受那个命运之神的控制。

这“两只手”都有很强的力量，“业力”不可思议，“愿力”也不可思议。只有业力不可思议的时候，那就是在业力轨道上流转，那就可以算命了，因为你就是在业力轨道当中出不来了。有了这个愿力系统，有了这个智慧系统之后，这个愿力的不可思议才可以抵消那个业力的不可思议，那么人生就可以充满各种可能性；也就是说你当下的愿力、当下的行为，这是一种使你的人生具有新的可能性的一个力量。

对于没有愿力、没有意识的人来说，他就像一台被决定的机器一样自动反应。对于这种人来说，他没有什么新的未来，因为他的一切都是被决定的。

我们要修行，恰恰是要找到那个自主性、那个觉性，我们自己创造自己的人生，这样我们就可以避开原来的那个轨道。成为一个自由的有觉性的人，这就是我们修行的真正的目标。

我们前面讲过“七种人”，这就是在发展意识、开发觉性这条线上不同层次的境界。不是说没有命运，对于无意识的人他的发展就是按业力轨道在走；但不是宿命论，不是命运决定论，因为人有意识发展的潜力。如果是命运决定论，那就不用修行了，修行没有什么意义了；不是“惟命是从”，而是这里面有一个新的可能性。

修行就是要找到这个新的可能性，发展这个新的可能性。从此之后，你就可以打破原有的惯性。比如，按照惯性，到时候你就想抽烟，你已经抽上瘾了，不抽就难受；这种情况下我就可以算出来，你到某个时候肯定要抽烟，一眼就能算出来。但是你学佛修道了，你受戒了，修戒定慧了，你本来要抽烟的时候就没有抽烟，现在你对烟一点都不感兴趣了，所以那个算命先生就失效了，你把命都改了，把这个抽烟的命改了。这只是一个例子，其他也一样。本来这个人的命就是一辈子的穷命、苦命，他发不了财的；结果人家学佛修道了，天天去修桥补路，做好事，积功累德，若干年之后成富翁了，钱多得不得了，他不想要钱都不行，钱就往他身上送，有这种可能。人生是一个开放的可能性，命运是可以转变的，所以才要修行；如果真的是宿命，什么都算好了，那就完了。

有的人有神通，有他心通，他知道你在想什么，因为你的意识自由度不高，你的思维是机械的。但如果他到禅师那里去，情况就不一样了。禅师一开始没有显示最高境界，他就像一般人一样也起心动念。这个具他心通的人说，你一代国师，怎么跑到那个地方游山玩水去了？禅师微微一笑，说你再看看我现在在哪里？他进入觉性之海，进入禅的境界里面去了；这时候神通就不管用了，搞了半天也不知道禅师在哪里。

《庄子》里面也有“壶子相面”的故事。壶子是一个得道的高人，有一个相面很厉害的人，把壶子的徒弟给镇住了，这个徒弟以为他比自己的师父高明多了。于是壶子让徒弟把这个善于看相的人叫来给壶子相面，结果壶子把这个相面的人玩弄了一通，把他给吓跑了。壶子示现不同的境界让他看，一开始相面的人都还能把握，后来壶子进入一个最高的境界，相面的人就找不着北了。

能不能被这个命框住，这是一个境界问题。境界不够，就是有命可算的，你被命给框住的；你境界到了，就可以改命，算命就不管用了。

关于个体的算命问题我们就讲到这，现在就是要算这个“大命”，这整个社会有没有命可算？大家从我前面讲的这个思维方式里面就可以总结出来，个体与集体它们是相应的。

对于我们整个人类社会或一个国家来说也是一样，作为一个更大的系统，它也是有着悠久的历史，有它的种子与蓝图，中华民族有自己历史发展所积淀的文化、习气，有它民族性的特质与历史惯性，这些都作为“种子”影响今后的发展。假如我们找到了一种计算的方式，找到了一种规律性，比如从周易里面，找到一种预测的模式，只要方式、方法得当，那我们中华民族的发展，也是有方向性的，也是有命运、有轨迹的，在某种程度上也可以预测它的未来发展。但是同样，这个命不是绝对的，如果真的是绝对不能变动的，那就真的没啥意思了。

一切早就注定了，什么时候要杀人放火，什么时候要出什么事，都已经注定了，那还有什么善恶可言呢？国家民族的发展有一个大的趋势，与此同时，就像我们个体有自由意识一样，国家民族也有个整体的意识性，民族意识的觉醒，这里面也包含大的智慧，也可以改变民族的命运。这个真正的智慧在民族这个层面上体现的就是一种文化、一种精神，形成中华民族的一种核心智慧、核心精神，它具有无穷的潜力和潜能。如果发挥好了，它能够扭转乾坤的，它能改变很多事情，所以国家民族的发展也充满了新的可能性。

这种民族意识的觉醒，民族文化的力量，最终又取决于每一个人的愿力所形成的一个综合的力量、集合的力量。如果我们中华民族有一百个彻底觉醒的人，这一百个人每个人又度了一百个人，像愚公移山一样，慢慢地整个中国人的意识自由度或者精神境界都提高了，那我们整个中国、整个中华民族的命运也就改变了，这不是不可能的，所以我们才需要发愿，为国家民族的未来而努力改造自已，修道有成了还要弘道，让更多的人觉醒。

你可能会说，为什么“推背图”能够预测这么多事情呢？这里面也有很多不同的因素在起作用。

要注意推背图是一种什么样的语言？它是一种隐喻的模式，它不是具体地说某一件事情。它没有说哪一年会有什么样的具体的人或事发生，没有这样预测；它都是一种隐喻的诗句，讲的是一种大范围内的一种趋势，或者一种现象。我们说它预测得准，是因为我们过后把这些大事件去跟那个对照，我们去解读，能够找到一个解释系统，与推背图所说对应起来。也就是说，并不是说推背图就把所有的事情都预测出来了，这里面有很大的一个可能性是我们的解释的问题，是我们把这个事情按照它所说的进行解释就对应上了。

这就是周易的特点，周易的预测，从来没有把具体的事情说得清清楚楚的，周易本身就是一套模式，叫“宇宙的代数学”或“宇宙的密码学”，它是建立一种预测的模式（公式），所以它能解释一切现象，你可以往里面套任何事情。所以，并不是说从推背图就可以得出一个具体的结论——我们所有的事情都是被决定的——很多事情也只是我们的解释。

当然，这个就像预测个人一样，如果没有更高的文化与智慧，国家民族的发展有一部分是能够被预测的，有一个趋势是能够被决定的，但也是大的范围内的一些趋势。不要太过于相信这些东西，认为它就是完全精确的预测，好像知道什么具体的事情。

对推背图的研究和解释也有不同的系统，有的人这么解释，有的人那么解释。有的人为了造势，就从里面找某一句话来为自己特定的目标服务，别有用心地把自己想说的话往里边套。以前要推翻前一个朝代的时候，新朝新帝往往都会找些瑞象、预兆来造势，说明自己是“天命所归”。还有从佛经里面找些论述，说佛经里早就预测了，将来下一个皇帝是什么样的，其实这都是自己编造的故事，是为了将来打江山夺人家政权的时候造势。有的所谓的瑞兆是伪造的，先把一个含有预言的物件埋在某个石头下面，然后去挖出来，当作上天的预兆。

不管是个人还是集体都在一定范围内有一个固定的轨道，有它的惯性在，这是“命”。但是这个命，因为我们的系统不是完全孤立的，有很多的外力，还有更多的影响它的因素，它里面充满了变化的可能性。所以修道特别重要，就是要开发生命本具的觉性，实现意志自由，创造一个新的生命、一个新的世界。

老旧的为命运所支配的人让他过去，觉醒的新人类开始诞生，我们修行就是改造这个业力轨道，变成智慧光明的轨道，从此开始你的新的人生。这不仅关乎个体生命的自由与解放，更关系到整个人类的前途命运；只有无数的个人觉醒了，整个人类才有光明的未来。

问：戈老师好！《六祖坛经》里讲到西方净土世界，是否有西方极乐世界？对西方极乐世界的描述是否是真的？是否有这样的国土、化土，还是说这只是一种境界？还有佛发了四弘誓愿，世世来度众生，是不是这样子？请戈老师开示。

答：《六祖坛经》对西方净土的解说，是禅宗的说法。按照禅宗的理解，并不是把西方净土当做彼岸的一个世界，我们要去那个地方；而是要回到心上，回归心灵的净土。这个解释的传统就来自于《维摩诘经》，叫“心净即国土净”。我们以前也讲过，所谓的净土世界就是我们心清净了以后，所呈现出来的这个世界就叫净土。那么阿弥陀佛是成就了的佛，他在因地又发了大愿，他那个世界（西方极乐世界）就是他的净土世界，当然也是存在的。不但阿弥陀佛的净土世界存在，你的净土世界也存在；只不过你心不清净而已，你心净了，你的世界也是净土世界。

既然“心净”就是“国土净”，那什么叫“往生”？往生不是我要到你那个净土世界里面去，是我把心清净了，我就到了净土世界。我这个净土世界跟你那个净土世界，是没有时间隔阂的，是没有空间隔阂的，实际上就是一个世界。所以禅宗说，你顿悟了，西方世界就在目前。

往生极乐世界，不是说你临终的时候，一直飞啊飞啊飞，飞到遥远的西方极乐世界；六祖说极乐世界距离地球有10亿国土，你如果没有明心见性，你怎么往生？你要飞多长时间？在路上早就掉下去了，飞不到啊！你这样理解往生是不对的。

对禅宗来讲，往生净土就是一个心的问题，心的觉悟才是根本，世界就是我们心的呈现。心悟了以后，这个净土世界就在眼前。本来净土世界就是无时间相、无空间相的，哪有这里、那里之分？你的净土，我的净土，诸佛的净土，都是一个净土，都是一个法界，法界无外，法界没有来去，法界没有时间相，没有空间相。好，我们把禅宗的净土观讲清楚了。

下面我们再退回来讲一下，除了上面讲的究竟的本体意义上的净土之外，还有没有现象意义上的净土世界？像净土宗讲的西方极乐世界，讲得有声有色，八宝行树，八功德水，树上的鸟都在念佛、念法、念僧，极乐世界都是上善之人聚在一起，无一点丑陋现象，真是很美啊！这不简单是一个“唯心净土”的问题吧？可能就是另外有一个世界，环境那样好，修学条件那么好，我们通过念佛，在阿弥陀佛的愿力加被之下，结合我们念佛的这个功德，我们往生到那个世界去修学，在那里成佛之后，再回来度众生，这是净土宗的说法。

所以净土宗的念佛往生，并不完全是按照刚才禅宗的那个说法；像禅宗那样理解，净土宗可能不太认同，那样老太太就不愿意念佛了。因为净土宗的人念佛就是说有一个净土世界要去的，你这样要心净、要觉悟，我念佛觉悟不了怎么办？现在的问题就是，净土宗所讲的这样一个西方极乐世界，到底有没有？如果有，它又是一种什么样的存在？

宗教信仰这个层面和真实哲理的层面，两者的说法还是有所区别的。作为神圣信仰的层面，对净土的信仰无可非议；而且只要你有坚定的信仰，一定会有相应的宗教体验与实证境界。从哲理意义上说，我个人倾向于认为，对净土世界的这种描述是一种象征、隐喻。当年我在北大读书的时候，有一段时间我就是看净土宗的经典。晚上我在宿舍静坐，那个时候读研究生是四个人住一间，静坐时灯是开着的，我就观想那个净土世界。进入一种很好的状态以后，那种不可言说的美妙世界就呈现了。本来这个宿舍乱七八糟的，也谈不上什么装饰，但是在我那个心灵的世界里面，就是一片的美好祥和。好像周围都是这个佛啊、菩萨啊、诸上善人聚会一处，什么七宝池，八功德水，微妙庄严；你观想的时候，净土世界就在眼前。所以对净土世界的这种描述，你不能说它是假的；但是你也不能理解为我们普通人所讲的一个客观的世界，这是心灵的世界里面的一种意象、一种境界。

也就是说，西方阿弥陀佛的这个境界当中，就具有这样一个美妙的极乐世界，而我们要往生的这个世界也就是我们所要达到的这种境界，我们要呈现出这个境界来，这样我们就到了西方世界。不是说我死了以后，飞啊飞，飞到那个地方去；还是经过你的念佛修持，体证到这样一个万法唯心的世界。

念佛里面有“持名念佛”“观想念佛”和“实相念佛”等不同的层次。观想念佛的时候，《观无量寿经》里面有一步一步的观法，你长期这样观，当你临终的时候，那个观法就现前了，那个世界就呈现出来了。

如果是实相念佛，这个“阿弥陀佛”代表无量寿、无量光，也就是我们讲的那个圆觉的世界。实相念佛实际上就是念诸法实相，念自性佛，通过实相念佛成就了，就是心清净了，开悟了，那实相的法身净土就出来了。通过《观无量寿经》的观想念佛，那个报身的净土就出来了。实相念佛，显现的是法身净土；观想念佛，显现的是报身净土；持名念佛，显现的是化身净土。也就是说，往生是不同层次的心灵境界的显现，三种层次的念佛就分别呈现出法、报、化三个层次的净土世界。

这样一来，净土宗的整个修法是有根据的，是有严密的理论逻辑的，它不是迷信。你要去念佛、去修持的话，一定有效果，而且确实是可以往生的。

如果你把净土理解为10亿国土之外的一个世界，我们从这个地球要飞到那里去，那我不能保证你能往生；你什么时候飞到那里，我也不知道。但是你按照我这个理解，老老实实念佛，老老实实观想，当你临命终的时候，你还记得念佛、观佛，那个时候你呈现的世界跟一般的没有念佛的人的世界就不一样了。你可以看见阿弥陀佛来接引你，也可能看见观音菩萨等其他圣者，接引你进入那个极乐世界，你就解脱了。

这是净土世界的秘密，透露给你们了。

你还问到“四弘誓愿”，诸佛菩萨发了大愿，他要生生世世度众生。那你到了西方极乐世界成佛了以后，你怎么度众生？你不是还得回到这个娑婆世界来？严格地说，这个回来、不回来是我们众生的观念，因为成佛的那个境界里面它是没有来去的，他是一个“无功用行”，就是在无为当中无不为。佛度众生，是在无为当中自然而然的事情。只有在我们没有成佛的时候，还像我这个水平的时候，才有度生的观念，还有弘法的念头，这都是一时的方便之说。

这个四弘誓愿是菩萨在因位发的愿，我们要成佛，首先要发这个大愿，要发菩提心，修菩萨行；等到成佛的时候，这一切都化掉了，就没有这些问题了，自觉觉他完全是统一的，没有说要去觉他、度众生。对佛来讲已经无佛可成，无众生可度，一切都是自动的自然的，但是有缘的众生有需要的时候，佛就会现前。在佛的那个境界里面，最高的智慧无法言说，他具有无穷无尽的功德与妙用。在这个境界里面，释迦牟尼也只是佛的一个化身，我们这个娑婆世界有这个缘，需要佛他就来了。但是佛也说了，他没有来，没有去，来去是在你们众生的眼中才有的，对佛来说，他是“不动道场”，本来就不需要来啊、去啊，都是一个大圆觉海的世界。

没有来去，又自由示现，这到底是怎么回事？——等你成佛了以后再说。

问：我想请老师给我讲讲禅、净双修的问题。

答：禅、净双修的问题，其实刚才已经讲了。我讲了禅宗怎么理解净土，对吧？也讲到净土的意思是什么，也讲了我怎么理解净土，这里面实际上已经把禅净双修的道理搞清楚了。

你修净土宗，当你真正修到实相念佛的时候，这就是禅宗了；反过来说你修禅宗，你觉悟了，净土就现前了，这就是净土宗了。实相念佛，这是净土的禅宗；心净土净，这是禅宗的净土。你只要以这个禅宗的见地去念佛，这就是用禅宗的方法去修净土。你在修净土宗的实相念佛，达到了实相的境界，你跟阿弥陀佛相融为一了，你就回到禅的境界。最后都是一个净土，就是唯心净土；自性弥陀，唯心净土，这就是禅、净双修。

问：我想请老师讲一下圆顿止观。

答：圆顿止观就是果乘的法门，实际上就是“大圆满”的法门。一般的止观，都有一个所观之境和能观之心，我们要观想一个世界出来，慢慢去进入一种观境。圆，就是不偏，圆融通透；顿，就是没有时间相，当下就是。这个圆顿止观就是直接契入实相、法界，在实相、法界里面，没有能观和所观的二元性，没有时间的分别，也没有空间的分别，一切都是，一切都好，当下安住，没有问题，不求解脱，不断妄想，智慧本具，一切如是。实际上我这几天讲的直指法要都是这个东西，你去体会就行了。

问：老师好，我有一个问题。前一段流行一本书叫《与神对话》，它里面对人来到这个世界的解释是他知道自己是来体验的，比如受苦，苦和甜是相对的，他受苦，就是为了知道甜，这是他选择的。

答：你觉得你自己是来这个世界受苦的吗？谁觉得自己是从天上来这个世界体验一下苦的？我们大家都没有觉得自己是从某个地方来地球自觉受苦的，那为什么《与神对话》这么说，我们就相信他们？《与神对话》的那套体系、那套语言表达，都不能太认真，它也不是一个正统的宗教，是新时代大量的通神经典之一。在民间宗教中也有大量的这一类经典，有各种说法，如果每一个说法你都信以为真，那就麻烦了。前提是先问问这个东西到底对不对，如果你先把每个说法都认定为一个事实了，是一个真理，然后再来问为什么，那就误入歧途了。这种说法看一看就好了，不要太认真。

问：关于西方极乐世界的问题，有一种说法，说为什么是西方极乐世界而不是东方极乐世界呢？因为太阳从东方升起，从西方落下。我们人也跟它一样，也要回归到本来的出处，所以称为西方极乐世界，不知道师父认可这个说法吗？

答：西方极乐世界，我一直没有讲这个“西方”，没有强调这个西方，这个西方实际上是一个比喻或者一个象征，不是我们讲的“东西南北”的这个意义。从字面上理解是讲东方、西方，实际上这是一种隐喻。你刚才讲的这个日落在西方，西方是一种归宿，所以净土世界是我们的归宿，这也是一种理解。在整个法界当中，你从哪里去找东方、西方？以谁为标准？我们这里是往

生西方，那另外一个地方的人是不是往生东方？方向怎么定？所以不能从这个地理位置上去定这个东、西方。这个西方是相对的，更多是一种象征的意义。不是说你临终的时候往西方飞，就能到，往东方飞就到不了，这都是比较拘泥的说法。这个净土实际上它是没有东方、西方之分的，净土世界就在眼前，四面八方都通，是圆觉的世界、圆通的世界。耳根圆通法门修的就是圆的东西，不是说只修某一个方向，那是我们世间人的一个很局限的观念。因为一般人都是有局限的，它是有方位感的，所以佛菩萨说法也会因世人的方位感而权说方位，这是一种方便之说。

问：清净心念佛，如果真正念到一心不乱的话，应该跟禅宗是相通的。我想请问师父，从这一点来看，净土跟禅宗是不是相通的？

答：不但净土跟禅宗是相通的，所有的宗都是相通的，万法都是相通的，根本的道理就是一个，佛法无多子。我前面讲了往生净土是什么意思，就是净土世界现前了；为什么要有善根福德，你没有善根福德，你都没法念佛了，你没法修，你就坚持不下来。你要能够相信这个阿弥陀佛，能够相信西方极乐世界，这都是要有善根的。你能够这样念佛，净念相继，念到一心不乱，净土就现前，这样才能呈现出一个净土的世界。一心不乱，就是智慧心相续。这就是《大智度论》里面讲的“清净心常一，则能见般若”。一心不乱，净土现前，这就是修行的根本道理。所以净土宗是完全可以达成觉悟的一个修行法门，不是一个迷信的东西，因为这里面讲的很多修法，都是符合正见的，按照这个法去修，就能呈现出净土的世界。不要纠结十亿国土之外有没有这样一个西方极乐世界，不要局限于净土的方位和距离的远近；而要回到这个净土的本义上来——清净心常一，则能见般若——通过念佛，一心不乱，显现出净土的世界。也可以说，我们这个世界，我们这个当下，我们这个禅堂，就是一个净土世界；但是你心乱了，你就呈现不出来，有智慧的人就已经体验到这就是一个净土世界。所以你念佛，就是念那个觉性，念法界，念那个清净世界。这几天我们都是在念佛，只是不同层次的念佛，有的是念阿弥陀佛的名号，有的就是念佛的实相，念这个净土世界。当你的心清净下来，一心不乱的时候，你这不就已经往生了？不是说人死了才叫往生。我们的心进入这个清净的世界，净土现前，当下就证到了净土，这是真正的往生极乐；这种意义下最好不用“往生”这个说法，因为现在一般都把人去世了，称为某某往生了。

问:《道德经》里面讲“人法地，地法天，天法道，道法自然”,《楞严经》又讲“非因缘，非自然”,“道法自然”这句话怎么理解?

答:《老子》中的“人法地，地法天，天法道，道法自然”这一章，我曾经多次讲过，你们去看一下那个讲录。《楞严经》讲“非因缘，非自然”，跟我们讲的“道法自然”的“自然”，虽然用的都是“自然”这两个字，意思是不一样的。光看表面文字的话，那就永远要打架，不但佛教跟道教要打架，道教本身也要打架，佛教本身也要打架。比如佛教讲“无自性”，又讲“自性生万法”，这不是打架吗？我们读经典，不管是读哪一家的经典，一定要有智慧之眼，不要执著于文字。如果从文字上来讲，一天到晚都要吵架，是吵不完的；今天跟这个吵，明天跟那个吵，永远是扯不清的。

第一，如何理解这个“道法自然”？

我曾经讲过，“道法自然”的这个“自然”，如果要跟佛家里面的概念类比，佛家有一个相似的概念叫“法尔”，法尔如是，“法尔”就是这个“自然”。佛家讲“万法如如”，就是诸法原本如此，就是这样，没有一个另外的主宰，这与道法自然是相通的。道法自然不是说道要去“法”一个更高的东西叫做“自然”，自然不是道之外（之上）的东西，道法自然就是道再无所法了，它就是自己如此，本来如是的意思。

这里的“自然”不是一个实体，跟那个“人法地，地法天，天法道”是不同的，前面人、地、天、道这是四个层级，而自然不再是一个新的层级了。如果说自然是一个层级的话，那么“自然”就是比“道”还要高一层级，这是说不通的。道之外不可能再有更高的层次，那就变成五层了。你联系上下文来看，五层也是说不通的，因为前面讲天大、地大、人大、道大，讲“域中有四大”，你加了个自然就变成“五大”了，这不就乱套了吗？

第二，《楞严经》讲的“非因缘、非自然”是什么意思？

这本身就是一个特定语境下的特定的表达。学佛的人天天讲“因缘”，这里却讲“非因缘”，明显是有特定的意义的。一句话一定要放到它的语境里面、脉络里面去理解，不能望文生义、断章取义。

这段是《楞严经》探讨万法之真如、性体时所说的，讲“非因缘”就是真如之性体不是因缘造成的，因缘是生灭法，真如不是生灭法，当然不是因缘所成；有因缘的话，就是生灭法嘛！“非自然”，印度有一派叫做“自然外道”，就讲天地万物，你不要去搞这个因啊、果啊，一切都是自然生的，这是一种哲学观念，与佛教的因缘生法是相对的。既然前面说真如性体不是因缘所生，那是不是就是无因无缘而自然生的呢？当然不能这样说，真如性体是“非自然”，不是那个自然外道所说的自然。

“非因缘，非自然”，这两个“非”之后，就能体会《楞严经》要讲的那个道理是什么？要在《楞严经》的体系里面去理解，它是用否定的方法去指点那个根本的见地，让你明心见性。

问：《道德经》里面说的“失道而后有德，失德而后有仁，失仁而后有义，失义而后有礼”，老子主张道，道是最高境界；但是孔子、儒家主张的是仁，仁是最高境界。老子与孔子差不多是同时期的人，孔子还请教过老子，是不是孔子不认为道是最高境界？

答：这个还是从总体上，对儒家与道家的最高范畴进行一个比较。不同的系统里面的概念，来做一个比较的时候，就容易出现问题。我们看到佛教的人批道家的话，或者道教的人批佛教的话，或者儒家批道家，或者道家批儒家，这种话题争论不休，永远扯不清。

所以一定要还原，儒家的话要还原到儒家的系统里面来理解，道家的话还原到道家的系统来理解。不要把道家系统里面对儒家的理解，认为是儒家的系统里面对儒家的理解，也就是说在《道德经》里面讲的道、德、仁、义、礼这个次系，这里面讲的仁，和儒家最高境界的那个仁，不要放在一个层次里来理解，这是不同的语境里面的表达。

也就是你把对方这个系统的语言放到我这个框框里面，那总是我这个最高，你那个最低，对吧？所以佛教就说，你这个基督教肯定不行，基督教讲“天主”，天主在我们这个佛教“六道”里面是属于“天道”的范围，还没有超越六道轮回呢！基督教的天主，是最高的本体层次的概念，你这样做宗教比较，那就是鸡同鸭讲，扯不清了，所以就不能这样理解。

《道德经》里面讲的这个“道”，当然是最根本的本原（本体）。没有了道，离开了道，我们才讲要修德入道，对吧？德没有了，我们才讲要行仁义，要培养这个德性。道、德、仁、义、礼，这个是一步一步从上往下掉的一个过程。也就是说这些仁、义、礼都是我们人类社会的文明次序，这都是后天再来的，都是失掉了先天之根本之后才有的。我们在道德的境界当中，就不需要有意去行这个仁、义，就不需要谈这些事情，但是仁义就在其中，这不是否定仁义，而是更高的境界里自然就包含或超越了仁义的境界。当你没有了那个高层次的境界，那就从下面开始修吧，就需要先讲仁义，这比那个不仁不义还是好一点，离德还是近一点，一步步向这个道德境界复归。这是一个系统，是道家的判定。

所以有的道家人士就批儒家，说儒家是偏重于现实的社会关怀，这个层次是在后天世界，没有回到先天大道里面去。在道家的语境中是这样的。

儒家的语境是什么样的呢？儒家有儒家的道，儒家有儒家的天道，道在这个人间呈现出来，在人身上体现出来，这种境界叫仁，这个仁跟道是一体的。仁即是仁道，是仁之道；行仁，就是行儒家之道。所以仁本身在这个儒家的语境当中，跟那个道是同一个层次的，只是不同的表达。仁是从这个道德层面来讲那个最高境界，是与道相通的那个层面，叫仁。儒家的仁，本身既是一种境界，也是最高的本体（仁体），所以王阳明讲“仁者以天地万物为一体”，达到仁的境界就是大人境界，就是天地合一的境界，就是儒家体道的境界。

这个意义上的仁，你就不能从“失道而后德，失德而后仁”这个意义上来理解了；那个仁本身就是往上提，提到那个同天的境界，提到那个道的境界。

不同语言、概念的系列是完全不一样，不要把“美元”的“元”和“人民币”里的“元”混为一谈。

问:《道德经》讲“为学日益，为道日损”，是不是跟我们修行无关的东西，尽量少接触？

答:“为学日益，为道日损”，我们去做学问，是不断地增加了知识，也就增加了分别心；增加了分别心，就是增加了体道的障碍，所以修道要日损，要不断地减掉自己心中的分别心。“知识”中的“知”“识”都是跟我们的分别心连在一块的，你越向外分别，杂念也就越来越多，就越来越散乱，那离开道就越来越远了；所以要为道，就得日损，就要回归无为，就得尽量放下，不要管那么多。所以“多知为败”，你知识越多，知道的东西越多，对道的障碍越大。

这是一个向度，就是说我们要意识到知识的危害和问题。

但是还有另外一个向度，就是“转识成智”。你能够转识成智的时候，那么你知识越多，则智慧越大，方便越大。当你觉悟了，有主人了，你能够转知识而不被知识所转，知识翻过来就变成了智慧。所以知识和智慧之间没有截然的距离。为什么要教观双明、解行并重？为什么要去研究教理？是因为它本身对我们修行也是有帮助的。我们一再强调“正见”，正见从哪里来？从闻思而来。这就要去多听法，多学习。为什么还要学三教、学这么多宗教知识？这也是为了在比较当中鉴别、贯通，提高你的见识、见地，转化成更高层次的智慧。

同样是知识，它既是障道的因素，也是智慧的种子。

这里的问题在于，你是往哪个方向走？当我们有了求道的这个方向之后，在这个轨道上我们学的东西就不只是知识，我们学的知识都是开发智慧的资粮。我们这三天学的东西也是知识，但都不是一般的知识，你不能说“多知为障”，就不需要听老师的课了；我们是把这个知识融会贯通，让你的心打开，让你的智慧增长。

所以在修学的过程当中，从这个向度来说，就要多学，多闻多思，这样你才会智慧广大，心胸广大，见识广大，你不要像有的人学佛那样，没有广学多闻，一瓶水没满，就开始晃荡，自以为了不起，抓了一点点，以为天下就这么大，不知道佛法无边，孤陋寡闻，鼠目寸光，这就是在“学”上的功夫不够。

智慧都是很微妙的，需要把握那个“度”，走中道。不能说一看这个“为道日损”，就以为我们修道的人不需要去学习了；其实“为道日损”与“为学日益”是“相提并论”的关系，并不是相互否定的关系。“为道”与“为学”两者之间是辩证统一的关系，既有相互矛盾的一面，也有相互促进的一面。要警惕的是我们要学什么、怎么学的问题，“为道”也不能完全排斥“为学”。

如果我们“为学”的时候，只是把它当作知识去积累，去增加我们头脑中的“垃圾文件”，这就是障道的，我们不要去这样学；但是你求正法，正思维，得智慧，学经典，学圣人的教化，走智慧的道路，这种“为学”不能用“为道日损”来反对它，因为我们众生已经有很多很多的问题，需要智慧来破解它，通过转识成智，这种“为学”是解开众生的业力障碍的一个智慧。

要点燃智慧的火焰去解决我们的问题，这是我们来听课、来学习的目的。如果你今天听这个讲，明天听那个讲，只是思考哲学道理，脑袋里增加了无数的信息，里面一团乱麻，一上座脑子就是一团浆糊，这个老师这么说，那个老师那么说，到底谁说的对呢？自己扯不清了，不要走上这条路。要把握中道，不要走极端。

所以真正的佛、菩萨、神仙，成就者都是大智大慧的人，都是学了无数的经典，听了无数的法。没有说天天不学，在那闷头打坐，就成佛了。还是要学，学正道，学正法，转识成智。

问：这里“转识成智”的识跟“知识”的识是一回事吗？

答：跟知识相关，知识是从“所”上讲，从“能”上讲就是能分别之识，在唯识学里面这个识就是“八识”。八识，就是八种分别的功能，它所形成的认识成果就是知识，都要把它转成智慧。

问：我问一下关于禅宗的问题。我看到禅宗说“唯论见性，不论禅定解脱”，有参话头等各种方法，我也看过南老师的书，我觉得禅宗是不是在这个时代已经不太适合了，还是说这个时代的人的根基，确实不如古人那么厉害？

答：禅宗是直奔主题，是指向那个根本的般若智慧，你觉悟了，明心见性了，自然超越了禅定，自然就真正解脱了，所以“不论禅定、解脱”。

这是顿悟的路子，当然不容易，只有极少数人能真正地直接“见性成佛”。禅宗到底适应哪个时代？有没有一个特殊的时代是适合禅宗的，另外一个时代不适合禅宗呢？没有这样的时代，所谓“法由人兴”，只要有“人”，有真正的禅师，什么时代禅宗都可以“兴”。所以禅宗适不适用，不是说我们时代的问题，是有没有真正的禅师的问题。“不道无禅，只是无师”，没有“师”，什么时代都不行的。这个“师”本身除了自身的证量，还要有弘化的方便，还要能适应时代、契合众生的根器才行。

从某种意义上来讲，禅宗能不能兴起，有很多的因素，包括禅师教化的方便手段，还有众生的福德机缘等；但是不能笼统地说某个时代就不适合禅宗，每个时代都有一部分人适应禅宗的教法，那是一个小范围的事情。从大的因缘上来讲，什么时代都适合，什么时代也都不适合，因为禅宗基本上是对应上根器的人，一般根器的人学禅宗肯定会走样，变成口头禅，或者根本就不懂，或者是懂一点点，就以为是全部，所以对某些人来讲学禅宗有一些风险。

我觉得在今天这个时代，禅宗可以把它的精神，把它的见地扩展出来，它可以变成别的修法的一个重要的帮助。今天的世界可能不适合单纯地用禅宗一个法门就能解决问题，但是禅宗可以帮助所有的宗派，包括净土宗，各宗各派都可以从禅宗那里汲取智慧。禅宗的见地是随时随地可以起用的一种智慧，这种智慧是根本智慧，也是一切修行最终所要回归的地方。修行不就是要明心见性、见性成佛嘛！如果不回到这一点上，我们修了半天，不能解脱，有什么用？

现在弘扬禅宗，可以增加它前面的基础，增加它的“前行”部分。比如说禅宗可以和天台宗结合，和止观结合，但是要以禅统摄起来，回归心地法门。有了禅宗，你可以会通密宗，会通大手印、大圆满，都可以打通。

禅风本身也是在不断变化的，每一个禅师都有他自己的风格，也有他自己的“拿手好戏”，也有某种局限性。所以有的禅师一看这个弟子自己治不了他，就推荐他到另外一个地方去，去找另一个适合他的禅师。这里面就有很多微妙的东西，每个人有不同的种子、宿根，有不同的机缘。

从某种意义上来说，现代的禅师应该换一种风格。过去的禅师是“不立文字”，说得很少的，不把道理说清楚，但现在应该是滔滔不绝地说，彻底地说通说透，这样的方式比较契合这个时代。

要对付现代知识爆炸时代的人，要用这种全然展开的方式，把能够说的东西表达得清清楚楚，这样适合现代人的头脑，先把头脑的需求解决了，再更进一步超越头脑。不要拘泥“不立文字”，只是不执着于文字，但可以干脆说个透。说清楚以后，你也不容易出问题；半遮半掩、神神秘秘地弄那个禅，好像猜谜似的，对机峰，谜语猜对了，就悟了？这个东西我认为现在不适合了。

现在科学也发展了，进入信息时代了，要讲就要讲清楚。不知道的就说不知道，讲不清楚就不讲，但是你不要说不能讲；要讲就彻底地讲，要讲透、讲够，包括讲“我所讲的一切都不是那个真理，不要执着于我的语言”，这也属于“讲”的一部分。这样讲清楚，对现代人的魅力会很大。

当然，仅仅靠讲透道理是远远不够的，但它可以是第一步，先把人吸引过来，再一步步地引导他深入参悟，最终还是要“直指人心，见性成佛”。

问：按道家说法，这个玄关一窍没找到之前，也是盲修瞎练的状态，玄关一窍是不是和禅宗的明心见性有相似之处？在道家的性功里面的玄关一窍，是不是就是明心见性那个东西啊？

答：在《丹道十讲》里面，专门有一讲叫“玄关一窍”，对此有专门的论述。

玄关一窍是富有道家特色的语言。他讲这个“窍”，让我们很容易理解成为身体里面的某一个部位、关窍，但是这种“窍”都是有象的，只能算是练命功的一种“窍”。玄关一窍是一个“玄关”，是“玄窍”，它就不是有形的窍穴，不是有形有相的身体里面的某一个部位，而是打通先天和后天的一个机关。我们人体已经进入后天了，那我们要修道，就是要从后天这个世界进入先天的世界，而打通先天和后天之间的这个机关，就是玄关一窍。

你知道了玄关一窍，就等于说你知道了进入先天的门户，入了先天以后，就可以转化后天，就可以真正地练功夫了。在这个意义上，玄关一窍跟这个明心见性是相关的，只不过明心见性是讲心性的，而这个玄关一窍不光是讲心性，它讲是的身心之间、先天和后天之间的这样一个机关、玄窍，它整个表述的体系、思路不太一样，但是两者是有关联的。

《乐育堂语录》里面讲，有心性之玄关，有念头起伏的玄关，有身体的玄关，有不同的玄关。从一念不生，到一念生起，这里就有一个念头的玄关，通过这个玄关你回到这个一念不生的状态，就找到了心性的那个玄关。也就是说你能够把握念头了，你知道这个玄关，就掌握了进入无念本性的钥匙。

领悟了玄关一窍，你就知道怎么样从后天返先天；知道如何从后天返先天以后，整个炼丹才有了把柄。在此之前你都是在后天里面下功夫，没有进入先天境界，就不是大道，就只是一般意义上后天养生的功夫。一般的练功都是一些小技术，这里动，那里动，这里有热的感觉，那里发光了，这种种的感觉经验都是后天的东西。

怎么样进入先天大道？这就要通过玄关一窍，才能进入先天大道，而明心见性就是要悟入先天本觉自性，所以这个玄关一窍跟明心见性是有关联的，但是表达的意境不太一样。

问：老师，我想这么多书，这么多经典，一不小心一本书进去就出不来，这读到何时是个头啊！我这两天下课之后，我就在想师父是不是已经给出答案了，我只需要简单地照样去做就行了。比方说前面这个观虚斋歌诀，把心量打开，然后打坐也好，站桩也好，行禅也好……反复去想我就是一个很有限的个体，这个无限的我摸不着，但是我不把有限的我看死了，放开了，就可以了。

答：这个问题很好，很有代表性，可能很多人都有这个问题。我为什么要上这个课？我就是帮你忙的，对不对？我就是读了这么多书，修了这么多年的道，才直接把这个“果位”的东西告诉你们，不是让你去读这些书的。那个书浩如烟海，是读不完的。

你不要说，既然老师读了这么多书，我也跟着他一起读，把这些书都读完，然后忙了一辈子，一本书都没读懂。既要认识到学习的重要性，又要知道怎么去学。当你在什么程度，就要知道对应这个程度应该怎么样学习。当你某一天要成大师了，你要去弘道，要讲法了，你就不能说学一点就够了，到时人家问一个问题，你说那本书你没读过，要另请高明，那就麻烦了。所以不同的时候有不同的方法，但现在不是让你去读那些书的，这几天教给你的东西目前确实够了，你要好好依法而修。我常常讲现代人不是知道得不够，是知道的已经够多了，但是不去做。这门课里面的东西，你只要任何一条做到家了就够了，所以踏踏实实去修。

至于读书，一个是你想读，有这个兴趣，可以去读。你想博闻多识，就去学多一点，就多贯通一点，有这个力量可以，但是没有说一定要去读这些书，也不是反对你读书，这个是你自己随兴而为、量力而行的事情。

但是不要把读书当作一种负担，自己不想读而又强迫自己完成一个任务，那就麻烦了。比如说，我最近读了《憨山大师全集》《莲花生大师全集》，你也要去读，把它当作一个任务，就压得喘不过气来了。所以先把这个放下，好好修行，有余力再去读经典。

我们这门课把最重要东西都告诉你了，你对《楞严经》特别感兴趣，你可以去读《楞严经》；你对哪部经典感兴趣，你可以去读，但是不要说一定要读多少，关键是在行，在实践。等到有一天你确实要大开智慧，很想读书，你也可以读，都没问题。关键要知道其中的轻重缓急，目前最重要的是什么？最急迫的是什么？当我们没有正见、没有方法的时候，第一步是要有见地、有方法；我们有了见地，有了方法以后，关键是实践，要以实修为重，读书就是次要的了。

这门课讲“三教实修”，都是抽出其中一点点最精要的东西来讲。如果我要去完成全面讲解三教经典的任务，这三天是不可能完成的，我只能是抽一点点来讲。你拿过来用就行了，不要去太追求理论上的完美，不能什么东西都要搞，你们又不是来搞学问的，又不靠这个吃饭，何必搞那么多？你按照自己性之所近适当地读些经典就可以了，如果你特别喜欢《老子》就读《老子》，特别喜欢《庄子》就去读《庄子》，特别喜欢《心经》就读《心经》……你把这个观虚斋歌诀，天天去读诵也很好，这也是一部“心经”，你喜欢它就天天去吟诵它，进入它。要有体验，要把这个道理在你的身心上体证出来，这是最重要的。

这是最重要的事情，就是大家回去要实践、实修，要找到这个境界，找到这个“如意宝”以后，那就得失随缘，心无增减；得心应手，逍遥自在。

问：刚才那位师兄问到实修这一块，像我这种没有办法完全去专修，把所有的时间都去学佛、学道的这种情况，我想问一下，在一天当中，实修是坐禅和站桩都要并行吗？大概的时间是怎样安排的？是每个法门都修好，还是找一个自己认为比较好的法门？这样子去修，大概多久能有进步？

答：这个问题也是很现实的一个问题。我以前也说过，我为什么讲这么多方法？为什么不只教一个方法呢？因为我针对的是各种不同情况的学员，有的人对佛有兴趣，有的人对道有兴趣，有的人喜欢这个，有的人喜欢那个，我这样把各种法门教给大家，就是给大家一个选择的余地，让你找到自己相应的法门，不是让你回去把这些不同的法门天天轮换着练一遍，忙得焦头烂额的。

你可以不断地尝试不同的方法，最后找到跟你最相应的法门。比如这几天，你实修了好几种法门，如果你修《楞严经》的观音法门特别有感觉、特别相应，你回去就专修这个，别的就不要了。所有的法门最后都相通，都是一个东西，不需要每个法门都修。你从圆顿止观"入"了，就修圆顿止观；你从坐忘"入"了，就专修坐忘……最终那个真理是一个东西。我一再强调没有两个真理，最后我们要达到的境界，也都是"那个"，所谓的"万法归一"。在你不知道你该修什么法门的时候，每个法门都修一修，看一看；等你找到了你自己最合适的法门，就一以贯之，不再变来变去。变来变去，本身就是散乱，要专修一个法门。

不光是你，我们都不能一天到晚在修行。大家都不是靠修行吃饭的，都有工作、有事情的。我们修行，不是说让你一天到晚去修行，该做的工作、该处理的事情要去处理；所谓的二十四小时都在修行，是指一种心念的功夫，在你工作的时候也有一种观照的功夫。但是也不能说我就太忙，没有时间，就不去抽出时间来专修，这都是极端。其实不管多忙，时间是可以"抽"出来的，如果你认识到修行的重要意义，认识到修行是人生的根本大事，你一定能抽出时间用于静修的。

比如说睡觉之前、起床之后，这两段时间至少会有一段时间是可以空出来用之于修行的。如果你习惯于早睡早起，那你早起了以后那段时间干嘛呢？正好修行！如果你确实是喜欢晚睡晚起，那你睡得那么晚，就天天看手机、看微信吗？这段时间不正好修行吗？你不能说没有时间修行，你 12 点睡觉，不可能上班到 11 点，睡前这段时间可以用来修行。所以时间是一定有的，每个人都可以找到，关键看你是否重视，是否把修行放在人生最重要的位置。最好是一天有早晚两次静修，实在不行，一天至少专修一次，找到一个可以坚持的时间，来做一次正规的修持。

一次专修的时间，可以从半小时开始起步，你可以站桩半小时或者静坐半小时，以后逐渐延长到一小时、两小时。如果你一天修两次，就可以坐一次，站一次，每次最少半小时。等到你境界提升了以后，就不需要强求自己坐（站）多长时间了，你自己坐（站）在那儿都不愿意下来了，还要管这个时间长短吗？只要不耽误你工作，到快上班了，你才需要出来，对不对？一开始是要求半小时以上，由勉强到自然，到后面你尝到法味之后，时间就不是问题。你喜欢坐（站）多久就多久，不需要太强调时间了，能忘掉时间最好。

要到底修多久能有进步？这就看你的智慧和愿力了。如果你修得好，那当下就有戏，当下就有进步，当下就有体现；这几天你就应该有进步，这几天就应该入定才对。但是如果你没修好，也有可能修了半天就是没什么体会，你没有真正进入修行的状态，那就要检讨为什么没有进入？是见地不够，还是功夫不够？

有人说我静不下来，脑子太乱，这个刚开始你这样说可以理解，如果长期修行之后还是这样的话，那你就是见地不够了。按照我们这几天讲的道理，你已经有很多办法“对付”它了，有这么多妙招，你一招都用不上，那你还是没有听懂，你见地不够。见地够了，方法对了，都会有进步的，因为修行就是有方法来对治自己的散乱的。

比如说你心定不下来，就让它定不下来，这也是个方法。让它去！你只是静静地呆着，旁观它，跟它玩玩游戏，有何不可？不要要求自己定下来，你接受一切，完全放松，是什么就让它是什么，一切如是，然后你就定下来了！因为你太想定下来，这本身正是一个大大的杂念，所以老定不下来。

问：我在看蔡志忠先生的漫画，想问一下师父，他对经典的翻译、解释是不是很正确？是否值得一看？

答：蔡志忠先生的漫画，我在很早的时候就看过，大概是我还没有读研究生的时候，看过一本讲《庄子》的漫画，还有一本讲禅的，当时觉得很好。根据我当时看的那个印象，蔡志忠的漫画是可以看的，是我们一般人去进入禅道智慧的一个很好的接引或门径。至于究不究竟，我们暂时还不用管那么多。他说的大致不错，而且很方便、善巧，这就可以了。

问：炼丹道与这个觉知、明心见性到底怎么来连接？

答:《丹道十讲》这本书看过吗?这本书第二章就是“明心见性”,后面才讲到“进火采药”。如果看过,这个问题就应该解决了,那里面把性功、命功,性功与命功的关系,整个修丹道的大纲都讲了。

我们通常总是把这个“炼丹”看成好像是一个道家的“命功”,其实在内丹学里面,明心见性就是关键,这个才是我们炼丹的“丹头”,就是有了这个东西才可以炼丹的;否则的话,那就不叫丹道,那就是一般的练气功,练养生功法。有了明心见性,才是先天的东西,后面才可以谈怎么转化色身,怎么炼精化气,阳生、采药都是要有这个元神的觉知,要做主人,没有这个东西,练的东西都不是真正的丹道。

明心见性也有不同的层次,最后的明心见性是一个性命双圆的果位的见性,是命功转化程序已经完成而性命合一的境界;而作为前面炼丹基础的明心见性,这是属于心性的一个修养,是单纯的对本性的觉知,这是后面练命功的一个根本。

内丹修炼本身就是性命双修,不是你要去把明心见性与炼丹结合起来。离开了这个明心见性讲练功,那都不是丹道,那就是一般的方术,是一个养生术、练气功,不是大道了;炼丹它本身就是一个性命双修的系统。

禅宗没有讲到炼丹,但是炼丹里面一定讲到这个心性。你既然学丹道,就应该学这个正宗的。如果没有心性的圆成,就是小术,是后天的一些养生方法,练练身体而已,就不是智慧解脱的先天大道。

如果你对禅有兴趣,你可以学学禅,来配合炼丹,这样也可以；但是也可以不必学禅，因为丹道本身就已经把禅融进去了，本来就是禅道双修的一个东西。从张伯端到王重阳，丹道的祖师哪一个不是讲心性、讲禅的？

问：我还想问一下这个采药的事，到底要采多少年呢？

答：采药是跟阳生相关的。阳生本身也有不同的理解、不同的层次，如《乐育堂语录》所说，从根本意义上来讲，阳生之际就是我们回到先天世界之时。那么这个意义上的采药，就是“不采之采”“不药之药”，这个时候是随时随地都要采，没有什么采药多少年的问题；这是一个当下就要觉悟的问题，回归觉性就是采药，这是心性意义上的采药。

这是讲这个心性意义上的采药，第二层次就是具体的命功的采药。那这个东西也没有要采多少年的问题，就是阳生了就采，能量发动了就要归元，让它转化、升华，它是一个功夫、一个身体转化的程序而已。你不要去管采多少年的问题，关键是你通过采药，要达到什么目标，要往什么地方走，要把这个丹道的程序给走完了，从炼精化气到炼气化神，最后炼神还虚，要一步一步往前走，不是永远在那里采药。

问：采完了，就入下丹田吗？

答：采药，没有说要把它放在丹田，凝神丹田更多是一个促进阳生的过程，采药是要把能量升华提升，关键是一个“化”字，精化气，气化神。这个你还是回去看看《乐育堂语录注解》和《丹道十讲》，讲内丹学，《乐育堂语录》讲得最好，最接近大道。你要看一般的内丹学著作，讲了半天，都是一般的练气功，都是闹着玩的，不是大道。

问：我去年看海宁格的家族排列，我想问的是在我们修行的这个系统里面，是不是要通过业障排列，把它一点一点消掉，还是有其他的途径？另外，我们的业力会随着时间的无限延长自动消掉吗？

答：这个消业的方式和途径，我们在“宗教智慧”的课程里面有一节专门讲过，你可以复习一下。

这个消业，一定是你自己造的业自己消，不是别人帮你消。海宁格的家族排列，也不是他帮你消业，他只是给你指出问题何在，让你去知道消业的方向。不是说他通过家族排列，帮你消了业，而是通过家族排列的方式，找到了你这个业障在什么地方，让你看清楚它，去把它消掉，这是一个手段，相当于一个心理学的工具。你跟你的家庭、跟你周围的人，都有一个关系的序位、系列，你的业跟他们的业是相关的，那么在这里面找到各自的序位，各安其位，不要乱，通过调整被错乱的序位，家庭排列就是帮助你消这部分的业。就是跟这个家庭序位有关的业，可以通过家庭排列让你看清楚，然后把那个错乱的次序给你理清楚。

你说业是不是会随着时间延长自动消失？这在我们讲的消业的方式里面，有一种就是“耗尽”的方式，任何业都有它自然耗尽的一个过程，因为从本质上讲“业”也是“无常”的。那你说我是不是可以等到业力耗尽了，我就成佛了呢？耗尽是说某一个业会耗尽，但是在这个业被耗尽的过程中，又会不断产生新业，所以你消极等待这个业耗尽的话，那个是永无止境的，永远不会有所有的业都被自然耗尽的那一天。因为你不断地在造新业，所以不能等待业耗干净了，你自然就成佛了。

从修行的角度讲，一个是不再造新业，用戒定慧把自己身口意管控好，不再制造新的业障；一个是消耗旧业、转化旧业，这样把现有的业力给消掉。等是等不来的，某些业是可以随着时间延长而自然消失的，但是在这个消失的过程当中，会有更多的业力制造出来。

时间过得很快，不知不觉两个小时又过去了，我们今天晚上的小参答疑就到此结束，大家晚安。

第四板块：儒教智慧（伦理——人与人的和谐）

大家简单地收下功，我们就开始上课了。

在听课的时候，大家的姿势可以随便一点儿。腿太酸了，可以放下来。如果你太难受了，听课太紧张了，也不好，这样就很难把精神集中到听课上来。我们这几天的修学称之为“课程”，这是现在社会上的一种称呼，其实要用传统的语言来讲，这叫“法会”，上课叫“传法”，因为我们跟一般的大学教授的讲课是不太一样的。我们并不是传授一种知识，实际上传的是高层次的心法，但是我们是用现代的教学方式，没有宗教色彩，所以就不叫法会、传法，我们与宗教性的法会也不一样。

本课程的最后，我们讲“儒教智慧”这一板块，这一板块的副标题叫“伦理——人与人的和谐”。

儒释道三教各有重心，儒之重心在伦理，佛之重心在心理，道之重心在生理，这是三教各自的特色所在。经过前面佛教的“明心见性”和道教的“性命双修”，我们现在回到儒教的“修齐治平”，如何通过正心诚意的修养来面对人世间做人做事，怎么样在人伦关系中实践道德良知，通过“内圣”的修养达成“外王”的目标。虽然三教自身也都有内修外弘、内圣外王的整体系统，但就其偏重而言，从佛教到道教再到儒教，实际上体现了一种由内往外的展开过程。

一方面儒释道三教各有特色，各有所长，同时它们本身也都是一个完整的体系，每一家最后都可以达到究竟的目标，所以“道一教多”，道之真理是一，不同的教都通向终极之道，但入道之路径不一样。

我们看儒释道三教，它们也各自有不同的面目、不同的风光，如果我们来概括一下儒释道三教不同的气象，我可以用几组词语来精练地表达一下。

我们先说佛家。佛家的气象是什么？——“心无挂碍，性天辽阔。”“心无挂碍”是《心经》里面的，你的心破除了烦恼障、所知障，一点问题都没有，见诸相非相，完全无挂碍了，就领悟到“性天辽阔”。性天，就是你本性的天空，本性是无限的，辽阔无边，这就是涅槃解脱的境界了。

道家（道教）的气象是什么？——“虚静恬淡，寂寞虚无。”这是道家的气象，致虚守静，恬淡无为，合于虚无，入于广大无边的世界。这个“寂寞”不是心理学意义上的寂寞无聊，这个“寂”是广大空旷，“寞”是深远无尽，这也就是“见独”的境界，体悟到独一无二的道体，没有对待，它本身就自成一个世界，这也是虚无的世界，虚无就没有阻碍，无阻碍即是“通”，一切都相通，一切都通而为一。

今天我们讲到儒教这一块，我们也可以用几个词来概括一下儒家的气象。儒家的气象也就是圣人的气象——“天理流行，光风霁月。”天理流行，这是理学家经常说的话，与天理相对应的就是人欲，人欲就是后天的各种各样的欲望，人欲都清净了，剩下的纯粹是天理，无一事不是符合天理的，做人做事全是在天理当中，这就是天理流行。光风霁月就是形容圣人的这种精神气象，就像雨后初晴，天气特别明朗、清净，这个时候再刮一点风过来，特别舒服；又像一轮皎洁的明月照在这个世界，那种干净、爽朗、痛快，象征圣人心灵的纯净与无私，表里澄彻，内外通透，这个是儒家的气象。

我为什么会学三教而不只是学其中的一教？因为三教都很好，都值得学习，光学一个东西也够，但总是还不那么完美。我在大学里面练功的时候，对道家的气象体验比较多；后来在考研究生之前，有一段时间，我看中国哲学史，看到宋明理学这一段，我在练功的时候，再体会理学家的话，那确实有一种新的气象。一是儒家比较充实，那种寂灭的虚无感，慢慢就没了，因为一切都是天理，一切都是充实的。所以讲实也对，讲虚也对，虚掉的是无明，充实的是天理。理学家常常说佛家的空是不够的，空里面要有天理。当然佛家有佛家的天理所在，儒家的批评不一定是正确的，但是儒家对佛家的批评也说出了一点味道。佛家如果学得不究竟，就会有一种空虚的感觉，而儒家给人一种刚毅、坚强、充实的感觉。儒家的圣人有一种自强不息的气象，天理流行，一切都安排得恰到好处。

儒释道三教虽各有特别的气象，但这三种气象最后都是会通的，真正地通了以后，最后都是真空妙有、无我一体的世界。从无的一方面来讲，无我执，无挂碍，无人欲，无后天的渣滓之气，这些都无掉了；从有的一面来讲，有智慧，有明觉，有天理，有主宰，有良知，而入于万物一体之境界。有、无这两方面都要有的，光有一种是不够的。光知道无，无到最后什么都没有了，结果人就偏于消极了；无到底之后应该就是一切皆是如实之有，达到真空妙有的境界。

一、孔颜乐处

我们讲到儒教这一板块的时候，先要提出一个问题，就是“孔颜乐处”的问题，这也是追随宋明理学家最初的问题。我们知道宋明理学是发端于周敦颐，周敦颐可以说是宋明理学的一个鼻祖，程颐、程颢两兄弟，这两大理学家在早年都向周敦颐学习过，当时对他们兄弟俩印象很深、启发很大的，就是这个孔颜乐处的问题。

（一）“孔颜乐处，所乐何事”

程颢回忆早年从学于周敦颐时说：“昔受学于周茂叔，每令寻颜子仲尼乐处，所乐何事。”此宋明理学探孔圣心法之话头也。

“昔受学于周茂叔”，周茂叔就是写过《爱莲说》的周敦颐，程颢说他以前在周敦颐门下就学。“每令寻颜子仲尼乐处，所乐何事。”老师指点说，你去找找看，颜回和孔子他们讲的乐，乐的是什么东西？周敦颐让学生参这个话头，这个话头也是后来宋明理学兴起的一个缘起。

儒家一般以为讲的都是忧国忧民的经世之事，好像修身养性的“自得之学”这一块还是不如佛道，理学家后来就发现我们儒家、孔门本身就有一套很深的修养方法，不是你们佛道才专有的，所以理学家就开始提出这个孔颜乐处的问题，实际上就是追问孔、颜的精神境界——孔子、颜回作为儒家的圣人，他们是一种什么样的精神境界？

在《论语》当中经常提到孔子、颜回的快乐，他们即使在穷困之境也有一种内在的快乐，我们要去追问孔子、颜回他们所乐的到底是什么？从这里去追问圣人的精神境界是什么？他们是怎么样达到这种精神境界的？他们达到这种精神境界的理论基础是什么？这就开展出宋明理学的一套系统，从理论、方法、功夫与境界上来探讨这个问题，由此形成了儒家这一整套的修身养性的学问。

宋明理学都是自觉地继承了孔子，都是以孔子为源头，但实际上在原始儒学的基础上有所发展，这跟佛道对它的刺激有关系，宋明理学是在与佛道的交涉、融通中发展起来的。佛道的大发展对儒家有冲击，儒门淡泊，收拾不住，人才都往佛道两家走了，所以儒家知识分子就有一种紧迫感和使命感，我们儒家真的这样不济吗？真的不如它们吗？宋儒就要从儒家的创始人孔子那里去寻找儒家智慧的源头，重新建立儒家的心性论与形上学。这个“孔颜乐处”很重要，这就是重新发现儒家道德形上学的一个重要的起点。

对我们今天的人生来说，我们也要追问，什么是真正的人生安立的地方？我们所能够安身立命的那个东西到底是什么？真正能让我们得以安乐的是什么？功名利禄能让我们快乐吗，能让我们得到真正的精神安顿吗？

这个“乐”肯定不是感官刺激的快乐，而是一种精神的安顿，是一种找到生命的精神家园的快乐。

（二）《论语》载孔子之乐

我们来回味一下《论语》里面对孔子之乐的记载，并对其加以诠释。

> 子曰："饭疏食饮水，曲肱而枕之，乐亦在其中矣！不义而富且贵，于我如浮云。"

孔圣人的境界，在这里就体现出来了。吃着简单的饭食，喝着一点山泉水，没有什么华丽的宫殿，没有什么好的枕头，把这个手臂弯曲一下做枕头，"乐亦在其中矣"，这里面就有乐了。

这个问题很有意思，为什么这里提到吃饭、饮水和睡觉？这就是一个人最基本的生活，人人都离不开吃饭睡觉，如果在最简单的生活里面，就有快乐，那么这种快乐才是恒久的、无所依赖的快乐。圣人的话大有道理，有深意在，如果没有一种体道的精神境界，试问我们天天吃得这么好，睡得这么好，有没有快乐？追究起来，这种乐并不关乎生活的物质条件的好坏，而是找到内心的永恒的快乐的源泉。

这当然不是说孔子赞美贫穷，更不是说因为贫穷而快乐。孔子说，我并不是讨厌富贵，我也想富贵；但是如果"不义"，不按着正常的途径，不找到人生的正理、道义，不按照一定的规则来，想让我去坑蒙拐骗而发大财，门都没有，这个事儿我不干！这种富贵对于我来说，就如浮云一样，我可不在乎这点富贵，就是不能为了富贵丢掉了自己的根本。根本是什么？就是儒家的那套理想、那套境界，就是儒家所体会的道，“仁”就是儒家的道。

宋明理学家让我们去体会儒家的快乐何在，这里面有东西，不是一个简单的生活问题。《论语》里面记载，孔子曰：“朝闻道，夕死可也。”这个气象很大了，这个道是多么地金贵，早上听闻了道，晚上去死，没什么了不起了，已经有道了，有道而死，就没问题了。

这一下子就把这种儒家的精神追寻，提升到道的高度，这是在道里面得到的一种快乐。道的快乐不是反对享受生活，我们有时候就搞反了，好像圣人就要过苦日子；圣人的快乐不是因为他“饭疏食饮水，曲肱而枕之”，这个不是快乐的原因，如果这个是快乐的原因，那就好办了，每个人都可以“曲肱而枕之”了。这句话的意思是，体道的境界超越了后天生活的条件、环境，而有一种不动摇的快乐，有一份不受打扰的宁静、不受干扰的喜悦，我吃好的是快乐的，吃坏也是快乐的，即使“饭疏食饮水，曲肱而枕之”这样最简朴的生活，我也依然是快乐的。

孔子是“素富贵行乎富贵，素贫贱行乎贫贱”，他不是反对富贵，但是如果我是贫贱的，因为我有道，我在贫贱中照样快乐，这样才能找到人生的精神的安顿。如果我们把自己的幸福、快乐寄托在外在的生活环境、生活条件上，那是没有保证的。今天也许很有钱，明天也许很落魄，那怎么办呢？所以这里就提出了一个精神的境界、精神的安顿的问题，找到超越贫与富的那个永恒的精神源头，才是问题的关键所在。

（三）《论语》载颜回之乐

我们再看颜回之乐，也是这个道理。

> 子曰："贤哉回也！一箪食，一瓢饮，在陋巷，人不堪其忧，回也不改其乐。贤哉回也！"

子曰："贤哉回也！"孔子称赞颜回达到了很高的境界。为什么呢？"一箪食，一瓢饮，在陋巷，人不堪其忧，回也不改其乐。贤哉回也！"颜回也是一个穷光蛋，拿个破碗，吃点饭，喝点水，在一个破破烂烂的街巷当中，周围的人都替他操心，说这个人过这么个苦日子，不好办啊！别人替他操心，为他担忧。好比我们这里有个学生，一天到晚就在打坐，身无长物，贫困潦倒，别人都替他操心，但是人家"不改其乐"，天天在那如醉如痴，在道中享受着，美哉！贤哉！就是这个意思。

颜回过着穷苦不堪的生活，但人家"不改其乐"，要注意，他不是说偶尔有个快乐，这个大多数人还能做到，有的穷光蛋也很快乐，但是要做到不改其乐，"三月不违仁"，能把这种境界做到不动摇，这才是圣贤的境界。外物不能干扰他的内心，这一点是儒释道三教的圣人、所有的圣人都强调的重心，就是你的内心有一个世界，内心有一个安顿，如如不动，外物、外境不能干扰他的内心世界。穷也好，富也好，成也好，败也好，得也好，失也好，人生的境遇我们有时候是无法操控的，死生由命，富贵在天，有时候我们不能够去达到一个外在的完美，但是内心的这种不动摇的境界，是我们可以去追寻的，它是一种大智慧追寻的境界。

二、《中庸》论“致中和”

孔颜乐处这个命题，就提示我们要去寻找那个道、那个人生安身立命的地方在哪里。儒家有一整套对这个根本之道的说明，我们现在又来直指核心，直接用儒家里面最重要的经典《中庸》来作解说。朱熹曾经说过学习《四书》的阅读顺序，他是把《中庸》放到最后的，因为《中庸》是整个儒家最圆融无碍的境界。我们现在不管，就直接拿它最高的、最后的境界来讲。《中庸》我们也不是全讲，我们也只能选《中庸》开篇最精华的一段来讲，把这一段弄通了，我们就得到了儒家的“心法”。

宋明理学家认为，孔子有一个心法，这个心法就是追问“孔颜乐处”的秘密所在，是导致孔子、颜回能够不受干扰，得到那种快乐的根本原因，但是这个心法孟子之后到宋代的这一千多年失传了，所以佛道大行其道，大展身手，舞台上只看到佛道在那里很风光地表演，儒学的光辉就不显现了。理学家就是要重新振兴儒学，接续孔圣的心法传承，从程子开始，包括程颐、程颢两兄弟，又把这个千年失传的心法奥秘找回来了。在哪里找回呢？在儒家的根本经典《四书》尤其是《中庸》里面找回来了，所以理学家又接续了孔孟的道统，重新恢复了儒家的精神传统，从宋明开始，儒家理学又占据了中国文化的主导地位。

从儒家这一派来讲，这个理学家的功绩很大，他们把儒门

的千年绝学再发扬光大，使儒学再度成为中国文化的中流砥柱与精神核心。佛道应该是辅助这个儒家的，所以历代都是以儒家为本，佛道是辅助性的，因为对一个国家来说，修身养性当然很重要，但从宏观上来讲，儒家的这一套更适宜来观察社会，来谈治国平天下这个话题。你要跟佛家谈治国平天下这个话题，有时候不好谈，不能说它就没有对国家的关怀，但它更多地是关怀怎么涅槃，你要说国家大事，这个不好谈。道家也有很多智慧，往往是乱世之中道家出一些谋士，有一些奇谋、谋略的智慧，帮助匡扶天下，但是一般是用一下，天下一太平他就走了，平时对天下治理的兴趣也不大。儒家就是正面地谈这个问题，治国平天下是它的主攻方向，所以为什么历代的科举都是考儒学《四书》，没有说考《心经》《楞严经》的？因为《楞严经》学得太好了，也只是你自身修行的事情，它并不一定就能治国平天下；儒家就教你怎么样正心诚意治国平天下这整套的系统，儒家成为正统不是偶然的。

我们现在就要直奔主题了。

（一）《中庸》原文

天命之谓性，率性之谓道，修道之谓教。道也者，不可须臾离也。可离，非道也。是故君子戒慎乎其所不睹，恐惧乎其所不闻。莫见乎隐，莫显乎微。故君子慎其独也。喜、怒、哀、乐之未发，谓之中。发而皆中节，谓之和。中也者，天下之大本也。和也者，天下之达道也。致中和，天地位焉，万物育焉。（《礼记·中庸》开篇）

《中庸》的开篇即讲“天命之谓性，率性之谓道，修道之谓教”，这三句话就非常重要了。我们前面讲孔颜乐处，他为什么乐呢？一定有一个乐的道理，这个道理不是一个世间法的道理，他一定有超越的道理、形而上的道理。这个超越的形而上的东西就叫“天命”，这个天不是一个有形有相的天地之天，这个天是一个本体，是一个天道，是这个道体，儒家把这个也叫天，代表形而上的根源性的存在。“天命之谓性”，天所赋予我们人的那个真正的生命，就叫“性”，先把这个性立住了。孟子全部思想的核心是“性善”，从天命来规范性，这个性就是先天之性，必然是“善”的，这样把这个“性善”立住了。我们从“天”那里得来的承继着“天命”而来的那个东西叫“性”，所以从这个“性”当中呢，我们才能回到那个“天”；回到那个“天”，才能安身立命。

我们讲儒家的系统道理时，儒家对这个“天”本身有不同的描述与规范;《中庸》里讲“天命”这个意义上的“天”就是那个广大的本体界了，就不是有形有相的天地或者天体。所以有了这个“天命”之后，人就不仅仅是一个有限的存在；如果我们人就是一个忽然来忽然走的一个偶然的存在，那这个孔颜乐处就没有根基。你吃一顿或者有一个享受，那种乐都是暂时的，孔颜这种不改的快乐从哪里来？一定要往上追，追到“天命”那里去。因为人有这样的“天命”，所以人虽然是有限的个体，但同时他通向无限。儒家讲我们这个身体那都是很小的东西了，但是这个有限的身体里面所承载的“性”是通向天道、天命的，“性”是“天”所“命”于我的，那里面就有无限的世界，就能打开一个新的世界。“天命之谓性”，这一句话就把这个理论基础给立下来了。

我们要求道，追求最高的真理，这个道怎么求？一句话就是“率性之谓道”。什么叫“率性”呢？就是“从性”，跟着“性”走，回到这个“性”，安于这个“性”，这就是“率性”。“率性”的反义词是什么？是“率情”。性和情是相对的，性是来自于天命的体，情是我们后天的七情六欲的情，我们没有悟道的人、没有修道的人都是率情而为，就是跟着我们后天的喜怒哀乐感觉走，我想干什么干什么，那么这个情是靠不住的。情从哪里来，依身而起念，这个欲望是由我们这个色身而起的，我们色身想要吃好的、穿好的，要享受，要去跟人斗，为了满足这个身体的需要，产生种种的情执。这个广义的情还不只是男女之情，一切贪恋都是情，对任何一件事情的贪执都是一种情，后天的造作都是来自于情。

这里面讲得很清楚了，修道修什么？就是要率性；从率情回到率性，这就是道。所以经典了不起，它往往就是几个字，但是讲得很彻底。修道是怎么回事？原理怎么回事？告诉你“率性之谓道”，因为这个性是来自于天命，率性就是回归先天之命，所以整个修道就是如何安于这个性体的问题。

“修道之谓教”，我们回归“率性”这个“道”，去按照这套指示去做，去让更多的人走这条路，这就是“教”。教，就是成立一个宗旨，从而去教化、教导，这并不一定是“宗教”，但是代表了一种宗教性层面的教育、教化。有了率性之“道”，后面才有“教”，所以一切“教”都是为了那个“道”服务的。

这里面把“性”与“道”、“道”与“教”的关系讲清楚了。我们修道，修的就是率性之道；我们这个修道、弘道的过程，就是成立一个教了，教就是如何从“率情”返回“率性”的这一过程。因为我们已经率情率惯了，现在要回去率性，这就需要“教”；让大家去修道，这就是“教”，故曰“修道之谓教”。

“道也者，不可须臾离也”，我们所说的率性之道，是“不可须臾离也”，是一片刻都不能离开的。这境界讲得高了，不是说偶尔来一下，然后三天打鱼，四天晒网，一天修半小时，觉得挺对得起师父了，那个还差远了！“不可须臾离也”，真正的道、我们要了悟的那个道，要真正地率性，回归天命，那是一刻都不能“离”的。

这个“不可须臾离”呢，有两个层面。一个层面是我们的性体、我们的先天之道本身就是从来没有离开的，道一直就在，性就是你原本的先天之性，它本身就是从来没有离开过的，这是讲本体上的性，它本来就是没有须臾离开。但是我们后天的生命，因为率情率惯了，就一直没有回到率性这个道路上去，所以我们要重新回到这个率性之道，就要去做功夫，要去修道，那么这种修道的功夫，也要“不可须臾离也”，这是另一个层面的意义。

这样你才达到了终极的境界、终极的超越，也就是说你功夫要相续，要打成一片，在生活中要能够相续成片。当然，这也是一个过程，一开始是在你打坐的时候能够找到，这也不错，然后慢慢再贯穿到生活里面去。这就有点像《大乘起信论》里面讲的“本觉”“始觉”和“究竟觉”的问题——本觉就是本来的天命之性，本来就没有离开过；你修道的过程当中，回到了这个性体，就是始觉；一直到了须臾不离，能够相续，打成一片了，这就是究竟觉。

“可离，非道也”，这句话也是两个层面。一个层面是我们的“性”本来就没有离开过，如果有间断，那就不是真正的“性”，要知道本性是本自具足，它来自于天命，我们真正的自己、真我或者性体，它本来一直就在的，没有时间相，当然谈不上中断了，不是说今天有，明天就没有了。本体之性，本来就是这样。另一个层面，从修道的功夫上来说，我们还会离开，一会儿有，一会儿没有，就说明你没有究竟成道。本性从未离开过，道一直就在；你回归本性、率性的功夫到家了，不再迷失了本性，不再须臾离开过这个本性之道，这是“可离，非道也”的两层意思。

“是故君子戒慎乎其所不睹，恐惧乎其所不闻。”这句话注意，前边是把道理讲了，下面要讲细微的心行了。君子是儒家的理想人格，相当佛教讲的菩萨之类，我们君子要修行，要修道，怎么办？要“戒慎乎其所不睹，恐惧乎其所不闻”。一种表面的理解、粗浅一点的理解，就是说在那个看不见的地方，听不到的地方，没人看见的地方，没人听见的地方，你自己也要警觉，要戒慎恐惧，小心翼翼，保持这种对性体的觉察，要率性，要修道。这是一个比较表面的解释，那我们就可以问，在人家看不见的地方，你要注意，看得见的地方呢？更要注意！这句话更深一层的解释，这个不睹不闻呢，讲的是性体本身的幽微——因为性体微妙难知，它无形无相，非声非色，你找不着它，摸不着它，如果它是一个很现实的东西，有形有相的东西，我们就很容易抓住它，但是这个性，是“上天之宰，无声无臭”，没有形象，没有感觉，你抓不住它，所以我们对这个性体要特别地警觉，要格外注意，不要把它丢掉。

所以这一句话深一层的意思，就是说我们要对那个微妙的、难以表达、难以捉摸的天命之性，要时时刻刻去觉知它，明察它，不要把它丢掉。

“莫见乎隐，莫显乎微”，这句话也是讲性体、道体。刚才讲了性体是幽微不可见，对不对？但是你要注意，它有另外一方面，在最幽隐微妙的时候，也恰恰是它全体显现的时候！所以要把这两个方面都把握好。你说它隐，但它实际上就在眼前，随时可以呈现；你说它微，它一直就在显现，因为这个性体无时不在，无处不在，一直在起作用。我们人一刻都离不开这个“性”，我们能说话，能做事，都是因为有“性”在，一刻离开了“性”，人的生命就没有了，你说这个“性”真的抓不住吗？所以告诉你，不要走极端，不要以为这个“性”幽微广大，不可捉摸，就没有把握它的机会，随时随地都可以体证啊！用佛教里的话讲，随时随地都可以明心见性。一方面这个“性”不是任何现成的事物，你不可以简单地像抓一个东西一样，把它抓住，要时时警觉、觉察；但是它随时随地在发用，随时随地在显现，六根门头随时放光，所以起心动念，随时返观，都可能找到。

“故君子慎其独也”，所以儒家修道的君子，要慎独。“慎其独”又有两层意思，可以作两层理解，我们先讲浅一层的理解。一般讲的慎独，就是修道是修自己，是呈现你的性体，是率性之道，不是修给别人看的；哪怕你一个人在家，或在任何一个地方，不要因为没有人看着你，没有人观察你，就可以做坏事，独处时也需要戒慎恐惧，保持警觉，自己这个心要随时提起来，把握好自己。

这是浅一层的解释，再深一层讲这个慎独是什么意思呢？深一层讲的这个慎独，不是说一个人在那呆着叫“独”，深一层的“独”，是前面讲的“见独”的“独”，“独”就是那个道体，是真正的“独一无二”，道体独一广大，无穷无尽，是没有任何对待的那个“独”，也就是道之整体。这个意义的慎独，就是说君子要随时随刻要回到道中来，不要丢掉这个道，不要丢掉这个独，也就是随时随地要回归性体。

前面这一段话，把整个儒家修道的原理、法则、关键点都讲了，后面这一段就是我们今天要实修的“观法”了，具体的实修法门要出来了。修道的道理讲完了以后，我们现在要回到人自身上来观察，到底怎么样理解这个“性”，怎么样“率性”，怎么样“慎独”呢？

观察我们的起心动念，我们有各种各样的情绪、情感，如喜、怒、哀、乐等，不是说我们只有这四种情感表现，而是举这四种为例，说明我们的心会有种种的发用，会起种种的感情变化，用喜、怒、哀、乐这四个方面来代表。你读书要读里面的智慧，不要完全拘滞于文字。好像儒家只讲喜、怒、哀、乐，没有别的了；说话总是要有一个局限性的，如果一定要把所有的情感表现全列出来，那就麻烦了，文章没法写了。

就以喜、怒、哀、乐四个方面为例，喜、怒、哀、乐就代表种种的情感，这种种的心灵的情感表现都还没有生发、展开之前，是什么状态呢？这个叫“中”，“喜、怒、哀、乐之未发，谓之中”。先要找到这个“中”，这个时候你就知道，这个“中”就是在一切的情感、心灵的这些种种表现还没有展开之前的本初的状态，从后天的种种发用的状态往前走，往先天的状态走，走到那个原本的清静的地方，就是“中”。为什么这个地方不叫“性”呢？这个“中”跟“性”是一体的，但是这个“中”是配合“未发”来讲的，“发”就是往外发散，“中”就是在未发散之前有一个中心点，对不对？我们来用“手掌说法”，这个喜、怒、哀、乐用四个手指头表达，还有其他各种情感，各种情感表现用五个手指头来表示，手指打开往外发散，这就是喜、怒、哀、乐，就进入后天的世界；喜、怒、哀、乐未发，手指收回来，回归原点，这个叫“中”，就是一切的表现形式还没有展开时这个中心点。这个中心，当然不是几何学意义上的中心，而是一种意境的“中”，是一种“中”的意识状态。“发而皆中节”里的这个“中”，是射箭射中了的“中”，从这个未发的状态往外发，生发喜、怒、哀、乐等各种感觉、感情、思绪，这时有一个“中节”与“不中节”的问题。“发而皆中节”的这个“节”是什么呢？“节”代表条理、节律、天理，就是儒家所讲的那个天然的法则、良知与道理。“中节”就是喜、怒、哀、乐之发，是按照天理而发，是从良知而发，不掺杂人欲之私，这种合乎天理、良知的发就叫做“和”。这个“和”，代表的是一种和谐、优美、和美，就是一种平衡、和谐的状态。

“中”是心之体，“和”是心之用。了悟“中体”就是找到价值之源，由体而起用，才能体用一源，显微无间。作为一个人，作为一个生命，他不可永远地处在一个喜怒哀乐未发的状态，他还是要发，但是发的时候有两条路：一条是“率情之路”，顺着个人的自私自利的念头，去造作，去做坏事，这个就是“不中节”，这个就是凡夫，就是我们要修正的地方；一条是“率性之路”，回归本性，本性也就是中体，由体而起用，喜、怒、哀、乐之发皆合乎天理、良知，这是“发而皆中节”，这就是“和”。

讲到这里呢，我们又要跟前面的四层结构、三观结合起来，形成贯通的理解。“喜、怒、哀、乐”是“假”这个层次，这个假有“空前假”和“空后假”两个层次。“不中节”而发，凡夫俗子由率情而发，这个“喜、怒、哀、乐”是“空前假”；修道就是要“从假入空观”。这个“不中节”的喜怒哀乐，就相当于我们在没有体会到第四层之前的前面三层的表现，我们现在“从假入空观”，就是入到“喜怒哀乐之未发”的这个“中”的状态，也就是要从前三层进入第四层。

要特别注意，《中庸》里“喜怒哀乐之未发”的“中”，相当于“空、假、中”三观里的“空”，“发而皆中节谓之和”里的“和”，相当于三观里的“假”，而“致中和”的“中和”才相当于三观里的“中”。

“发而皆中节”的这个“发”是空后之假，也就是我们领悟到第四层之后，再回过头来，运用前三层来表现出喜、怒、哀、乐，这是“从空出假观”。“发而皆中节”，空观之后要起用，还是要“发”，要表现，不是一个永远在空里面出不来。那么达到了“中”，达到了“和”，“中”与“和”的完美结合，就是“空、假、中”三观里面的“中观”。

我们前面讲《老子》的时候，也引用了三观解释《老子》，这里讲《中庸》又运用了三观，你会觉得我这是牵强附会，还是觉得这是天下的真理的统一性，就看你怎么理解了。如果我们拿一个东西拼命往里面去套，硬装到里面，这叫比附，是牵强附会；但是讲到一种最高的智慧、最高的原理的时候，我们讲的就是真理相通无二的道理，它们确实是从不同的角度、运用不同的语言来讲，但是核心智慧是相通的。

“中也者，天下之大本也。和也者，天下之达道也。”我们要去做任何事情，修身齐家治国平天下，都有个根本所在，这个“大本”就是这个“中”的状态，也就是我们的性体。回到这个性体当中来，首先要有这个安立，要在这上面“立本”；立了本之后，你还要发用，你还要能做事情，还是离不开这些喜怒哀乐，不是修成了一个石头一般的无情之人，这个时候他要在“中节”这个范围里面来“发”，达到“和”的境界，这样就天下太平了，就可以真正建设“和谐社会”了。

“致中和，天地位焉，万物育焉。”我们前面讲“天命之谓性”，这个性是相应于天道的，所以真正达到“中和”的这种境界，“中”与“和”统一了，体用一如了，达到这种圣人境界，就不仅仅是一个人的修身养性的问题，它是通于天地的，它可以通天彻地，天地各得其位，万物和谐生长。道家讲“人身小天地”，这个宇宙也是一个大的人身、大的生命，生命是一个小的宇宙；这里也是一样，天人合一是中国思想的基础理论，不管儒家、道家都是天人合一这个模式，只是有不同的表达而已。真正的圣人，达到了这种“中和”的境界，则“天地位焉、万物育焉”，就是天地各安其位地达到了一种和谐的状态，这叫“太和”

的状态；万物得到了最好的养育和生长。

有人问：这种境界会实现吗？我想你可能理解成为一个外面的世界，其实这里讲的还是一种境界，就是你成了圣人之后，你的“天地”就“位”了，你的“万物”就“育”了，整个天地万物跟你是贯通的。也就说是，我们每一个人修道都对这个世界、这个宇宙有一个相应的影响，但是你可能会说，有了这么多圣人，我这个天地怎么感觉还有这么多问题？那是因为你没有“致中和”，你又在制造你的那个天人分隔的世界。圣人的世界已经“天地位、万物育”了，但是不等于你的世界就“天地位、万物育”了，你和圣人的世界是既相通，又不同。因为你在做着你的梦，你的梦跟圣人的梦不一样，所以圣人虽然已经天地位了、万物育了，但是由于我们的无明和执着，我们自己在制造很多的问题，我们的天地就并不太平。哪怕是风调雨顺，天下太平，对我们来说，我们梦中的世界还是一团混乱，还是颠倒的人生。

这就是说修行不能光靠圣人，还要靠自己。如果说圣人解决问题了，天地万物都和谐了，我们大家就坐享其成，那为什么释伽牟尼成佛了，还有这么多人要去学佛？孔子成圣人了，他已经把天地万物都整好了，还学什么儒呢？老子成道了，那也不用学道了，对不对？圣人解决了他自己的问题，于是他的世界也普遍和谐圆满了；但我们还是凡夫的境界，我们呈现的世界也就还是有问题的世界，我们感受不到圣人所体验的那个和谐圆满的世界。

这是宗教修行跟世俗的科技进步一个最大的不同。如果科学进步了，我们发明了电灯、汽车等，技术上成熟了，然后再批量生产，一人一台机器，学几个动作就可以使用了，不用再去研究那么多了。你不需要研究制造汽车的技术，就可以使用汽车的成果。现在一些汽车可以自动驾驶了，用起来更便捷。像现在的手机也很先进，你要去搞里面的原理，你什么都不懂；但是你会用它，科技的成果一下子就能传达到所有的人，让所有的人都享用最新的成果。修道是不同的，修道是自己的意识的成长，是智慧的增长，是别人不可替代的。因为这种智慧不是一种机械性的增长，只有机械性增长的成果才能够买卖，才能够由别人创造出来给你使用，而智慧是你必须自己得到了，才是你的智慧。假如说我有神通，我能够给你个什么东西，那也不值钱，由别人给的也会很容易失去；别人给你的东西，不能够让你获得自觉的智慧，而你自己觉醒的智慧，才是我们修道所要成就的那个东西。

修道的成果永远不能从别人那里得到，不能从外在由别人给你，要自己出发去求证。导师就是指导你修行，教你修行的原理和方法，但没有人能够直接帮你解脱，你必须自己去修行。如果有某某大师说，他有法宝，你给他送点东西，巴结巴结他，然后他就把某个法宝传给你，你不用修行就能直接成佛，那这个肯定是邪教，不是正道。

（二）憨山大师释“中庸”

前面讲了《中庸》里面核心的一段，下面我们再看一下憨山大师对“中庸”这两个字的理解：

> 中者，人人本性之全体也。此性天地以之建立，万物以

之化理，圣凡同禀，广大精微，独一无二。所谓惟精惟一，大中至正，无一物出此性外者。故云中也。庸者，平常也，乃性德之用也。谓此广大之性，全体化作万物之灵，即在人道日用平常之间，无一事一法不从性中流出者，故吾人日用行事之间，皆是性之全体大用、显明昭著处。以全中在庸，即庸全中，非离庸外别有中也。

“中者，人人本性之全体也。”这个“中”，就是指本性的全体。

“此性天地以之建立，万物以之化理，圣凡同禀，广大精微，独一无二。”这个“独”出来了，这个性体是“独一无二”，就是我们的性体是通于道、通于天命的，不是一个局限于个体生命的东西，它是一个贯通的“一”，它跟本体之道是相通的，所以天地、万物都是从这里面来进行运化的，不管圣凡都是在这个道之中，都同在此性体之中。

“所谓惟精惟一，大中至正，无一物出此性外者。”这个性体是天地万物的本体，精一中正，无一物出此性外，所以广大无边，无时间相，无空间相。

所以不管是儒家、道家、佛家，都在这个地方会通了——要进入广大无边的超越有限肉体的无限性体，儒家称之为“中”，这个“中”不是说一个简单的方位上的中，这是讲本性之全体，是无中无边之“中体”。

“庸者，平常也。”庸，就是平常，日用平常，这个叫庸，所以它是中之用。中是体，庸是用。“乃性德之用也。”性德是中，庸就是性德在日常生活之中的运用。有此体，就有此用，如果不能起用，那也“没用”。

“中庸”这两个字是什么意思呢？“谓此广大之性，全体化作万物之灵，即在人道日用平常之间，无一事一法不从性中流出者，故吾人日用行事之间，皆是性之全体大用、显明昭著处。”性体虽然是幽微奥妙的，但是它随时在平常的生活当中显现，没有一事一法不是从性中流出来的，就是一切都是性体之用，而一切都要回归到性体之中来。“以全中在庸，即庸全中，非离庸外别有中也。”就是中这个性体，一定是体现在生活当中，体现在日常的、平常的境界当中，在我们平常的生活境界当中，就有那个中体的表现。中体的表现，不是离开了我们平常的生活，离开了我们日常的运用，去另外找一个孤悬的中。这段话强调的是生活的全体都是道，道就在生活中显现。

所以修道不是说你到深山老林里面去，或者我这个人看破红尘了，家里出事儿了，感情遭挫折了，我要找一个地方去修道；这都是以前写小说的人，给我们错误的印象。说某某人失恋了，青灯古佛，然后在庙里了此残生。修道怎么会是这样一个东西呢？修道是真正的生活，是每一个人所要寻找的人生的归宿、人生的究竟或人生的安顿，它不是在我们生活之外有一个道，然后要离开这个生活，而是我们全体的生活就是那个性体的体现，只要我们能够回归这个性体，不遗忘它，让生活成了性体的全体大用，这就是修道。

“中”和“庸”，一个是体，一个是用，那为什么《中庸》里又说“中”与“和”呢？是不是有点儿矛盾？大家注意，“中”

是性体，“庸”是在日常生活中的表现，这是一层；那“中”和“和”呢，是讲从“中”这个性体当中，能够发而皆中节，达到这种圆满和谐的表现境界，这个叫“和”；所以“和”是“中庸”的“庸”的合道的表现。讲“中”与“庸”，是本性之全体（性体）和日常生活之间体用不分的关系；而“中”与“和”呢，是进一步讲从中起用的时候，达到中节、合道的状态，这个时候叫“和”。也就是说在我们日常生活中我们有时候没有表现出“和”的境界，虽然总体上日常生活都是性体的用，但性体的发用还有率情、率性的区别，只要当你率性了，合道了，这时候的“用”才可称之为“和”。如果你率情，离开了道，就不是“和”，那是凡夫俗子率情而为，就没有体现出这个“和”的境界。

从《中庸》论“致中和”的这段思想来看，儒家虽然看起来好像着力在人间的人伦、治国平天下上面，好像比较世俗，但是这一套东西一定是建立在内心的性体的修养之上的，要率性，要发而皆中节，达到“中和”这个境界以后，你才能谈后面的治国平天下的问题。所以儒家并不是世俗的一个学问，好像儒家就是当官发财，在世间去捞点东西，搞政治，不是这个意思；只不过儒家把这个前后的关系，世间法与出世间法都充分地展开，是内圣外王的全体之道。你修这个中和之道，不是说你要去修出世法，青灯古佛，了此残生，而是修了这个中和之道，要在全体生活中起用，包括政治生活，包括治国平天下，都要体现出这个中和的精神。同时，在你全体的生活当中，又必须以修道为根基，不是去追逐世间的名利，儒家是出世与入世平衡的内圣外王之道。

（三）体验“中和”的境界

前面我们把儒家的中和之道的核心要义，做了直指的阐释。现在我们先休息一下，调整一下，然后就要通过实修来体验这个“中和”的境界。

在休息的时候可以行禅，动静结合。

啪！这一棒子敲下来，就是“致中”，就是一念不生，喜怒哀乐之未发。

请带着这个“中”的境界，不要失掉这个觉，失掉这个中，一切由性体而发，即是“发而皆中节”，这个就是“和”。

啪！禅杖敲下的这一刹那就好了！平时修了半天，找不着，啪的一场，现在就到了，就开始定下来。身体不动，念头不动，“喜怒哀乐之未发，谓之中”，保持这个状态，记得它，然后随时进入这种状态里面去。

行禅结束，我们开始实修，站桩。

最后一堂实修课，大家珍惜这个机会。按站桩的姿势站好，今天这堂实修课修的是儒家的中和心法。

先要“致中”，体验喜、怒、哀、乐都未发的状态，喜怒哀乐就代表了一切的思想、情感、情绪，在念头都没有向外发的时候，你的精神回归那个原点、那个广大精微的性体，这就是“中”，然后你就安住在这个性体当中。

能坐多久，就坐多久。一旦你起心动念，又有喜怒哀乐发动的时候，不要离开这个中体，让它在中体里面自己发，自己又回来，发而皆中节。要么不发，回到中体；要发就要中节，变成和的境界。中是体，和是用；中是真空，和是妙有。这个“中和”就是“真空妙有”。

前面学的种种法都忘掉，现在停留在这个地方，用这个方法修。

要始终保持练功的意识，就是戒慎恐惧，心要一直在。你修什么法，就专心修什么法，一念走了，马上要回来，回到你这个修法的中心，不昏沉，不散乱，练什么功法都有这个要求。如果你忘了练什么，陷入了妄想、自由联想之中，这就是散乱，想各种各样的东西去了；如果昏昏沉沉，昏昏欲睡，也忘了练功，这就是昏沉。不昏沉，不散乱，心在修法上，回到这个中体上来。

身体要全然地放松，不要紧绷，不要用力，完全不用力，自然而然，天然，无为，放松。

中心有主，不随境转。

有人的头是歪的，要往上捋直了。姿势也要“中”，不偏左，不偏右，不偏前，不偏后。

我要恭喜大家，我们这里有七十多岁的老先生、老太太，他们都能把这几堂实修课坚持下来，非常难得。可能有的人腿麻、腿酸、发抖，各种不适都有可能，但是我们这三天的实修课，都是保质、保量，每次至少四十五分钟，大家都做到了，先在“量”上做到了，以后再在提高“质”上下功夫。当然质上很多人现在还达不到，大部分人的心还是在游移，心在别的地方，或者有点儿犯困，糊里糊涂地往那一站，这种情况将来就要在质上多下功夫。你练一场就得有一场的效果，你不能说你站了四十五分钟，其实只练了五分钟，有四十分钟在胡思乱想，昏昏欲睡，得不断提高质量。

这里面有一个从勉强到自然的过程。一开始你先要勉强自己站下来，所以有一句话叫“久坐必有禅”，如果一开始想这个想那个，这都不现实，先把这个表面做到，把这个规矩做到。每天要求自己定时定量，保证多长时间，先来一个硬性规定，强求自己，把这个长期以来的业力给它翻转过来，慢慢形成一个新的惯性。等到有一天，一到打坐的时间不打坐，身体自己就有反应了，这叫功夫找你，功夫上身了。

我们有一些修行比较久的人，都有这个体会。假如你每天晚上十点钟开始练功到十一点，这样坚持一段时间以后，有一天你在外面打牌，打麻将，打到十点钟，一到练功的时间你觉得不对了，身体开始有功夫找你了，这个时候你说不行不行，我不打了，打麻将不行了，我要回去练功了，跟你抽烟上瘾一个道理。

因为我每个星期二要去上班，原来我上午要修一座，所以星期二，一到那个修行的时间，在单位聊天或者有什么事，我自己知道功夫来了，就假装跟他们聊天，心里面在用功夫。

所以我们这几天，不管大家有没有基础，功夫如何，好歹一天两次这个基本的量保证了，前两天我们还每次都有课前静心，总的来说，实践的时间还是有一定的量的。如果大家基础比较好的话，这几天的功夫下来，或多或少会有一些体会，有一些体验，以后每天还要好好坚持下去。

三、明道之识仁、定性

我们再回归主题，这是我们“儒家实修”板块的最后一堂理论课，也是整个三天课程的最后一堂课。

我们讲儒家板块的第三个主题：“明道之识仁、定性”，将程明道有关“识仁”“定性”的两段语录来做一个讲解。

程颢，字伯淳，后人尊称为“明道先生”，他和他弟弟程颐并称“二程”，是宋明道学的创始人。程颐、程颢两兄弟在宋明道学里面是两个大家，但是实际上这两兄弟不太一样，他们的理论、修养和气象都不一样，可以说他们分别是“理学”与“心学”的先驱。程颐是非常严谨，分析细密，他是跟朱熹连在一块并称“程朱”，程朱主要指程颐和朱熹，他们创立的学派一般称为“程朱理学”；而程颢跟象山、阳明这一系接近，可以说是心学的源头。冯友兰先生在中国哲学史的研究当中特别指出，程颐、程颢两兄弟实际上分别开了两大学派，表面上他们是兄弟，好像不分家，其实兄弟之间不一样。程颢非常洒脱，境界很大；程颐非常严谨、条理，跟朱熹的风格接近。从我自己修道的角度来讲，我更喜欢程颢，更喜欢陆王心学。程朱理学如果要与佛学比较一下，就跟佛学里面的唯识学这一派相近，偏重于学问；而陆王心学就跟禅宗、跟中国佛学比较接近，重心性的智慧。

程颢有一首很著名的诗，可能很多人都很熟悉：

秋日

闲来无事不从容，睡觉东窗日已红。
万物静观皆自得，四时佳兴与人同。
道通天地有形外，思入风云变态中。
富贵不淫贫贱乐，男儿到此是豪雄。

这首诗体现了程颢体道有得的精神境界，“万物静观皆自得，四时佳兴与人同”，气象确实不一般。我们现在看一下他的《识仁篇》。

（一）《识仁篇》

学者须先识仁。仁者浑然与物同体，义、礼、智、信皆仁也。识得此理，以诚敬存之而已，不须防检，不须穷索。若心懈，则有防；心苟不懈，何防之有！理有未得，故须穷索；存久自明，安待穷索！

此道与物无对，“大”不足以明之。天地之用，皆我之用。孟子言“万物皆备于我”，须“反身而诚”，乃为大乐。若反身未诚，则犹是二物有对，以己合彼，终未有之，又安得乐！

《订顽》意思，乃备言此体，以此意存之，更有何事。“必有事焉而勿正，心勿忘，勿助长”，未尝致纤毫之力，此其存之之道。若存得，便合有得。盖良知良能，元不丧失。以昔日习心未除，却须存习此心，久则可夺旧习。此理至约，惟患不能守。既能体之而乐，亦不患不能守也。

程颢此篇，阐扬儒家“仁学”之本体，义极深微，可谓之“儒家大圆满”矣！由此足见程颢体道之深，称“明道先生”可谓名符其实也。

儒家要做功夫，要学圣人的话，要先“识仁”。“学者需先识仁”，先要把“仁”弄清楚。这个弄清楚，不光是理论上要了解概念，这个“识”就像明心见性的“见”一样，要领悟到“仁”的境界。后来陆象山说要“先立其大者”，也是这个道理，就是要先把这个根本的东西抓到手。

那什么是“仁”呢？“仁者浑然与物同体。”仁的境界是什么，在《论语》里面对仁有不同的解释，每一次面对不同的学生孔子的解释都不太一样。“仁者爱人”，仁就是人与人的关系，达到了和谐、友爱、统一，这是“仁”的一个表层的意义。但是之所以能够人与人相亲相爱，能够合一，能够爱人，它背后的“体”是什么？本体是什么？仁要上升到本体的高度，它就要“浑然与物同体”。这个“物”，就是“天地万物”一切物的意思，仁者就是和天地万物都是同体的。同体，就是同一本体。儒家虽然是从伦理这个地方出发，怎么样用仁来处理父子、君臣、夫妻、兄弟、朋友之间的关系，但是背后的修养就是前面《中庸》讲的“致中”“率性”的功夫，达到“与物同体”这个境界。因为证到了天地万物都是一体的，我们讲“爱人”才有基础了。不是说你应该这样就完事了，你应该这样，但你做不到。当你领悟了浑然与物同体的境界之后，那就认识到天地万物都是我自己，就找到了那个一体的大生命了，如此爱人就是自然的了；而我们原来的那个小我就是把自己孤立出来，这样的小我是无法爱人的，他只爱自己。

“义、礼、智、信皆仁也”。虽然“仁义礼智信”在儒家里面是“五德”，儒家讲的伦理道德分开来说是这五个方面，但是仁如果上升到与物同体这个高度之后，既然仁就是这个本体的境界，它就不是五德之一了，它是所有的德之根本。在这个本体的意义上，其他的四德“义礼智信”，其实都是“仁”在不同方面的表现；“仁义礼智信”是儒家讲的五德，但是“义礼智信”这四个方面又可以统一到“仁”上来。

从这里我们就可以看到程颢和陆象山、王阳明这一派，都特别重视本体这一层，不是分开来讲的，都是直指核心，直奔主题的，就相当于我们前面讲的“圆教”，儒家有儒家的圆教，有它不同层次的教法。

“识得此理，以诚敬存之而已”。“识得此理”，不是说在哲理上认识了这个道理，“识得”就是你真正体会到了，进入了这种状态，这个“浑然与物同体”的境界你得到了，不但认识到了，同时体验到了，然后“以诚敬存之而已”，就用“诚”用“敬”来保存这个状态。你看这些都是儒家的语言、儒家的套路，但是本质上我们也可以说，“识得此理”就是见道了，“以诚敬存之”就是修道，就是保任，怎么把它养护下来，让它相续，这与佛家修行的原理是相通的。

所有的道理都是相通的、贯通的，但是儒家它这个路径是讲怎么处理社会上的人际关系，让它处在一个内外和谐的状态。我们保持这种与物同体的仁的境界，这样“义、礼、智、信”这些都能够在这里面体现出来。“诚”在儒家是一个很重要的概念，“诚”的本来的意思是真诚、无妄，就是发自本心的、质朴的、天真的，诚心诚意地待人处事，不要耍聪明。“敬”也是儒家工夫论里面的一个关键概念，这个“敬”字很有用，平常我们修行总是容易打成两片，静中、打坐的时候是一种境界，然后生活当中做人做事时我们就丢掉了，但是这个“敬”是心灵的一种警觉、

庄重，是认真对待每一件事的一种态度，这种态度恰恰要贯穿到做人做事的每一个环节。打坐的时候固然要诚敬，生活中更要诚敬，所以这是彻上彻下的功夫，能打成一片。你对人对事都要有一种很庄严、很诚恳、很恭敬的这样一种心态，这样一种儒家的风范展现出来，他的心就是一直在戒慎恐惧当中，这是一种很警觉的状态，不会放逸，不会流失本心。所以程颢就说，你领悟到万物同体的仁的境界，然后就用诚敬的这种态度去保持它，让仁的境界相续，贯穿于生活中去。

“不须防检，不须穷索”。这可以说是从圆教的高层修法来说的，如同佛家说的“无修”，你安住于本体状态，就不要去再有所修整了，就不要再拘泥那个小节了，不要去防止什么，检讨什么，不需要苦思冥想去追寻什么。有了这个大本、这个根本之后，只需要保持它，你做人做事自然就会有一种和谐，有一种合乎天理的尺度，不需要再费劲了。这与禅家讲的“但得本，不愁末”也是义理相通的。

这其实是相对于另一派的主张来讲的，有一派的人主张要去穷索，要去防检，一点点儿小事，天天去算计，检讨我今天做了什么，明天要做什么，做这种细微的功夫；而程颢这里讲的是从“体”上用功，不拘小节，不要再去搞那些太细微的东西了。为什么呢？因为“若心懈，则有防”，因为你的心离开了本体，松懈了，心乱了，所以才要防，防止自己走入歧途，防止自己起恶念，做坏事。“心苟不懈，何防之有”，但是我们的心若不懈怠，保持“浑然与物同体”的这种仁的境界，那还要防什么呢？

“理有未得，故须穷索”。这个“理”不是一个空道理，而是

"理体"，就是本体的状态、本体的境界。我们没有得到"与物同体"的这个"理"，你没有实证到这个境界，所以才需要去穷索、去参悟它到底是怎么回事，你开始体会到这个"仁"之后，这些东西都不再需要了。

"存久自明"，前面讲的"以诚敬存之"，保持这种状态、这种境界，时间一久，你能够相续下来，自然就明白了这个儒家讲的"理""仁"，这个"与物同体"的"道"或"天理"都明白了。"安待穷索"，哪里需要费脑子，天天去苦思冥想呢！

"此道与物无对，大不足以明之"。这个"道"就是"与物同体"的儒家之道，"与物无对"，就是这个"道"不再有对待，不是跟"物"相对的，不是这里有个"道"，然后还有个"物"与它相对。从概念的理解上来说，我们可以把"物"与"道"对照起来加以理解；但从"道"本身来讲，它是"独体"，广大独一，一切都是"这个"，没有二元对待。"大不足以明之"，你说"大"是不够的，因为到底多大才算大呢？一般讲大，总是有对待的，有大就有小，而这个道是与物无对的，不能用大小的"比较级"来说道。但这都是概念的运用问题，反过来我们也可以说它"大"，这个"大"是超越了大小的"大"，是广大无边的"大"。

"天地之用，皆我之用"。因为这个道与物无对——整个的宇宙万物都是一个本体，所以在万物一体的境界之中，天地之用都是我之用，我跟它们是分不开的，这就是天人合一。

"孟子言'万物皆备于我'，须'反身而诚'，乃为大乐。"这是引用孟子的话，"万物皆备于我"就是万物都在我之中得到体现，这跟道家讲的"人身小宇宙"是一个道理，当我们的生命突破了这个小我，进入了与天地万物同体的大我之后，我们跟万物之间没有隔阂，万物就在我之中，我也在万物之中。这个时候只要“反身而诚”，返观内照，真诚无妄，回归性体，自然就有无边的、无尽的安顿，这种安顿就是真正的乐——大乐，不是小得小失的那种乐，不是得一个什么东西的乐，而是合乎道体的这种大乐。

“若反身未诚”，往回走，回归那个性体，若修身没有达到这种真诚无妄、与道合一的境界，“则犹是二物有对”，这个时候还是处于“二物有对”的状态，有二元性，你与道体之间有对待，“你”要去合“彼”，要把自己和什么东西相合一，这还是分开的二元相对的状态，所以“终未有之”，还是没有真正地体会到这个与物无对、与物同体的境界，“又安得乐”，这个时候怎么能得到乐呢？这里讲到了两层：一是先证悟“体”了，同体了就无待、无对，这个境界是真正的大乐，这相当于“果位”的修法，先得体，不愁末；二是当我们没有证得同体的境界的时候，我们要去做“合体”的功夫，有一个小我要去和本体相合，这个时候就还没有得到“体”，也没有究竟安乐。

“《订顽》意思，乃备言此体”。《订顽》又称《西铭》，是另外一个重要的理学家张载（人称横渠先生）写的一篇著名的铭文。张载《西铭》讲“民吾同胞，物吾与也”，这是儒家的一句经典名言。一切国民都是我的同胞，天地万物都是我的相关物，都与我是一体的，没有我之外的物。所以程颢讲，张载整个《西铭》的意思就是讲“浑然与物同体”的这个本体。

“以此意存之，更有何事”。我们要“先立其大”，识得这个仁体之后，以上面讲的“诚敬”存养这个“体”，还有什么别的事呢？用禅宗的话来讲，这就是“唯认见性，不认禅定解脱”，直奔主题，只要认得这个“体”就去“保任”了，不需要去做那种有所对待的功夫。

这还是讲儒家式的“顿教”之法，只要“存”这个“体”就可以了。怎么做“存”的功夫？这里又引用孟子的话：“必有事焉而勿正，心勿忘，勿助长。”你的心要有一个警觉在，不放逸，好像总是有个事在，这个还是要稍微用点力，但是“勿正”，“正”是什么意思？去改正，去纠正，去有所安排，有所造作，这个都是“正”。“勿正”很像是佛教密宗大圆满讲的“无修整”，最高的修法很多道理必然是相通的。虽然是“勿正”，无后天的安排造作，但是“心勿忘”，你要时时在警觉（敬）之中，记取这个“体”。如果你忘掉了，就流失在常人的这种胡思乱想之中，所以心不能忘；但是不能忘，又“忽助长”，又不要人为地去助长它——要这样、要那样，这个“体”上不能加一分毫，它是不增不减的。

其实，“必有事焉”即是“勿忘”，“心勿正”即是“勿助”，这个“勿忘勿助”是儒家功夫的一个关键点，而这一点又是三教相通的。所以佛家讲“不取不舍”，道家讲“不将不迎”，跟这个“勿忘勿助”都是相通的，三教讲的修行用功的火候，在这一点上都是相通的。我们练功的时候，一方面不能完全地放掉，忘掉了练功，离开了本体状态，这个“体”不能忘掉，但是同时你也不能有后天的造作分别，要这样，要那样，自己在那折腾来，折腾去。

总结起来就是“有觉性而无分别”，要有一个觉、一个智慧，直接就保存这个状态，保持与物同体的状态，当下就安顿下来了。所以说“未尝致纤毫之力”，一点儿力气都不能用，一费力就落入后天的分别相之中了。在不费纤毫之力这个方面，如果我们去看禅师语录，这方面的论述非常之多。当我们要进入本体的时候，一定是毫不费力的。大家想想，只要你一费力，一定是有后天的人为造作在。我要使劲进入，我要去怎么样，这都是妄想的状态。我看有人站桩的时候，好像咬牙切齿地要怎么样，这一看就没有得大道，用得着那么费劲吗？你就放松，彻底放下就对了。在全体放下的同时，有一个东西不放，就是别忘掉这个“体”，别忘了这个“觉”，“此其存之之道”，这就是保任本体的功夫，就是怎么养护、保持这个本体境界的方法。

“若存得，便合有得”。如果你能够这样保存这个本体的境界，就一定会有收获的。“盖良知良能，元不丧失。”“良知良能”又是儒家的观念了，它来自于孟子。“良知”就是人人天生就有的那个知，良知它知善知恶，知道该做什么不该做什么。“良能”是人在良知的状态中所固有的能力，它自动会有一种能力去做事情。我们先天有这个宝贝——良知良能，它本来就不丧失，本来就在；但“以昔日习心未除”，这个良知良能在后天被遮蔽了。佛家经常讲“习气”，但儒家一开始就讲到这个“习”的问题，孔子讲“性相近，习相远”，每个人的“性”原本是差不多的，但是后天的“习”的方面，包括你的习气、习心等，使人与人之间相差得越来越远。我们这个“习心未除”啊，就把良知良能给遮蔽了，淹没了，所以要“存习此心”，让此心回归仁体，并存养温习之，“久则可夺旧习”，慢慢地改掉旧习。从这里也可以看到，不管是哪一家，转化旧习，转化习气，这都是修行的关键。

“此理至约”，这个道理最简单，最清楚，“惟患不能守”，就怕你不能“守”。所以关键是要能“守”，前面《老子》也讲“守静笃”，就是你认得这个道理，识得与物同体之仁，要去守住它才行。

“既能体之而乐，亦不患不能守也”。怎么才能守呢？如果真正体会到“仁”了，得到了那个大乐，这个时候就不用担心不能守了。我们之所以天天要强迫自己去练功，是因为一开始你没有得到大乐，等你体道了，得了这个大道之乐以后，我就不用操心你们了，你们自己就天天上路了。到时候八匹马都拉不回头，别人不让你练，你还偏要练呢！因为你体会到其中的乐趣了。

程颢这段话，非常精要地把儒家的高层心法传给我们了，这相当于是儒家的大圆满法，是儒家的果位修法。

（二）《定性书》

程颢的《识仁篇》我们只能是精要地讲一下，下面再讲《定性书》。《定性书》是程颢非常有名的一段语录，讲功夫讲得很透彻。

> 所谓定者，动亦定，静亦定，无将迎，无内外。苟以外物为外，牵己而从之，是以己性为有内外也。且以己性为随物于外，则当其在外时，何者为在内？是有意于绝外诱，而不知性之无内外也。既以内外为二本，则又乌可遽语定哉！

> 夫天地之常，以其心普万物而无心；圣人之常，以其情顺万物而无情。故君子之学，莫若廓然而大公，物来而顺应。

我们讲“定”，到底什么是定呢？并不是在那一动不动就是定，“所谓定者，动亦定，静亦定”，真正的定不是一定要坐在那里一动不动，而是不管你是在动还是在静当中，都是定。这里的动、静，是指外在的动静而言，待人接物都是“动”，而定是指心灵的境界。

“无将迎，无内外”。“无将迎”出自于《庄子》的“不将不迎”，将，是推开；迎，是迎接。无将迎相当于佛家讲的“不取不舍”，既不抓取什么，也不排斥什么。“无内外”，这个定的境界是“与物同体”，是没有内外之分的。所以程颢这里所说的“定”就不是一般的定，不是我们一般打坐要“入定”的那个“定”，这是讲的“体”上的“定”了。这种定是全然的定，是内外合一，动静一如，这已经是定慧合一、止观合一的定了，这就是大定，相当于禅家讲的“一行三昧”。

“苟以外物为外，牵己而从之，是以己性为有内外也”。这句话就开始解释这个“无内外”的定是怎么回事了，一般的“小定”肯定做不到这个境界。如果我们以为有一个外物，让自己之“内”去合乎那个“外”，这就是把自己的本体之性分出内外来了，而性体是没有内外的，是个万物一体之“独体”，是一体无二的。

也就是说，这个无内外之定是怎么来的呢？要从这个“性”上下功夫，而性体是无内外的。前面《中庸》讲“不可须臾离也，可离非道也"，在性体上下功夫，这个定才是"动亦定，静亦定"，因为那个"性"是不可须臾离的，它是无内外、贯动静的。

"且以己性为随物于外，则当其在外时，何者为在内？"我们一般以为自己里面好像有个性，然后有个外物与之相对，那当我们的性跟着外物走的时候，那在里面的是什么东西呢？性能不能分成两段，一段在内，一段在外？这是割裂的性，而性本身是无内外之分的。"是有意于绝外诱"，这是有意去杜绝外面的引诱来养性，"而不知性之无内外也"，这就没有理解到这个"性"是无内外的。"既以内外为二本，则又乌可遽语定哉！"既然把内外割裂为两个不同的本原，这种情况下怎么可以谈得上那种无内外、无将迎的大定境界呢！

大家看这段话有没有什么感觉？这里面蕴藏着什么深意呢？如果我们里面好像有个"性"，然后这个"性"跟"外物"有个什么关系，然后要拒绝外面的引诱，把这个"性"要死死抓住在里面，这个理解是不究竟的。这就好像"性"是有个内外的，既有内外则"性"是个小东西了，这就没有真正地悟道，没有真正地体悟到这个"浑然与物同体"的"性"。这个"性"是广大无边的，就是观虚斋歌诀第一句"法性广大虚空界"讲的那个"法性"，广大如虚空，哪里有内外呢？悟此还需要去绝什么外诱呢？这个性体当中没有什么不是它，就是我们进的"一切都是，一切都好"，所以这个功夫是果位法门，是大圆满法，这是从高层次做功夫，不是做低层的功夫。如果把内和外分开来，就好像有两个本了，这样就有取舍，有将迎，这个就谈不上真正的大定了。

这段讲真正的定是什么，要安于这个性体。性体无内外，无动静，如如不动，这才是真正的解脱的定。

所以你看儒家，你说儒家境界高不高？把程颢的《定性书》一拿出来，就已经超过很多大师了，不管是佛教还是道教，有几人真能找到这个东西！

后面的一段："夫天地之常，以其心普万物而无心；圣人之常，以其情顺万物而无情。"这个境界又很高了！我们修行修了半天，很可能就以为"情"不对，就要"断情"了，以为"圣人无情"，都回到那个"体"里面不出来，像缩头乌龟一样，圈到里面去，有"体"而无"用"，那就麻烦了，这个不究竟。"天地之常"，天地能保持恒常如此，"以其心普万物而无心"，是因为天地虽养育万物，而又没有任何的主观意志，完全是无心而为之。万物都在天地之中普遍地得到滋润，好像是阳光普照万物，万物都离不开阳光，但是太阳又没有说我要去照耀大地、照耀万物而让它生长，它是无心的；但是在无心当中，它能够顺应这个天地万物，让天地万物得到滋润。圣人的心也是这样，"圣人之常"，圣人那种恒常而又平常的那个境界是什么呢？他是"情顺万物而无情"，他这个"无情"不是真的没有感情，而是他的每一个情都恰到好处，都出于天理，都"发而皆中节"，这是《中庸》所说的"和"的境界，所以圣人的情，总是恰到好处地跟着万物合一，但是他自己没有个人的得失，没有个人的私情，没有小我之情，这才是圣人的境界。这里讲的是"真空妙有、体用一如"的圆融无碍的境界，一般修行人容易偏于无心、无情的一边，而圣人是虽有情而无情执，随顺万物之情而无私，故无情而又充满与物同体的大悲之情。

“故君子之学，莫若廓然而大公，物来而顺应”。儒家的理想是要去学圣人，学圣人当然从学君子开始；君子的修道之学，不是一般的知识的学问，君子是要去学做圣人，要怎么学呢？“莫若廓然而大公”，最好的路线就是“廓然而大公”，就是要做到“与物同体”的这个大人、仁者的境界，然后在这个广大无边的境界当中，“物来而顺应”，就是顺之以良知，应之以天理，用良知、天理自然而然去顺应万物，而不起个人的私情、小我的执着，这才是我们所要追寻的理想的境界。“廓然而大公”是悟其“体”，“物来而顺应”是明其“用”，圣人之学有体有用，必须能“应物”，同时又不丢掉万物一体之仁。

程颢的论述完全符合儒家的语境，他是站在儒者的立场来讲的；但是他所说的这些高深圆融的道理，与佛家的大圆满见、禅宗的顿悟及道家的最上一乘修道都是相通的。从本质上说，这不是一种纯理论思考的结果，而是一种实证实悟到达通透境界时从儒家语境出发的智慧呈现，而实证的智慧最后必然是相通的。一切分别都是后天的有限的陈词，而最高智慧则是超越言说的无分别的觉悟境界。

四、阳明论“致良知”

（一）、阳明论“格物致知”

明道先生的语录我们只讲了二段，从中能看出他的境界和功夫都很高。下面我们再简单地讲一下王阳明的“致良知”，阳明学是一门大学问，现在很热，但是我们今天也只能讲其中最精要的一小部分。

> 格物如孟子“大人格君心”之格，是去其心之不正以全其本体之正。但意念所在，即要去其不正以全其正，即无时无处不是存天理。存天理即是穷理，天理即是明德，穷理即是明明德。

> 致者，至也，如云“丧致乎哀”之致。《易》言“知至至之”，知至者知也，至之者致也。致知之者，非若后儒扩充其知识之谓也，致吾心之良知焉耳。

首先我们讲一下王阳明对“格物致知”的认识。整个宋明理学在讨论儒家义理的时候，都是以《四书》为经典依据。我们看到宋明理学家，很少自己创造一套新的理论体系，他们都是就着《大学》《中庸》《论语》《孟子》来谈论，通过对《四书》的诠释，来表达自己的理念。所以关于《大学》里面的格物、致知，王阳明、朱熹的解释是完全不一样的，各家各派都在说《大学》的格物是这个意思，是那个意思，各有一套解释。王阳明自己开始是学朱子，听朱子说格物是“即物而穷其理”，每种事物都有它的道理，要去穷究其理，并最后加以贯通。后来王阳明就按朱子的说法去实践，去格庭前的竹子，格了七天七夜，格吐血了，也没把它格清楚。后来王阳明就领悟到，朱熹的这个路子不对，这样格不出圣人的境界来。这个竹子的理都格不清楚，何况天地万物之理，如何能格得完了？如此王阳明开始了自己的探索，经过好几次领会之后，直到他“龙场悟道”，他自己才对这个格物致知有了一个全新的解释。

王阳明说：“格物如孟子‘大人格君心’之格，是去其心之不正以全其本体之正。”格，就是把那个不正的地方给它正过来，而这个物是什么意思呢？格物不是格外物，不是格竹子，是格我们的心中之物。我们心中有一个东西，有一个挂碍，有一个对象，我心中关注的对象，这个对象就是一个物。我关注治国平天下，这个治国平天下就是一个物。我关注一个事情，我这个意识挂在一个事情上，那个所牵挂的就是物。当我们有了这种意识对象之后，这里面就有正和不正的问题，然后把那个不正的给它正过来，这叫格物。

这是对朱子的格物进行了一个大的方向性的扭转，不再是向外物穷理，而是向内心去做正心的功夫。

当然后来别的人批驳他，说你这个解释与后面的正心、诚意那一套系统不就重复了吗？这说不通啊！一格物，就已经到了正心这个境界了，那后面的一系列讲起来不太顺。关于这个格物、致知的解释，我在博客里面专门写了一篇文章，总结了不同的解释方案，表达了我的一个认识。现在我把我的那篇“格物致知解”的文章附录于本节之后，大家可以参看。

王阳明的解释是一个很高端的解释，也是很究竟的解释，他本身这个境界是很高的；但是我们回到原典来讲，回到《大学》的经典本身来讲，这个解释是不是符合《大学》的原意呢？这是有问题的。《大学》经典的语脉不一定是王阳明讲的那个意思，前一段时间我看蕅益大师的书，他也有解《四书》的，他虽然是佛学大师，但是他对《大学》的格物致知的解释非常好。我的“格物致知解”一文受蕅益大师的启发，将朱子、阳明与蕅益大师三大师的解释加以贯通，从因、道、果三位对格物致知做了系统的解释。

现在我们不管它符不符合《大学》的原义，王阳明的解释从修道本身上来说是最高明的解释，我们要了解王阳明的这个思路，我们学习他的境界，把这个道理搞清楚了。

“但意念所在，即要去其不正以全其正。”就是我们意念在什么地方，要马上检讨它是不是正，一不正了，就把它纠正过来，要让它正，这就是格物。“即无时无处不是存天理”，王阳明说这个格物的过程也就是随时随处都在存天理。儒家讲存天理，存天理怎么存？就是我们面对任何事情，起心动念，要把那个不正的回到这个正，这个正就代表着天理，这样格物就是存天理，“存天理即是穷理”。把格物穷理转到内心上来，穷理不是研究外在的事物的道理，而是存内心的天理，这就是穷理。格物、穷理都回到内心上来，而“天理即是明德，穷理即是明明德”，存这个天理就是《大学》讲的“明明德”。天理就是明德，穷理就是明明德，王阳明这个解释自成一套，立意甚高，但是如果回到《大学》本身的这个语境来讲，这一套不一定符合《大学》的原意。

在王阳明看来，致知又是什么意思呢？“致者，至也，如云‘丧致乎哀’之致。”致，就是到达，达到某个状态。“《易》言‘知至至之’，知至者知也，至之者致也。”王阳明解释《周易》的“知至至之”，说“知至”就是“知”，“至之”就是“致”，这是为后文解释“致知”为“致良知”寻找经典的依据。

“致知之者，非若后儒扩充其知识之谓也，致吾心之良知焉耳。”也就是说致知就是达到这种“知”的状态，不是后儒所说的“扩充其知识”的意思；致知不是去增加外物的知识，而是“致吾心之良知”，即在意识面对任何意识对象的时候，要反观自觉，回归本具的良知，以良知面对事物，这也就是存天理。致知就是致吾心之良知，至此王阳明从《大学》的“致知”提出了他的“致良知”的学说，将天理、良知贯通起来，天理不在外而内在于良知之中，良知本身即是天理，从而完成了道德行为从“他律”到“自律”的转换，高扬了道德的主体性自觉，这是阳明学的中心思想所在。这也意味着，王阳明早年沿着朱子的思路从竹子中去格物穷理走不通之后，终于找到了自己的对于“格物致知”的最终的答案。

王阳明的解释，虽然不一定符合《大学》的原义，但是他这个解说的思路很清楚，全部回到心上来。穷理是什么？不是去穷外物之理，是穷我内心的天理；穷理即是穷天理，这也是明明德。致知是什么？是致吾心之良知；格物是什么？是格心中之物，是把我这个心之不正归为正。这是直接一路，万法都回到根本上来，不去搞那些向外的东西了。格物、致知、穷理，对阳明来讲这个思路很清楚，全回到这个心上来了，所以我们把阳明之学称之为“阳明心学”。

良知在阳明学中是一个关键概念，王阳明整个修学的功夫，就是致良知。致良知，就是我们要把这个良知呈现出来，不要把良知给遮蔽了。阳明心学最后的落脚点和中心点都在“致良知”

上面，我们要去体悟到底什么是良知。

我们面对任何人、任何事情，本身都有一个天然的、先天的一个良知，它知道该怎么做，它知道什么是善、什么是恶，但是因为后天的私心、私欲、人欲将良知遮蔽以后，我们就视而不见，把这个良知就放一边了，不跟着良知走，而是跟着自己的欲望走。人并不是不知道什么是善、什么是恶，而是我们做不了主，不听良知而听欲望的指挥。对儒家而言，这是成圣、成凡的一个根本，就看这一念之间，我们走哪一条路，能不能听从良知的呼唤。这又相当于《大乘起信论》讲的“一心开二门”了，跟着人欲走，就是“心生灭门”；跟着良知走，就是“心真如门”。

我们的心跟着人欲的方向走，由欲望做主，由识神做主，明明知道这个事情不该做，还是要去做，这就是造业。对王阳明来说，现在要修行怎么修？随时随地回到良知上来，让良知做主，按良知去做。这样“致良知”，功夫做得好了，就处处都是天理呈现，事事都符合这个天理，慢慢人欲就克尽了，就转化干净了。后天的这个欲望、识神，全被你转化了，这样的境界达到极点，就是圣人。

阳明学的整个思路很清楚，一切都围绕“致良知”这个中心来讲。而且王阳明讲这一套呢，他不光是讲这个道理，他自己是有切身的体会的。他自己说，这个良知虽然孟子早就讲了，但我这个良知是从自家里面经历过生与死的考验，经过重重难关而磨练出来的。王阳明是在所有的儒者当中，事功方面非常有建树、有成就的人，他替朝廷平叛，以一介书生的身份，统帅大军，打了好几次很漂亮的胜仗，这个古往今来都是很少有的。为什么今天的人特别崇拜王阳明？一般的理学家都是“平时静坐谈心性，临危一死报君王”，关键的时刻，重大的危机来了，没办法解决；但我要守节，守节怎么办呢？或者我自己自杀，或者我自己等死，但自己不变节，这已经不错了。没别的办法，江山要易主了，我有什么办法呢！但是我还是要报君王之恩，我要忠君，我誓死不降清，所以我就悬梁自尽，表示我精忠报国。这种理学家，后面就成了被人取笑的对象；但是王阳明不一样，在国家危难之际，多次建立奇功，可见王阳明的这个“良知”是在千难万险中经受过考验的，是能真正地起作用的。我们如果要学圣人的修养，就要向王阳明学这一套；现在阳明学这么吃香，关键就在这里。

王阳明是在指挥千军万马作战当中，在种种生活事业当中，靠这个致良知建立了事功，靠这个良知赢得了战争。关键时候这个良知清醒、明白，该怎么做怎么应对，一清二楚，这也就是我们讲的大智慧出来了。这个大智慧通于世间和出世间，不仅仅是在那闭着眼睛打坐，他是要面对人，面对事，用这个良知来应对、来转化，来解决问题。

为什么我们这三天的课程最后要回到这个“致良知”上来，以阳明学来结尾呢？最重要的就是“知行合一”，一切的修养境界要落实到做人做事上来；我们这三天的课，最后要回到这一点上来，就成功了。你修行境界很高，但是见不得人，做不得事，这个就麻烦了。天天在那闭着眼睛修，关键时候自己逃之夭夭，这个不行。

面对生活中各种各样的境遇，你做企业、做事业的，你有

各种各样的困难，这个时候你要把心静下来，回到你的良知当中去，让你的良知中呈现出思路，呈现出解决问题的方法。事事物物都有个天然的道理，都有个“恰到好处”的节点，在良知中清晰地呈现这个天理，并遵循这个天理行事，就可以找到解决问题的钥匙了。这个时候修行就真有效用了，真有效验了，人家就不会取笑你，说你修了半天，没什么用。

很多人修了半天，确实没起什么作用，生活琐事都解决不了，何况大事！所以我讲了，我们修行人要从小事做起，我们天天讲天理，你首先要做事情有条理。如果你早上起来，都不知道要做什么，稀里糊涂的，一天到晚找不到北，全是无意识的，那么你还谈什么修行呢？修行人的生活一定是很有条理的，这就是观虚书院院训里的“清晰”，清晰就是要有条理，要有条理就要回到良知上来，回归良知良能，回到你先天的觉性当中来。

良知就是先天的觉性，这个是相通的，根源上没有二个东西。不能说佛家讲觉性，王阳明这里讲良知，如果觉性与良知是两个东西，那人就分裂了，这是不可能的。这只是从不同的路子来讲，是同一本体的不同的面向。觉性是佛家的一个思路，这个明觉包含一切的可能性，当然也包括对善恶的觉察，但没有专门强调善恶；良知是从儒家道德、善恶这个角度来讲的，良知知道善恶，这个善恶是广义的，实际上就知道了怎么做事情，这个善恶就统一切法，他知道最佳的方式应该怎么做，怎么做是最好的，良知知道善恶就包含了实际行动的智慧。

比如说，我们很多人其实都知道要孝顺父母，都有这个良知的，但是有时我们良知不做主，王明明知道要孝顺父母，但是关键时候就不去做，给点养老费还舍不得，还算来算去，这个人就被自己的一点儿小自私给框住了。现在有很多不孝的现象，你说他没有良知吗？他是良知被掩盖了，良知是有的，他知道应该怎么做的，但他转化不了这种习气，不能按照良知的指引去做。所以问题的关键是“致良知”，要让良知呈现出来，要让良知启用。

良知怎么启用，怎么启用良知来处理事情，良知和善恶之间的关系怎么样，这就是后面要讲的王阳明的“四句教”要解决的问题。

附录：格物致知解

近再读《大学》，就“格物致知”之所指，既疑于朱子以理学立场所作的补传，而亦不能完全认同阳明以心学立场所作的解释，诵诸书而思之，乃得一会通之见。关于《大学》之“格物致知”，愚意可有外、内、密三层之解也。

外层之解释，如朱子格物致知补传所云：

> 所谓致知在格物者，言欲致吾之知，在即物而穷其理也。盖人心之灵莫不有知，而天下之物莫不有理，惟于理有未穷，故其知有不尽也。是以大学始教，必使学者即凡天下之物，莫不因其已知之理而益穷之，以求至乎其极。至于用力之久，而一旦豁然贯通焉，则众物之表里精粗无不到，而吾心之全体大用无不明矣。此谓物格，此谓知之至也。

朱子解“格物致知”为“即物穷理”，“知”即“知识”之“知”，

万物之理也。此解有助于学问之增进，然非儒家道德之本位，亦非《大学》之原意也。

由外而内，专事道德实践之域而探之，以获其正知正见，此即内层之解也。如蕅益大师解古本《大学》之《大学直指》所云：

【详示妙修次第又为三：初的示格物，须从本格；二详示诚意，必先致知；三更示修齐治平，必有次第。今初。】

自天子以至于庶人。壹是皆以修身为本。

前云古之欲明明德于天下者。元不单指帝王有位人说。恐人错解。今特点破。且如舜耕历山之时。何尝不是庶人。伊尹耕有莘时。傅说在板筑时。太公钓渭滨时。亦何尝不是庶人。只因他肯格物致知。诚意正心。以修其身。所以皆能明明德于天下耳。盖以天子言之。则公卿乃至庶人。皆是他明德中所幻现之物。是故自身为物之本。家国天下为物之末。若以庶人言之。则官吏乃至天子。亦皆是他明德中所幻现之物。是故亦以自身为物之本。家国天下为物之末。须知上自天子。下至庶人。名位不同。而明德同。明德既同。则亲民止至善亦同。故各各以修身为本也。前虽略示物有本末。又云致知在格物。尚未直指下手方便。故今的指修身为本。以心。意。知。不可唤作物故。以致诚正皆向物之本上格将去故。

其本乱。而末治者否矣。其所厚者薄。而其所薄者厚。未之有也。此谓知本。此谓知之至也。

> 所厚。谓责躬宜厚。所薄。谓待人宜宽。若以厚为家。薄为国与天下。便是私情了。会万物而为自己故。谓之知本。自己之外。别无一物当情故。可谓知之至也。初的示格物须从本格竟。

此是以《大学》原文“自天子以至于庶人，壹是皆以修身为本，其本乱而末治者否矣。其所厚者薄，而其所薄者厚，未之有也。此谓知本，此谓知之至也。”为解“格物致知”者，而与下文解“诚意”相衔接，则“物”即“身、家、国、天下”之“物”，知“以修身为本”，即物格而知致也。此解甚妙，与吾所说之内层之释颇为一致，盖格物即格“身、家、国、天下”等修道领域之物，而致知即获修道之正见也，而知修身为本则为正见之体现也。

密层之解释，则如王阳明《大学问》所说：

> 物者，事也，凡意之所发必有其事，意所在之事谓之物。格者，正也，正其不正以归于正之谓也。正其不正者，去恶之谓也。归于正者，为善之谓也。
>
> “致知”云者，非若后儒所谓充扩其知识之谓也，致吾心之良知焉耳。良知者，孟子所谓“是非之心，人皆有之”者也。是非之心，不待虑而知，不待学而能，是故谓之良知。是乃天命之性，吾心之本体，自然良知明觉者也。

盖正见之知，究其根本则源于良知良能也，故物无心外之物，即就其意识之对象而有以正之，格物致知即转物而觉，呈现其良知也！良知则知善知恶，而为诚意之本也。

《大学》格物致知之本义，吾以为内层之解最得其实也，朱熹偏外，阳明则高明过之，而非原文之语意也。

程朱分《大学》为“经”“传”两部分，以为《大学》缺失“格物致知”之传文，故朱子为之补传。按蕅益大师之解，则古本《大学》首尾相贯，无需增删也。则朱子之补传，适成蛇足矣！此虽非对《大学》“格物致知”之定解，然别成一说，使上下文贯通一体，确是妙手！朱之补传，虽非《大学》之原意，然亦为程朱理学之重要思想资料，不可轻忽也。

（二）四句教

王阳明晚年提出四句教法：

无善无恶心之体，
有善有恶意之动，
知善知恶是良知，
为善去恶是格物。

要理解四句教法的普遍性，我们首先要认识到善恶不是简单的道德问题，阳明的教法并不是一种简单的道德说教。在儒家的语境当中，我们的问题就是不知道善恶，不知道什么是对，什么是错，该怎么做，不该怎么做，所以善恶之分就是智慧的表现，就“统一切法”，不仅是在伦理道德领域，在一切做人做事上都有个是否合天理的善恶问题。

“无善无恶心之体”，从四句教来讲，我们的心的本体，那个时候还没有二元分裂，没有善恶之分，就谈不上善恶，这个时候是一个“中”，就是喜怒哀乐之未发的中体。

“有善有恶意之动”，我们的“意”一开始发动，一开始起心动念，有了喜怒哀乐，这个时候善恶就开始分了，阴阳就展开了。善恶也是一对阴阳，那么意一动的时候，这就是一个关口，这个时候大多数情况下，我们是被习气、人欲给带着走了，所以才会造恶业，做坏事。

“知善知恶是良知”，这个时候我们始终有一个良知在，这个良知清醒地知道什么是善、什么是恶。意念一发动，就有善有恶，但是那个良知知善知恶。

“为善去恶是格物”，四句教最后一句就直接告诉你怎么修了，善恶已经开始分了，而且你的良知也知道什么是善、什么是恶，这个时候能不能为善去恶，就要用“格物”的功夫了，在心有不正的时候能不能把它正过来，这是关键。

王阳明的四句教，最后就落实在为善去恶的“格物”上面，我们要修道，要做君子，成圣人，就是要从这个为善去恶下手。他这套说法要回到《大学》的语言来讲，因为王阳明的思想是通过诠释《大学》的过程中建立起来的，他整个四句教的解释，也要回到《大学》的语境来讲，不是纯粹直接讲自己的思想，所以最后落实到《大学》讲的“格物”上来。

王阳明认为，为善去恶就是格物。既然格物就是为善去恶，而良知本身又是知善知恶的，所以阳明心学全部的核心又回到了“致良知”上面来了。四句教以偈语的形式简明扼要地诠释和总结了王阳明一生教学的主旨与精髓。

关于王阳明的四句教，我们只能总括其意，概略地讲一下。对王阳明四句教的深入的理解，则王门有一个很有趣的“公案”，值得讨论一下。

王阳明有两个学生，一个学生叫王畿，字汝中，另外一个学生叫钱德洪，字洪甫，有一天这两个学生之间有一段对话，他们因为对四句教的不同理解而发生了争论。汝中说，既然心体是无善无恶的，那么后面的都应该是无善无恶的，意也是无善无恶之意，良知、格物后面对应的都是无善无恶的。他从体上出发，不但心体是无善无恶的，从体上发出来的意当然也是无善无恶的，四句后面的几句也都是无善无恶的，所以他的观点叫“四无”。钱德洪则认为，既然后面三句都讲的是有善有恶的，那么这个心体也应该是有善恶之分的，心体应该说是“至善无恶”，而不能说“无善无恶”，他这种说法就叫“四有”。他们俩个人在那讨论，都有自己的道理，谁也说服不了谁，最后他们就去找师父王阳明来决择。

王阳明对此回答说：“汝中须用德洪功夫，德洪须透汝中本体，二君相取为益，吾学更无遗念矣。”王阳明毕竟是师父，他能看到更高的层面，也能了解这二大弟子各自的理解是在什么样的层次。这不是简单的谁对谁错的问题，而牵涉到不同层次的理解与不同层次的功夫路线。阳明指出，讲“四无”的王畿要用钱德洪的功夫，讲“四有”的钱德洪须参透汝中讲的本体，你们俩个人相辅相成，加起来就是我这个学问的全体大用。

这个公案有很深的哲理上的意义，我们可以写一篇专门的论文谈这个问题，事实上学术界对此也有很多讨论。总结起来是什么意思呢？王畿讲的“四无”，一切都是无，这个纯粹就是在体上来讲，纯是本体境界，先天本体没有二元对立，没有善恶之分，所以本体的一切发用流行都是本体的显现，这是“一切圆成”，没有什么善恶对立的，这是从先天本体上来做功夫，相当于“顿悟”。钱德洪是“四有”，一切都要从这个有善有恶的地方开始做，为善去恶的功夫做到家了，就回归本体，这个体是至善无恶的，因为恶已经净化完了，没有恶当然就只剩下至善了，这个是从后天的功夫上来恢复本体，相当于“渐修”。钱德洪相当于是由渐修而顿悟，在未悟之前要有功夫来复其本体；王汝中相当于是即悟之后，用本体来做功夫，所以王阳明肯定它们两者正好是相辅相成，可以互相补充。

如果我们一开始在未悟的时候，就讲一切都是无，就直接回到体上去，不去区分善恶，你又没有悟体，又不去做功夫，那怎么学呢？所以这个时候要从格物的功夫上下手，要区分善恶，致良知，慢慢进到那个无善无恶的体上去，这是前面的功夫。等你彻底悟了这个心体之后，就直接用这个本体来做功夫，就不再从善恶的区分上来做功夫了，一切都是大化流行，从体上下功夫。当你回到这个真正的本体当中，就能够自动地做功夫，就能够自动地为善去恶，除习气，化种子，慢慢回到性体的纯一无杂的境界。

用本体做功夫，就相当于前面程明道讲的的高层修法，直接在体上下功夫，不讲那么多，也不用分善恶，因为体上本身就够了。事实上从体上来做，得到这个体以后，还要讲究那么多干嘛？就是前面讲的，你得了这个理以后，得了万物同体这个根本之后，不需穷索，也不需防检；你这个为善去恶就是一种防检，就是一种扎扎实实的功夫，走的就是“四有”的渐修的路子。所以不同根器的人有不同的修法，这个道理其实又是通于三教的，三教都有这个问题，一个是从后天返先天，这是从功夫追究本体；一个是以先天化后天，这是从本体上做功夫。

佛家讲的顿悟、渐修，都有这个道理在，所以三教虽有不同的表述，有不同的语言，但是也可有一种共通的理论模型，那个核心的原理是能够打通的，所以我们才讲生命的四层结构，讲三观，这是一种理论模型，它是通于三教的，不管你从哪个方面讲，最后的核心都是这个道理。四层结构、一心三观，这个就是我们会通三教、一以贯之的理论归宿，所以我们一开始讲了理论纲要，这个三教实修课程就不是散的了，最终原理上都可以汇通。

结 语

儒教智慧的板块就结束了，最后我们再讲几句整个课程的结语，讲几句结束的话。

我们这门课叫“三教实修”，我们强调佛教重点是修心理，道教重点在生理，儒家重点在伦理，它们各有所长，我们取其精华来为我所用，这有利于生命的全面发展，就不会学偏。

一开始我们讲的那些佛学的明心见性等心性的道理，你先把“体”给立上了。三教都讲这个体，但是佛家更重心法，从佛家可以入这个“心”，把这个心搞明白了，明心见性了，后面的道家、儒家的修行都有基础了。

我们再利用道家的这一套身心合一、性命双修的方法，来修我们的身体，修我们的命；从内层的心性到身体，再往外扩展，再学儒家怎么用良知、天理来应人、应事。儒家强调“天理”，在做人做事这个方面，“理”这个字很重要，万事万物离不开一个理字。你不能胡搅蛮缠，好像你学了佛了，学了道了，就可以胡搅蛮缠了，就可以不讲理吗？理是什么呢？就是天地之间万事万物都有一个天然的道理在，都有一个恰到好处的条理在。大家都是有很多生活经验的人，你不管是搞企业管理的，还是搞什么其他的事业，大事小事都有一个理；心安理得，心安了才能得理，理得了才能心安，这两者相辅相成。所以儒家讲的这个天理很重要，要找到那个理。

我曾经在一首诗里面有两句话，结合了道家、儒家和佛家，叫“游刃有余循天理，天籁无声观自在。”“游刃有余”是《庄子》里面非常重要的典故，怎么才能够在生活之间游刃有余，因为他循天理，找到了天理，你违背了天理不可能处处有余，就处处要碰壁。天籁无声观自在，进入天籁，那个无声的世界，你才能真正地观自在。要进入先天那个道，那个理，那个仁者与万物为一体的境界，才能够自观自在。

三教都是讲这个内圣外王，内外兼修，但是如果我们把三教统一起来，这个内圣外王的框架就更加丰满了。三教有三教各自的内圣外王，有其内外、体用的关系，这个三教统一起来就是更大的内圣外王。你有佛家的心性功夫，有道家的修身功夫，再有儒家王阳明这一套做人做事的办法、事功，这就是天地之完人了。虽不能致，心向往之，我们也许达不到这个圆满的境界，但是我们可以向这方面努力，学到多少算多少，比原来要进步就行。

这三天我们学了很多的道理，学了很多的理论和实修方法，回去之后怎么办？只有一个办法，就是要去落实。学了再多、再多的道理，纸上谈兵没有用，来这里不是为了学到很多道理，回去能够吹牛，吹给别人听。我现在懂了很多了，我的老师很厉害，戈老师三教都通的，是博士后，是教授，这样来跟人家辩论，那没有用的。一定要回到你自己的生活当中去用，要去实修，去转化自己的身心，提升自己的境界。更重要的是在你的生活中、在你的工作中要有所变化，就是你的工作能力、生活境界都要得到提升。要实践，要实修，要落实，这样我们这三天才没有白学。

我们这三天的主体课程就到此结束了，今天晚上还有个结业分享。感谢这三天以来大家的认真学习，大家这几天的表现，是我们开课以来表现得非常好的一次。我们以前的实修课是经常会打折的，本来说练四十五分钟，经常半个小时就结束了，因为看到大家开始东倒西歪了，再不停快吃不消了；这次的实修课都是达标的，是没有打折的。

一开始我讲这次课程来的都是精髓、精华，没来的不一定不是精华，但是来的人一定是精华。你们有机会来到这里，听到这样的三天的课，我想也是一个很大的机缘、很大的福报，因为普天之下课程很多，但是能够把三教的核心道理与实修精要一股脑儿地全给你，可能是独此一家，别无分店了。谢谢大家！

后 记

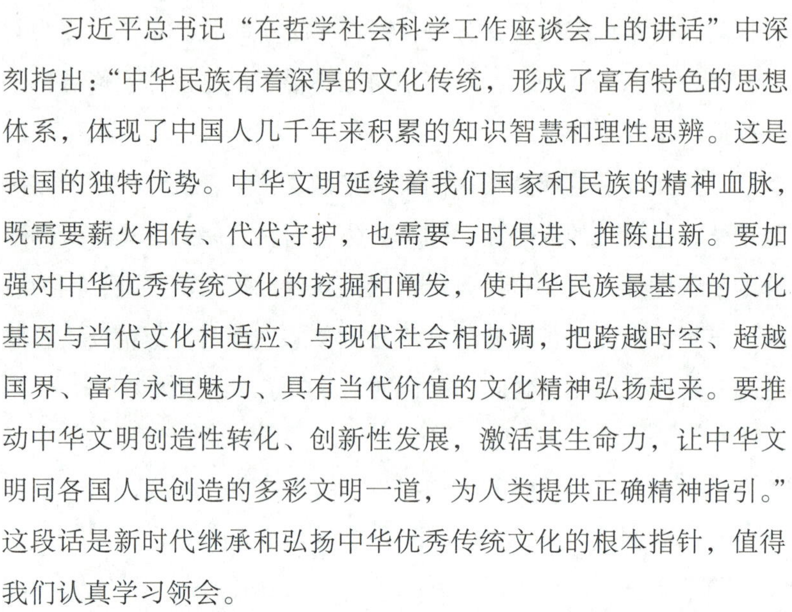

习近平总书记“在哲学社会科学工作座谈会上的讲话”中深刻指出:“中华民族有着深厚的文化传统，形成了富有特色的思想体系，体现了中国人几千年来积累的知识智慧和理性思辨。这是我国的独特优势。中华文明延续着我们国家和民族的精神血脉，既需要薪火相传、代代守护，也需要与时俱进、推陈出新。要加强对中华优秀传统文化的挖掘和阐发，使中华民族最基本的文化基因与当代文化相适应、与现代社会相协调，把跨越时空、超越国界、富有永恒魅力、具有当代价值的文化精神弘扬起来。要推动中华文明创造性转化、创新性发展，激活其生命力，让中华文明同各国人民创造的多彩文明一道，为人类提供正确精神指引。”这段话是新时代继承和弘扬中华优秀传统文化的根本指针，值得我们认真学习领会。

在多年的专业研究及身心体悟的基础上，观虚斋教学深入探索中华优秀传统文化“跨越时空、超越国界、富有永恒魅力、具有当代价值的文化精神”，对中华文化中最具有当代价值，能够为现代人提升精神境界、提供精神家园的修道智慧加以系统整理与现代诠释。这是中华文明创造性转化、创新性发展的重要成果，对于继承和弘扬中华优秀传统文化，具有重大的理论价值与深远的现实意义。

观虚斋教学事业的发展，首先是要创立观虚斋教学的课程体系与文化体系，并对观虚斋文化思想的传播方式做出有效的规划设计。这是整个观虚斋教学事业的“软件开发”部分，也是开展观虚斋教学事业的“核心技术”与“创新成果”，是发展观虚斋文化传播事业的基础与前提。经过多年的探索与实践，我们已初步建立起观虚斋教学的课程体系，这是对中华优秀传统文化的综合创新，是以儒释道为核心的中国优秀传统文化的创造性转化与创新性发展。观虚斋教学已经出版了一些教学课程的讲录，今年以及今后还会继续出版更多的教学成果，为广大的读者提供身心和谐发展的精神食粮。

建设观虚斋教学的实体机构与观虚书院的实体道场，成立弘扬观虚斋教学的专门机构，一直是我多年以来的伟大愿景。当时我对观虚书院未来的发展模式，有两种设想：一种设想是将观虚书院建设成为一个“大道养生文化园区”，作为综合性的新型文化传播机构和实修社区，将旅游度假与修道养生两者紧密结合；另外一种设想是，观虚书院也可以建设成为一个“现代农庄”型的禅修社区，农禅合一，将修行与工作、生活有机统一，为那些尘世中的修行者建立新型的共修道场与生活家园。

我们有寺庙、道观、教堂等宗教活动场所，有宗教教职人员开展宗教弘化事业；但宗教化的模式只适用于宗教信众，不适用于广大的社会人士。观虚斋教学事业属于尘世中的净土，它将神圣的精神世界根植于现实生活的广阔土壤之中，将宗教

的核心精神以现代的思想方式与表达方式传达给普通的社会人士。我们不采取宗教化的形式，而是以一种生命智慧的文化传播方式进行教学；虽没有宗教的外衣，但其核心精神是相通的。在传统的寺庙与世俗的市场之间，观虚斋教学将搭建一个沟通的平台，在普通人的生活世界与神圣的宗教解脱之间架起一座桥梁。

这些设想是非常美好的，但近年来创建观虚书院实体道场的计划却遭受了巨大的挫败，我花费了数年的时间，枉费了无数的心血，却换来了数百万元的经济损失，观虚书院的建设经费也一夜归零，不得不彻底终止实体道场的建设计划。加之2020年开始的疫情，使观虚书院的教学事业无法正常开展，我也就此进入静默潜修的时期，静听整体的呼唤，信任存在的河流。这个结果，也许是冥冥中的自有天意，它导致了观虚书院的弘道事业进行彻底的转型与升级，使观虚斋教学事业的发展从此有了新契机与新气象！

对我而言，在创建实体道场这件具体的事情上它是失败的，但“我”并不会失败，“我”是那个永恒的如如，是广大浩瀚的法界，不增不减。对观虚斋教学事业而言，一切都是一种探索，即使是具体事情上的失败，也是为了开启一种新的可能性。只要没有个人的私利与野心，观虚斋教学事业的发展总是符合大道的，一切都是道之整体在进行着设计与安排，我只要随机应变，随缘而化！

“观虚”之名，出自老子“致虚极，守静笃，万物并作，吾以观复”。观者，智慧之本也；虚者，本性之源也。故观妄想本空，复虚灵妙性；观诸法如如，返虚净明体。时时起观，时时返虚，而观无观执，虚无虚相，全体皆是，不增不减。我与老子、与《道德经》始终有着不解之缘，也一直有弘扬老子的大道智慧的心愿，原计划是在观虚书院的实体道场中开讲有关老子的课程。2022 年 5 月观虚书院推出“《道德经》的智慧”云端课程之后，我进一步明晰了思路，对该云端课程的性质进行了恰当的定位，也对整个观虚书院的发展做出更加清晰的规划。

现在我的思路已经非常清晰了：我将把先前创建观虚书院实体道场的伟大愿景移步到“云端”，将观虚书院建设成为真正的云端共修道场，简称“观虚云道场”，这是对观虚书院进行了新的准确的定位，简言之，今后“观虚书院”就是指“观虚云道场”。借助现代的网络技术，我们可以在云端观其形、听其音，完全可以进行类似于现场的实修指导，制造出与线下道场可堪比拟的效果。今后我还是会和有实力有道心的企业家共同拓展线下课程，但线下课程的组织实施以合作的文化公司为主，我只负责授课；而观虚书院本身将全部致力于“云道场”中的弘道事业，这个事业也需要与相关的弘道机构加强合作，但这种合作是“以我为主”，整个课程都是按照观虚斋教学自身的发展需要而设计的。我们将在云道场中开设一系列的教学课程，将观虚斋教学的整个体系都逐步展现出来，而我工作的重心也将转移到这个“观虚云道场”中来。

这样一来，我们将逐步创建观虚书院的云端教学体系，带领观虚书院的学生进行云端共修。虽然是线上授课，但观虚书院的

云道场仍是庄严寂静的神圣之地，不是搞笑卖萌的大众娱乐场；我们是把它当作类似于线下的传道的共修课程，不是线上的心灵鸡汤。也就是说，我们仍要进行正式的招生录取工作，只有经过考核审查，合格的观虚书院的学员才能进入这个课堂听课。你必须有虔诚的向道之心，遵守课堂纪律，与师相应，与道相应，才能加入这个共同探索宇宙生命奥秘的圈子。我没有时间浪费在那些没有道心的人身上，我们将进行严格的考核招生，选拔真正有潜力的求道人士加入这个云道场。学员不是在简单地学习经典知识，而是要跟随导师一起进入修行的智慧天空。

成为一个观虚书院的学生，意味着你可以向某个你认可的修道的先行者、先觉者寻求指引和帮助，我或许可以是你的引路人，指点道路与方向。但任何时候，路是你自己在走，能走多远，能否到达目标，取决于你自己。

成为一个学生，不是按照你的要求去期望老师，不是放弃自己的努力而完全依赖于老师，责任永远是在你自己一边。正因为你要对自己负起全部的责任，所以一旦你有所收获，有所成就，那个收获与成就才真的是你自己的。如果是师父赏赐给你的，那么师父不高兴的时候就可以把给你的成果再收回去，那个成果并不是你自己挣得的。

我期待一种既庄重又自由、既神圣又平常、既分享又独立的新型的师生关系，开创观虚斋师生关系的新模式：我或许可以成为你的良药，治愈你心灵的疾病；我或许可以成为你的桥梁，帮助你渡越精神旅程中的关河；我的目的是给你翅膀，让你自由地飞翔；我的方法是给你拐杖，让你学会自己走路。这也正是本书取名为“飞翔的翅膀”的一个重要的意义所在。

我不提供任何安慰你的“鸦片”，也不给你任何来生的承诺与期待，我只是提醒你注意当下，我能给你的仅仅是一些帮助你警觉的玩具，这只是让你从精神的流浪中回归家园的一种方便。你实际上什么也不缺，你只需要回归真正的自己、存在的核心，重新证悟那个你本具的空灵而正觉的存在状态。

一切恰逢其时，在那个虚寂的云端，一个神圣境域隐然显现……

“观虚斋教学”是在深入研究和实践传统儒、释、道三教修道智慧的基础上，结合现代多元文化与灵修体系而开发的一整套提升生命智慧、寻求生命超越的修道课程与文化体系。“中国智慧——三教实修”是观虚斋教学课程体系中的一门重要的高级课程，涵盖儒、释、道三家的基本经典，系统阐释中华修道文化的智慧精髓。

2016 年 11 月 18 日至 20 日三天，我在太湖之滨的“江村市隐”开讲“中国智慧——三教实修”，此次课程含摄三教，智慧广大，而又一以贯之。其格局之大，见地之彻，气势之雄，意义之富，思理之密，皆一枝独秀，可谓无出其右者也！整个课程的设计独具匠心，自成体系，保持了观虚斋教学的高端品质与独特宗风；以实修为导向，以经典为依据，对三教的核心修法与中国智慧的整体系统进行了一次高屋建瓴的整理与阐释。

这本《飞翔的翅膀》即是由这次课程的录音记录整理而成的。感谢新弘助理从录音记录成文字，我在原始记录的基础上加以整编校订、分章标题，就成了本书现在的样子。感谢江村市隐的精心策划和组织工作，才使这次课程得以圆满成功。最后，我要特别感谢大北农集团创始人邵根伙博士对出版观虚斋作品的大力支持，感谢中国道教协会副会长张高澄道长为本书题写书名，感谢多年以来一直关心和支持观虚斋弘道事业的众多的道友！

戈国龙

2022 年 5 月 18 日记于观虚斋